国家社会科学基金项目

项目编号：15BYY136

项目名称：双宾构式句法语义接口研究与语义地图研究

双宾构式句法语义接口与语义地图研究

林艳　著

武汉理工大学出版社

图书在版编目（CIP）数据

双宾构式句法语义接口与语义地图研究/林艳著. -- 武汉：武汉理工大学出版社，2024.5
ISBN 978-7-5629-6857-3

Ⅰ．①双… Ⅱ．①林… Ⅲ．①现代汉语－语义－研究 Ⅳ．①H136

中国国家版本馆CIP数据核字（2023）第161614号

双 宾 构 式 句 法 语 义 接 口 与 语 义 地 图 研 究
Shuangbin Goushi Jufa Yuyi Jiekou yu Yuyi Ditu Yanjiu

责 任 编 辑：杨　涛　梁思璇
责 任 校 对：陈海军
封 面 设 计：艺欣纸语
排　　　版：武汉正风天下文化发展有限公司
出 版 发 行：武汉理工大学出版社
社　　　址：武汉市洪山区珞狮路122号
邮　　　编：430070
网　　　址：http://www.wutp.com.cn
经　　　销：各地新华书店
印　　　刷：武汉市洪林印务有限公司
开　　　本：710mm×1000mm　1/16
印　　　张：17.75
字　　　数：290千字
版　　　次：2024年5月第1版
印　　　次：2024年5月第1次印刷
定　　　价：68.00元

前　言

　　本书在深入研究认知语言学理论的基础上，充分参阅国内外相关研究成果，采用形式与意义相结合、描写与解释相结合、定量与定性相结合等研究方法，对汉语双宾构式的深层语义生成机制进行挖掘。同时本书采用科学的调查方法（包括查阅相关文献、查找资料、语料库分析等），对汉语双宾构式的认知语义结构进行深入考察，并在此基础上借助理论分析，通过对双宾构式动词与构式之间的互动和整合模式的考察，在构式语法理论和生成整体论背景下全面研究双宾构式，重点研究双宾构式的句法语义接口问题。

　　本书所进行的研究是侧重于解释性的，构建了一系列构式语法分析框架，并运用双宾构式来验证这些分析框架和模型。如建立双宾构式义和动词义的整合和互动分析模型，分析双宾构式的语义特征与动词语义特征的整合和互动模式，研究能进入双宾构式的动词类型，以及双宾构式的句法语义接口问题。

　　在此基础上，本书基于句法联接理论来分析双宾构式的句法语义接口问题，在比较词汇语义学、认知语义学、认知语法等语言学流派关于句法联接的理论的基础上，重点介绍了Goldberg构式语法关于句法联接的理论。在此基础上，提出本书关于句法联接理论的观点：句法联接的认知基础是事件结构。并分析了基于事件结构的双宾构式的语义关系对双宾构式论元结构整合的影响，认为双宾构式是多个事件套合的复杂事件结构。

　　本书在构式语法理论的框架之下，运用语义地图理论研究现代汉语方言的双宾构式，以Malchukov等人绘制的语义地图为底图勾画了现代汉语几种方言的双宾构式的语义地图，并对语义地图上的特异之处作出解释。

　　关于本书的写作背景，双宾构式一直是汉语语言学家研究的热点。汉语传统语法学、结构主义语言学、生成语法理论、配价语法和格语法以及语言类型学都对双宾构式进行了深入的研究，取得了丰硕的成果。在双宾构式研究中出现的种种分歧，根源在于研究者所遵从的句法语义接口分析范式不同，而这又是因为理论背景不同所致，因此推进双宾构式的研究需要理论上的整合创新。

总体来看，过去的研究还存在以下问题：（1）局部描写较深入细致，但总体分析不足。（2）没有把汉语双宾构式放在人类语言的大背景下研究，许多看起来是汉语双宾构式的特点实际上只是人类语言共性的反映。（3）许多双宾构式的研究或是偏重语义分析，或是偏重句法分析，把句法语义结合起来分析的研究较少，以双宾构式的句法语义接口为研究对象的成果更少。（4）以往汉语双宾构式的研究，各个理论流派的分歧较大，有的流派如生成语法和构式语法甚至是水火不容，实际上各个理论流派可以互相补充，互相借鉴。本书试图对上述研究现状加以改进，具有以下独到学术价值和应用价值：（1）在前人研究的基础上，综合运用当代语言学理论，如构式语法理论、论元结构理论、事件结构理论、句法联接理论、概念语义学理论等，对现代汉语双宾构式进行精细化的认知、语义分析。（2）本书站在人类语言共性的立场上，把句法和语义、语用因素结合起来，以类型学的视野分析双宾构式的句法语义接口问题，力争使双宾构式的形式化研究能够更进一步。（3）本书所建立的句法、语义、语用互动模式能有效促进语言教学，有助于自然语言的计算机处理，能为计算机识别汉语语句提供语义语用制约信息方面的支持。（4）运用语义地图理论分析现代汉语方言的双宾构式，勾画汉语四种方言双宾构式的语义地图。本书在构式语法理论框架下，运用语义地图理论研究汉语方言的双宾构式，首先承认构式的多义性，构式义和动词义互动和整合，分析进入汉语方言双宾构式的动词的语义类型及其构成的双宾构式，以及双宾构式义对双宾动词的限制和制约作用。

本书是在国家社科基金项目"双宾构式句法语义接口研究与语义地图研究"的基础上完成的，这个课题从构思到整体框架的建立，以及每一章节的写作都是在我亲爱的丈夫蔡金魁的帮助下完成的。如今本书得以正式出版，可是我所深爱的爱人已因白血病去世，长眠九泉之下。谨以此书献给他！

林 艳

2023年6月

目 录

第一章　双宾构式研究历程及理论背景综述

一、汉语语法分析中的双宾构式问题

（一）传统语法学背景下的双宾句研究

传统语法学从意义出发定义了双宾语，对双宾动词进行了分类并归纳出双宾句式。在传统语法学的框架下对双宾句的研究主要集中在以下三个方面：其一是双宾语的定义；其二是双宾动词的分类；其三是双宾句式的归纳。

1）双宾语这一术语最先是由黎锦熙提出的。他在《新著国语文法》中提道：有一种外动词，表示人与人之间（或人格化的事物之间）交接一种事物的，如"送""寄""赠""给""赏""教授""吩咐"等，常带两个名词作宾语，叫做"双宾语"。这种带双宾语的句子里边，就有两个在宾位的名词。这两个宾位中，属于被交接之事物的叫"正宾位"（即正式的宾语）；属于接受事物之人的叫"次宾位"（属副性宾语）；次宾位常在前，而正宾位常在后。①杨树达也在《高等国文法》中指出："双宾语者，一表人，为间接宾语；一表物，为直接宾语。"②持相似观点的还有吕叔湘（《中国文法要略》）和赵元任（《中国话的文法》）等。

2）黎锦熙、刘世儒（1957）把双宾动词分成两大类："授予"义的如"送""寄""给""赏"；"教示"义的如"教""告""示"。吕叔湘（1990）以是否与两个宾语同现将双宾动词分为四类："称、叫"类，"问、

---

① 黎锦熙. 新著国语文法[M]. 北京：商务印书馆，1992：35-36.
② 杨树达. 高等国文法[M]. 上海：商务印书馆，1934：144.

请教"类，"借、贷"类及"求、告诉"类。

3）《新著国语文法》认为双宾语的句子可分为五式：

例（1）阳货送孔夫子一盘肘子。

例（2）阳货把一盘肘子送孔夫子。

例（3）阳货送一盘肘子给孔夫子。

例（4）阳货送给孔夫子一盘肘子。

例（5）阳货把一盘肘子送给孔夫子。

《新著国语文法》还认为"送给"是一个同义并行或两动相属的复合动词，而表示交换物品的外动词若是单音节词，后面大都可以任意结合"给""与"两字而成复音。例（4）式和变式例（5）式都可看作两动复合，若拆开用便成例（3）式。这里很重要的一点是变式这一概念，虽然没有给出明确的定义，但是已蕴含了变换及句式的地位是不平等的这一思想。《中国文法要略》根据止词和受词之间有无关系词（即"给"）把双宾句式分为间接式和直接式两种。

（二）结构主义语言学对双宾句研究的深化

对双宾句的全面研究是在结构主义语言学背景下进行的。在这一时期，双宾句的研究主要集中在以下几个方面：对双宾句进行全面的描写，双宾动词语义特征的提取及动词的分类，双宾句的成句条件等。

1）朱德熙认为，双宾语指"一个述语后边接连出现两个宾语"[①]，这两个宾语分别称作近宾语和远宾语。持相似观点的还有马庆株（1992）、李临定（1984）。

2）对双宾语的界定和传统语法学不同，结果必然导致不同的双宾动词分类。虽然结构主义语言学排斥意义，但在具体的研究中无法真正贯彻到底，如朱德熙（1982）把双宾动词分为三类，即给予类、索取类和等同类，就是对进入双宾结构动词的语义特征的归纳，其他学者的研究也存在着类似的情况。此后马庆株（1983）和李临定（1984）分别对双宾句进行了分类，马庆株列举了多种不同类

---

① 朱德熙. 语法讲义[M]. 北京：商务印书馆，1982：117.

型的双宾句式，包括给予类、取得类、准予取类、表称类、结果类、原因类、时机类、交换类、使动类、处所类、度量类、动量类、时量类等，分类细致，说明了双宾句构造的多样性，同时对各类双宾句构造的构成情况、结构意义以及构成成分之间的语义关系作了一些探讨。我们可以清楚地看出，他是按照述宾结构与宾语间的语义关系来分类的。其实由于语义关系的模糊和交叉，他也认识到"类与类之间的交叉现象，界限不都是严格的"[①]。李临定也对双宾句作了详细的分类，分为"给"类，"送"类，"拿"类，"吐""吓"类，"问"类，"托"类，"叫"类，"欠""限""瞒""隔"类，"V给"类，"VP"类，习惯语类等。他独立看待谓语动词后的名词性成分，是按照动词的意义来分类的。

3）在对双宾动词进行分类的同时，研究者使用变换分析的方法发现了双宾结构成立的条件。朱德熙（1982）指出，远宾语（直接宾语）指人，只能用指人名词，不能用人称代词。如：

例（6）我们把小李给你。→我们给你小李。

例（7）我们把你给小李。→[*]我们给小李你。

朱德熙还指出，如果直接宾语指物，具有排斥单独的名词性词语的倾向，最占优势的形式是数量词+名词。陆俭明进一步指出直接宾语"不能是一个领属性偏正结构"[②]。李临定指出：如果NP₂（即直接宾语）是指人名词时，常要位于"给"的前边（用"把"），而不能位于后边，如：偏把我给了林姑娘使。[③]

范晓指出，NP₂即直接宾语必须是表示具体事物的名词，否则往往不能变换为"把"字句或不能把NP₂置于句首当话题来使用。[④]而当NP₂是抽象名词时，一般不能移位于"给"的前边。[⑤]

关于双宾句的结构特点，朱德熙认为双宾句是一个述宾短语带宾语的结构，

---

① 马庆株. 汉语动词和动词性结构[M]. 北京：北京语言学院出版社，1992：105-106.

② 陆俭明. 双宾结构补议[J]. 烟台大学学报（哲学社会科学版），1988（2）：33.

③ 李临定. 双宾句类型分析[M]//中国语文杂志社. 语法研究和探索（二）. 北京：北京大学出版社，1984：27.

④ 范晓. 交接动词及其构成的句式[J]. 语言教学与研究，1986（3）：22-23.

⑤ 李临定. 双宾句类型分析[M]//中国语文杂志社. 语法研究和探索（二）. 北京：北京大学出版社，1984：28.

后来他又认为双宾句是一个动词后跟两个宾语，动词和两个宾语分别构成述宾关系，两个宾语之间并没有结构上的联系。这个论述比较接近今天对双宾句的认识。从20世纪70年代末到80年代初，语言学界大部分语言学家认为双宾句是述宾词组带宾语的结构。

（三）生成语法、配价语法对双宾句的研究

1. 生成语法理论下的双宾句研究

20世纪80年代以后，在对双宾句进行全方位描写的基础上，学者们开始运用生成语法理论来对此进行研究。其中有影响的要数顾阳、徐杰、沈阳、何晓炜等。

现有生成语法理论下的双宾语结构的研究主要分为五大类。第一类研究是以双宾语结构中的结构关系为导向，认为双宾语结构和与格结构有转换关系，此类分析法可称为"转换分析法"。

顾阳（1999）区分了与格结构（即V—NP给NP）和双宾语结构，并且探讨了两者的衍生关系，认为汉语的双宾语结构是由与格结构衍生出来的，但是她也难以确定结论的准确性。徐杰（1999）运用生成语法中的约束理论及其三原则，对"打碎了他四个杯子"一类结构的性质作了分析。认为"他"只能是宾语，不可能是定语，认为这种结构是双宾语下的一个次类。周长银（2000）以Larson的句法推导为基础，从生成语法的角度对现代汉语中的"给"字句进行了研究，从句式转换的角度对汉语中各类"给"字句相关的句法特性作解释，并对施关淦（1981）的动词分布表进行了修订，对现代汉语各类"给"字句中相关动词的分布做了更为细致的描述。

沈阳、何元建、顾阳又进一步探讨了双宾句结构的产生过程，他们指出："宾语名词组在语义上是一种含有某种论旨角色（thematic role）的论元（argument），而论元在句法层面上又指带有论旨角色的名词组。宾语名词组带有的论旨角色无非是客体（theme），受事者（patient），经验者（experiencer），受物者（recipient），受惠者（beneficiary）等等。而像表示结果（result），时间（time），工具（instrument），处所（location），原因

（reason）等的论旨角色一般不被认为是典型的事件参与者（event participant），它们只是在描述事件时起修饰的作用，所以往往用来补充谓语动词，它们是谓词性名词组或宾语补语（complement）。"①

第二类研究则是以双宾语结构所表达的语义为导向，以"致使拥有"作为句法表达的依据，Beck和Johnson（2004）认为双及物动词被分解为CAUSE+HAVE出现在双宾语结构中，分解为CAUSE+GO TO出现在与格结构中。这样双及物动词就有两种不同的表现形式，双宾语结构和与格结构有各自的内在结构，表达不同的意义。双宾语结构表示"主语使间接宾语拥有直接宾语"，与格结构表示"主语使直接宾语移向间接宾语"。此类分析法可称为"致使拥有分析法"。

第三类研究是根据自然语言中的增容结构（applicative construction，即APPL结构）分析法，对双宾语结构进行分析。APPL结构是指不同语言采用不同的手段将论元引入其动词的论元结构。有些语言，如班图语、Austronesian语，通过使用增容语素使句子的论元进入增容结构，所引入的论元就叫作增容论元。不同语言中的APPL结构所表达的意义类似，但句法表现不同。研究者认为双宾语结构中有APPL结构，与格结构中则没有，双宾语结构和与格结构之间并不存在转换关系，而是有各自的内在结构。但Pylkkänen提出汉语和英语的双宾语结构都属于L-APPL（low applicative）结构，因为两者的典型语义内容都是表达某种领属关系的转移。程杰、温宾利（2008）认为汉语双宾语结构是单及物动词投射的VP之上附加APPL投射的结果，因此理应属于H-APPL（high applicative）结构。此类分析法可称为"APPL结构分析法"。

第四类研究可称为"参数化分析模式"。根据该分析模式，在双宾语结构中存在一个功能语类G，它既是双宾语结构特有的表达传递意义的成分，也是造成英汉双宾语结构差异的成分。这个功能语类G有的人认为是轻动词，有的人认为是空成分。

邓思颖（2003）吸收了Larson分析的合理部分，对双宾句式做了如下不同的

---

① 沈阳，何元健，顾阳. 生成语法理论与汉语语法研究[M]. 哈尔滨：黑龙江教育出版社，2001：198.

处理：

　　介词句式：[张三[$_{vP}$送[$_{VP}$一本书[t　给李四]]]]

　　双宾句式：[张三[$_{vP}$送[$_{FP}$李四[F[$_{VP}$一本书[t　t]]]]]]

　　介词句式的分析与Larson的基本一致，表示终点的间接宾语作为动词的补足，而直接宾语位于动词短语的指定语位置，动词从原来的位置移位到轻动词v的位置，形成正确的介词句式词序。不同之处是，邓思颖假定双宾句式中在上层轻动语和下层动词短语之间多了一个功能语类FP，间接宾语移位到这个FP的指定语位置，动词从原来的地方经过F，然后最终移位到动词位置，形成了正确的句式词序。邓思颖的分析在最简方案背景下，摒弃格位诱发移位的思想，认为间接宾语的移位是移动到音韵边界位置获得某一语义诠释，即间接宾语拥有直接宾语。这一分析显然比Larson的分析方法先进，因为假定FP这一空功能语类有助于对汉语中的给予类和获取类双宾句式作出统一的分析。国外研究中认为双宾句涉及一个额外的空语类的还有Marantz、Koizumi、McGinnis；国内采取类似分析方法的有何晓炜、徐德宽、熊仲儒等。

　　何晓炜（2008）认为，双宾语结构中存在一个功能语类G，汉语双宾语结构中G的值可以为正，也可为负，为正值时，间接宾语的题元角色为来源，所构成的结构为给予类双宾语结构。在英语双宾语结构中，G为一个空语类，其值为正。在汉语双宾语结构中，G可以为一个没有语音表现形式的空成分G+和G−，也可为有语音表现的词素"给"或"走"。

　　何晓炜（2009）用跨语言的语料分析证明双宾语结构并不一定都表示"致使拥有"，与格结构也不一定只表示"致使转移"，这两个结构所表达的上述语义不是由结构本身所决定，而是由动词决定。他进一步指出，双宾动词所表达的基本语义为"传递"，双宾语结构的传递及其方向意义并不一定由动词决定，而由结构本身决定。他认为将"致使拥有"和"致使转移"意义归因于动词，将传递的方向意义归因于结构，有利于对不同语言中的双宾语结构进行统一分析，有利于发现语言的共性。

　　第五类研究可称为"单宾套合分析模式"。沈阳认为双宾句式不是基础结构，而是由单宾二元结构派生而成的，所谓双宾结构从句法构造角度看都是由两个单宾结构套合而成。沈阳（2001）指出，不妨假设所有的双宾结构都可能存在两种底层SC（补语结果小句）形式。因为一方面所有双宾结构，比如"给予"义双宾结构，两个宾语其实都可以分析为一个补语小句，因此完全可以在SC理论框架下进行句法操作；另一方面该假设可以解释为什么所有双宾结构，比如"给予"义双宾结构（包括"给予"义与格结构），都必须包含不定指名词（因为这个名词是SC_2谓语空动词"有"的宾语），而构成其他相关结构，包括"给予"义的"把"字结构和话题结构时，又都必须包含定指名词（因为这个名词是SC_1谓语动词"给"的主语）。

沈阳（2015）认为所有双宾结构中除了主要动词之外，一定还都包含着另一个隐含的动词，这个动词在构造成双宾结构之前原本是存在的，只不过在语法化或其他句法构造过程中，通过"词义吸收"和"词形合并"，最终才在派生的表层双宾结构中"看不见"了。这种路子的两个基本依据是：一方面，他认为可以对动词意义进行分解，有些动词包含给予意义，有些动词不包含给予意义，前者不需要借助"给"字就可以形成双宾句式，后者必须借助"给"字或者"走"字以构成不同语义类的双宾句。另一方面，他认为双宾句式是一种限制性句式，世界上大多数语言有介词句，但不一定有双宾句式，且汉语中的其他标记性句式也是从非标记性单宾句式派生的。

沈阳（2015）提到的两种分析汉语双宾结构的思路，从一个角度看是坚持"单宾结构说"，从另一角度看是坚持"双宾双动说"。"单宾结构"的意思是：所有动词后面最多只可能带上一个补足语成分，要么是名词宾语，要么是小句宾语，而不可能带有两个宾语。"双宾双动"的意思是：按"双层结构"的分析，如果说双宾结构中所有动词只能带有一个名词宾语，那么双宾结构中就一定有两个不同层次的动词，而且是各自带各自的名词宾语（这也就是"双宾"的来源），最终通过词义吸收和词形合并（隐含）只"剩下"一个动词而构成所谓的双宾结构；按"小句结构"的分析，如果说双宾结构中的谓语动词只带有一个小句，那么双宾结构中就一定有一个主句动词和一个充当小句谓语的动词，而且小句中有主语名词和宾语名词（这也就是"双宾"的来源），最终也通过词义吸收和词形合并（隐含）而只"剩下"一个动词而构成所谓的双宾结构。

　　综观生成语法对双宾构式的研究，语法学家们从语言内部研究双宾句式较多，对语言外部因素特别是认知因素作用于双宾句式的形成研究较少。句法派生分析秉承乔姆斯基生成语法理论的基本精神，认为人的大脑里有一套普遍语法机制在制约着语法结构的生成，双宾句式的特殊性在于动词后两个名词短语的并置，为解决它的生成，句法派生分析不得不假定语言内部有移动和合并两个运作程序，为解释双宾句式和与它关系密切的介词句式在意义上的区别，句法派生分析又不得不为双宾句式的生成添加额外的功能语类，却很难证明这样的功能语类的心理现实性。

2. 配价语法理论下的双宾句结构研究

　　在汉语双宾结构中，动词位于结构关联的核心，其配价指数与双宾结构的其他成分有着密切的联系。因此运用配价理论来揭示双宾构造的机制也是比较可行的。

　　配价语法主要以动词为中心，研究与动词共现的名词性成分，区别必有成分和可有成分。杨宁（1986）认为三价动词是可以有三个受支配成分的动词，都可以进入基本句型 $S+V_3+NP_1+NP_2$，并依据形式特征对三价动词进行了下位区分：第一层分出予取类和非予取类；第二层又将予取类分为给予类和收取类，非予取类分为答应类和欠类；第三层又将给予类分为告诉类和给类，收取类分为问类和收类。《现代汉语配价语法研究》就三价索取类动词进行了研究，给出确定三价动词的框架和三价索取动词句法选择的语义基础。

　　马庆株（1998）认为，动词的价是动词语义的常量，它指最小的主谓结构中（不借助于介词）所能联系的体词性成分的数目和被这个动词说明、支配的谓词性成分的数目的总和。但是他同时又指出动词的价有可能是变化的，譬如说"扔"这个动词本来是二价动词，但是它用在双宾句式中，如"他扔我一根烟"，就成了三价动词。

　　周国光（1996）认为谓词的词汇意义是决定谓词配价的基础，形成配价结构。不同于马庆株，他认为不能在最小的主谓结构里确定配价，而应选取与谓词同现成分最多的配价形式（句法结构）来提取配价指数，配价结构和配价形式不是一一对应的关系，而是一对多或者多对一的关系，根据他的分析，诸如"求教""商量""洗"都被划入三价动词范畴。直观上讲，"洗"归入三价动词不太合理，虽然"洗"这个动词的语义有时蕴含使用一定的"工具"如"肥皂"或"水"，但是"洗"所直接涉及的语义角色应该只有"洗者"和"被洗者"，因此将它列入二价动词较为合理。

张国宪、周国光（1997）认为，表示索取意义的动词的配价框架是V^3（a_1，a_2，a_3），即表示索取意义的动词是三价动词，本质上要求三个配价成分与之同现，这三个配价成分就是主体成分、邻体成分和客体成分，它们在句法表层的兑现（配价形式）基本上是主体成分主语化、邻体成分介宾化或宾语化、客体成分宾语化，邻体成分宾语化即通常意义上的表索取意义的双宾句式。但是在实际的语言分析中存在矛盾的地方，二人把"跑了他一身汗"中的动词"跑"定义为一价动词，认为"汗"不是"跑"的配价，但是又把"占了我一间房"中的动词"占"定义为三价，对于"骗"这个动词可以出现客体成分隐含的情况，他们又将其视为兼价的现象。

陈昌来（2002）认为给予类动词是最典型的三价动词，给予类动词一般构成"施事（给予者）+动词+与事（接受者）+受事（给予物）"这样的语义结构，构成"主语+动词+间接宾语+直接宾语"这样的句法结构，他同时也指出三价动词在语义上支配三个必有的语义成分，在句法上能构成双宾语句，但也不完全是这样的。

综上所述，配价语法理论研究双宾构式的不足是：词汇配价分析实质上是乔姆斯基生成语法理论中题元理论和投射原则在具体句式分析中的应用，一个基本假定是论元结构是动词的次范畴化特征在句法上的实现。双宾句式中，有些动词的次范畴化特征是和双宾句式的论元结构相冲突的，这种分析不得不通过论元增容或附接的方式来解释双宾句式中没有被动词次范畴化的论元，这种增容或附接完全是出于理论需要的权宜之策，对其动因阐释不够。在动词词义中心决定论的理论导向下，在探讨双宾句式的句法和语义界面时，往往寻求在句法和语义之间建立直接的对应关系，一旦动词语义和句式之间的联结表现出不可预测性时，就需要假定动词词义的多义性，这样会在词库中给动词语义造成过重的负担。

（四）认知语言学理论背景下的汉语双宾构式分析

20世纪90年代后期，认知语言学在国内兴起，人们不再满足于对语言现象的描写和对语言规律的归纳，而是加强了对语言现象的解释。在以往描写的基础上，认知语言学对双宾句进行了全面的解释。许多学者运用认知语法对双宾构式的研究逐渐取得一些成果，其中以沈家煊、张国宪、张伯江、古川裕等为代表。

沈家煊（1999）认为一个句式是一个"完形"（gestalt），即一个整体结构，句式整体意义的把握跟心理上的"完形"感知一致，都受一些基本认知原则的支配。在这个理论基础上根据认知上的顺序原则、包容原则、相邻原则、数量原则，由"给"形成的和双宾句相关的句式具有如下的整体意义：

G3：SVO给x，惠予事物转移并达到某终点，转移和达到是两个分离过程。

G4：SV给xO，惠予事物转移并达到某终点，转移和达到是一个统一过程。

沈家煊（2000）根据"偷"和"抢"组合的不对称性，提出了凸显理论，认为凸显角色蕴含非凸显角色，这种基于认知的观念导致了"偷"和"抢"组合时的不对称性。张国宪（2001）则认为在双宾句中，施动者对事件控制力的强弱与夺事成分的句位实现有一种共变关系，施动者对事件的控制能力越强，则其进入双宾格式的可能性越大；反之，施动者对事件的控制能力越弱，则其进入双宾格式的可能性越小。

张伯江（1999）根据Goldberg（1995）的理论，从"句式语法"（语法结构式是独立于词汇语义规则之外的语法事实，有独立的语义）的观点出发，认为汉语存在着一个叫作双及物的语法结构式，其形式表现为：V—N$_1$—N$_2$，其语义核心为"有意的给予性转移"。因此，他认为我们应该放弃带有强烈结构分解色彩的"双宾语"的说法，而使用"双及物式"（ditransitive construction）这个术语来指称讨论的对象。他运用认知语言学理论，探讨了双及物式的引申机制，包括施者和受者的引申，给予方式的隐喻等等，并且运用物质空间的转喻，解决了长期以来学者们在"买""拿""偷""借"等动词方面的分歧。

古川裕（2001）从汉语的角度解释了汉语名词在什么情况下需要数量词的修

饰，什么情况下拒绝数量词的修饰，这在某种程度上解释了为什么汉语中双宾句直接宾语通常用数量词来修饰这一问题，这个语法问题实际上是人类对外界的认知机制的直接反映。他提出了"显著性"原则来说明双宾句和认知结构的相关问题。

徐盛桓（2001、2007）分析了传统语法分析中区分的双宾结构和动宾补结构，指出用[V N₁ N₂]统一的构块式概括表征这两个句式的合理性，在句法上分别表现为双宾和动宾补的语义关系都在深层体现了整个句式的语义，即施动者通过V的行为使N₁领有N₂，因此双宾句式和动宾补句式是同一句式的不同家族成员。双宾句式表达的给予义可以作宽泛理解，也可以涵盖正给予、负给予和零给予等范畴，他指出非原型性双宾动词在相邻视角下呈现出给予的意义，这一意义在原型性高的给予类动词句式的帮助下得以释放。

熊学亮（2007）认为，双宾句式中出现"给"类动词产生的是高原型性双宾句式，出现"非给"类、"非三价"动词产生的是低原型性的双宾句式。他指出，利用句式分析可以把若干貌似不相干的结构统一在同一句式中处理，如把它们放在双宾结构中分析，自原型性较高的双宾结构那里通过扩展和系统传承派生出子类。双宾句式是人类基本经验在句法上的反映，具有多义性，从原型性高的给予类动词句式向非给予类动词句式进行辐射，在这一过程中，句式对动词进行压制，能改变动词原有的义元趋势。

学者们运用构式语法研究双宾构式的不足是：构式语法虽然提出了构式的整体作用，但是它所谓的构式和动词互动也只停留在参与者角色与语义角色之间的简单相容上，没有对动词和构式相容的具体内容进行研究。构式语法过分强调构式的整体性，特别是强调构式本身的意义及其原型效果，而忽略了对构式本身元素的认知基础及其相互关系的探讨，构式语法学家目前一般都从构式的整体语义和语用条件分析讨论论元结构构式以及其他各种构式，很少探讨构式成分的认知动因以及构式成分如何组配成较大的复合构式的语法整合机制，当然这种整合过程是超越了传统生成语言学仅在形式上的合并与移动运作。

（五）类型学对双宾构式的研究

1. 外语的角度

程琪龙（2004）研究了英语中的双宾结构的认知语符关系，涉及该结构和相关结构之间概念内容的异同。相同之处反映了所表达的外部事件的相似性，相异之处反映了语言对外部信息处理的不同侧重。他通过比较各结构概念内容的异同，论证了双宾结构的概念语义区别特征。

徐盛桓（2001）通过研究英语双及物构式（VNN construction），认为通常所区分的"双宾"结构和"宾补"结构，都可看作是归属于VNN构式的统一的句法现象，都是在VNN构式意义的主导下构式意义同句子中各成分的意义（特别是V的意义）相互作用的结果，都在深层体现了VNN构式意义的语义特征，即施动者通过V的行为使N_1领有N_2，因而句子都表现出家族相似性，从而可以认定都归属于VNN这个统一的构式范畴，二者是VNN内部次类的对立。

石毓智（2004）认为汉语和英语双宾句式的结构意义不同：汉语是双向的，客体既可由主语向间接宾语转移，也可朝相反的方向转移；英语则是单向的，客体只能由主语向间接宾语转移，不能相反。同时，两种语言对物体传递动作行为的概念化过程也存在着平行的差别。这种结构意义和动词概念化方式的一致性，反映了语法结构意义的形成与词语的概念化之间的密切联系，揭示了不同民族对动作和事件的认知方式的系统差别。

张建理（2006）通过对比英汉双宾句发现，由于两种语言的运作机制不同，构式与进入其内的动词有不同的互动，遂产生以下异同：英语双宾构式有"给予"义，汉语双宾构式引发两个传承构式，其构式义分别为"给予"和"索取"。

2. 方言的角度

汪国胜（2000）指出在大冶方言里，能够进入双宾句的动词主要有包含"给予"义、"索取"义、"叙说"义的动词和"泼洒""差欠""称叫""学帮""抄写"等类动词。大冶方言的双宾句有两种语序，构成两种格式："S+V+O_1+O_2"式和"S+V+O_2+O_1"式。间接宾语O_2前面有时出现介引性成分"了"。"了"的介入，会给双宾句的语序和结构带来影响。O_1和O_2有位移，能否位移，受制于动词的不同类型。

刘丹青（2001）主要采用跨语言、跨方言比较的类型学方法考察汉语给予类双及物结构几种句式的句法性质和各自的标记性程度，特别是指出"给他书"这种常用的双宾句式其实比"送书给他"这种介宾补语句式更有标记、更受限制。他分析了几种句式各自的话语特点和认知特点，探讨了制约双及物诸句式的若干普遍性原则，列出了影响汉语双及物结构的诸原则或倾向的优先序列为：观念距离象似性（结构象似性+线性象似性）＞重成分后置＞话题前置＞经济性原则＞观念复杂度象似性。

丁加勇（2003）基于句式语法的观点，对隆回湘语双宾句的句式结构、句式动词、句式语义和句式论元进行了分析。主要内容包括：1）证明了隆回湘语"S+V+O_2+O_1"句式是一种双宾语结构而非单宾语结构；2）进入双宾句式的动词类型丰富，主要以索取义动词为主，但是动词的语义选择最终受控于句式；3）考察了双宾句的句式语义和句式论元，认为其核心意义是"转移性得失"；4）双宾句式与给予句式的区别在于双宾句式的动词可以是不可控动词，给予句式的动词不能是不可控动词。因为不可控动词常常表示消极意义、损失意义，所以能够进入表达这种意义的索取句。

3. 类型学的角度

在语言类型学研究中兴起的语义地图模型，也在双宾构式研究中得到广泛应用。研究者用它解析各方言"双及物结构"（双宾结构）的历时演变，并得出语义地图，考察各概念之间的亲疏远近关系。还在跨语言研究中应用语义地图模型，致力于人类语言共性的发掘与比较。

2007年，Malchukov，Haspelmath和Comrie[以下简称MHC（2007）]绘制了一幅双及物结构的语义地图，这幅语义地图来自对大量语言的观察，这些语言里各种类型的双及物结构都可从中勾出连续的空间，亦即印证该图极有可能是语言共性的反映。例如，地图上短虚线勾出的是英语与格结构的语义地图，如"say... to...""tell... to...""give... to..."，长虚线勾出的是英语双宾结构的语义地图，如"give me a book""send him a message""throw him a ball"等。它们都形成连续的空间。

张敏（2010）发现，汉语方言中存在两类双宾结构：一是"双宾A式"，间接宾语先于直接宾语，如"给他一本书"；二是"双宾B式"，间接宾语后置于直接宾语，如"给书他"。多数北方方言以及东南方言里的闽语、云贵川地区的大多数西南官话和南方各地方言都符合MHC（2007）语义地图的预测，但一大批东南方言和南方官话不符合上述语义地图的蕴含关系，如鄂东的赣语和江淮官话。这些方言的给予类双及物事件只能用介宾补语式和（或）双宾B式表达。他推测古代汉语及现代北方方言的双宾A式都是兼表给予类和非给予类，上述例外方言在历史上极有可能也是如此。换言之，例外方言的给予类双宾A式在历史上消失了，而非给予类保留了下来，形成了今日双宾A式在语义地图上的不连续空间。原因在于通用给予动词"与"始于宋元时期的三价持拿义动词衰微和消失之际以及南方方言从二价持拿义动词"拿、把、拨、担、驮、约"等中衍生出新的三价"V给"的特殊历史。上古汉语和现代北方方言，云贵川的西南官话，南方的闽语、徽语（以及湘东部分赣语及周边的湘方言点）等为一类，其给予动词来自与事型，双宾结构为"给我书"之类的"正置"型；而两湖的西南官话、江淮官话、湘语、北部吴语、赣语、赣南闽西的老客话等的主流为另一类，其给予动词来自受事型，双宾结构的主流为倒置型；南部吴语、粤语和嘉应系客家话（新客家话）则居中。给予动词的上述与事型/受事型对立亦与汉语方言中与事介词的来源密切相关：与事型方言里的与事标记多来自通用给予动词（西汉以后文献中的"与、予、赐"，近代汉语的"与、给"，部分现代方言的"给、与、赐"等），后者多来自方所介词（部分现代方言的"过、到、倒、得、送、勒、了"等）。

潘秋平（2010）讨论了上古汉语双宾结构研究中一直存在的一些疑难问题，例如"夺之/其牛"这类取得类结构到底是单宾还是双宾，"天生民而立之君"里的"立之君"这类受益者结构是不是双宾等。

从类型学特别是英汉对比的角度研究双宾构式的一个不足是：缺乏英汉双宾句式的系统对比研究，对于英汉双宾句式的差异大多解释为英汉动词词汇化差异，即将差异归结为词汇次范畴内容，没能从认知上解释英汉双宾句式存在差异的根本原因。对英汉双宾句式进行系统对比的研究不是很多，石毓智（2004）的研究和张建理（2006）的研究虽然对我们理解英汉双宾句式的差异有一定帮助，但是他们的研究存在一定的片面性，如经过我们的考察，英语中的双宾动词在矢量方向上不一定都是单向的，同样英语中的双宾句式也不一定都是表示给予义。至于周长银（2000）在讨论"buy"和"买"这类动词分别用于英汉双宾句式的区别时，得出了英语中的双宾语句式有排斥"索取"意义的倾向，而汉语中的双宾语句式有排斥"给予"意义的倾向这一结论，然而他只是表明这两种语言中的认知心理有差异，有何差异我们认为值得进一步研究。

二、当前汉语语法在双宾构式研究中的焦点问题

（一）名称：双宾语结构还是双及物结构

双及物结构和双宾语结构经常被当作指称同样事物的两个概念交替使用，其实，它们的含义是不尽相同的。双宾语这个术语最早见于黎锦熙的《新著国语文法》一书，此后很多语法学家一直沿用双宾语的概念。随着对西方语言学理论的引进和借鉴，又出现了翻译而来的双及物结构（ditransitive construction），它包括通常意义的双宾语结构（double object construction）和与格结构（dative construction）。名称的不同反映了研究角度的不同，双宾语是从句法层面出发，而双及物结构是从语义层面来定义的。相比之下，有的学者直接称其为"V—N$_1$—N$_2$"，既直观又准确，避免了两个概念的纠缠。为方便起见，本书沿用双宾语结构这个传统概念来指称汉语中的"V—N$_1$—N$_2$"结构，又因为本书是在认知语言学的构式语法理论背景下来研究双宾语结构，所以统一称为双宾构式。

（二）范围：双宾构式外延的大小

1）早期汉语语法认为：双宾语是一个及物动词后跟两个宾语，一个指人，一个指物。指物的叫直接宾语，也叫远宾语；指人的叫间接宾语，也叫近宾语。早期观点认为双宾语的两个宾语之间没有结构上的联系，并且动词具有"予夺性"。

2）随着双宾语现象研究的深入，人们发现作为直接宾语的不一定指物，作为间接宾语的不一定指人。如：

例（8）学校分给我一筐苹果。

例（9）公司送给广告部一套新光盘。

同时在对直接宾语进行提问的时候，尽管直接宾语是指人的，也必须用"什么"来提问，不能用"谁"提问。如对例（8）的直接宾语的提问可以是：学校分给我什么？不可以是：学校分给我谁？在对间接宾语进行提问时，尽管间接宾语是指物的，也必须用"谁"提问，不能用"什么"提问。如对例（9）的间接宾语进行提问时，应该是：公司送给谁一套新光盘？不能是：公司送给什么一套新光盘？

3）随着人们对双宾语现象认识的进一步加深，人们发现，不光直接宾语可以指人，间接宾语可以指物，而且两宾语可以指同一对象。如：

例（10）同学们叫他傻大胆。

例（11）爸爸骂他冒失鬼。

一般来说，两个宾语指同一对象的，第二个宾语往往是第一个宾语的绰号、称呼，并且两个宾语之间是一种比喻关系。

4）张斌（2002）明确指出，远宾语可以是谓词性的，如："教孩子们唱革命歌曲"，"问他怎么办才好"。这样的例子很多：

例（12）告诉爸爸要出国。

例（13）他问我明天出差不出差。

黄伯荣、张志公等同意这种观点。

综观以往研究，理论背景不同，双宾语的分类标准就不同，双宾句的范围有大有小，很难得到一个"对内具有同一性，对外具有排他性"的分类结果。张伯江认为双宾句结构的认知基础是表示一种给予行为，主语和间接宾语分别代表给者和受者，给予物是这种结构的语义焦点[①]，因此怀疑"喜欢那个人大眼睛""吓了我一身冷汗"等的双宾语地位，而张国宪（2001）则认为这些是对"原始消极语义的直接继承"。但分歧最大的是表示"索取"义的动词所构成的"S+V+NP$_1$+NP$_2$"序列。沈阳（1994）、杨成凯（1996）、李宇明（1996）等学者依据动词后面NP$_1$和NP$_2$之间无一例外地存在领属关系的事实，将整个结构处理为领属结构作宾语的单宾句，只承认"给予"义动词才能构成双宾句。而李临定（1984）、陆俭明（1997）、徐杰（1999）、张宁（2000）等则用语义或句法证据否定"领属说"，坚持"索取"义动词也能构成双宾句。张国宪（2001）则认为，近宾句法地位的确认是相对的，它的参照点应是远宾，二者受事特性的高下才是决定其宾语资格的主要参项。"索取"义双宾结构中贴近动词的论元是直接宾语，远离动词的论元是间接宾语。当然，即使是否认该语言序列为双宾句的学者，如杨成凯（1996），也认为NP$_1$的性质在定语和宾语之间，将其简单地归入定语或归入宾语，都不能概括它的双重性质。李宇明（1996）则明确指出由"索取"义的动词构成的"S+V+NP$_1$+NP$_2$"序列在单宾和双宾之间并没有泾渭分明的界线，而是存在着一条由五个结点组成的从单宾到双宾的连续带。

（三）分类：内部小类的划分

1. 是否只有给予类动词才能进入双宾语句

沈阳（1994）、杨成凯（1996）、李宇明（1996）等认为，索取类动词构成的双宾句中，由于NP$_1$和NP$_2$之间有领属关系，因此，动词后的NP$_1$和NP$_2$构成定心结构，是一个宾语，这样的句式不是双宾句。陆俭明（1997）、徐杰（1999）、张宁（2000）等则认为领属说并不可靠，领属关系是从语义的角度，而定心结

---

① 张伯江. 名词的指称性质对动词配价的影响[M] // 袁毓林，郭锐. 现代汉语配价语法研究：第2辑. 北京：北京大学出版社，1998：155.

构则是句法上的，两者之间没有必然的联系，他们从语义和句法两个方面寻找证据，证明了领属说的不可靠性，认为索取类动词也可以构成双宾句。张伯江（1998）认为由于索取类动词构成的句式符合双宾句认知的基础以及认知的过程，当然应该把这种句式看作双宾句。石毓智则绕开语义的纠缠，从客体移动的方向出发来进行分类，指出"双宾句式必然涉及两个参与者、一个客体和引起客体移动的动作。'客体'可以是具体的物体，也可以是抽象的事物"[①]。他将动词分为右向、左向及左右向三种类别。其中，右向类相当于给予类和教类，左向类相当于索取类，左右向类相当于借类。

2. 表动量、时量、度量的虚指成分能不能看作宾语

朱德熙（1982）、马庆株（1983）都把表动量、时量、度量的虚指成分当成了准宾语或虚指宾语，如"踢了小王一脚""等了小李一会""高了我一头"。而吕叔湘（1990）、邢福义（1991）、张斌（2002）都认为不应该将它们看作宾语。

（四）双宾语句句法结构的争论：两分还是三分

早期的有关双宾语句的句法结构的认识中，大部分学者认为，双宾语句的句法结构是述宾词组后跟宾语的形式，两个宾语的地位不是平等的。朱德熙20世纪80年代以前支持这种观点，后来他又认为双宾句是一个动词后跟两个宾语，动词和两个宾语分别构成述宾关系，两个宾语之间并没有结构上的联系。张伯江（1999）从认知语言学的角度提出了"双及物"的概念，从而否定了"双宾结构是述宾词组后跟宾语"的说法。

（五）语义关系的判断：结构赋义与词汇语义的关系

无论是以传统语法学为理论背景，还是以结构主义为理论背景，还是后来的

---

① 石毓智. 汉英双宾结构差别的概念化原因[J]. 外语教学与研究，2004，36(2)：84.

配价语法等，典型的双宾句都是以给予类动词为核心而构成的，其典型句式都为 S+V+NP₁+NP₂，而之所以在双宾句范围上产生抵牾，实则导源于对结构赋义与词汇语义之间关系的看法。结构主义语言学将意义排除在外，但在研究中却无法将意义彻底清除出去。"给予"这一概念意义的提出就是最好的证明。

1. "给予"概念的提出

朱德熙在《与动词"给"相关的句法问题》中将"给予"和"索取"分别描述为：

1）存在着"与者"（A）和"受者"（B）双方。

2）存在着与者所与亦即受者所受的事物（C）。

3）A主动地使C由A转移至B。

4）存在着"得者"（A′）和"失者"（B′）双方。

5）存在着得者所得亦即失者所失的事物（C′）。

6）A′主动地使C′由B′转移至A′。

这即是对"给予"义的阐发。文章对"给予"和"索取"这一对语义特征的分解虽然是从对动词语义的抽象出发的，但是隐含了以动词为中心，必须有三个强制性名词性成分共现的思想。文章又将四类句式置于一处进行讨论，说明它们的共性及差异所在，这更说明这里所谓的"给予"义或"索取"义远远不只是动词类语义特征的提取，而是一个更加抽象的概念，用认知语言学的术语来讲就是句式义。

2. "给予"概念的进一步说明

马庆株（1992）提出给予类双宾构式含有"把NP₂给NP₁"的意思，一般表示客体宾语NP₂所指事物的转移过程，NP₁是NP₂转移的终点；范晓（1986）关于交接动词的配价要求及价语的描述，一方面是对"给予"义不同角度的描述，另一方面将"交"和"接"，也可以说是将"给予"和"索取"在更高层次上达到了统一。

3. "给予"句句式义的明确提出

句式义这一概念的明确提出是在20世纪90年代,认知语言学的发展拓展了语法研究的范围,也为语言解释提供了新的视角。沈家煊(1999)提出了几种含"给"字的句式:

S 给 NP$_1$ V NP$_2$　　阳货给孔夫子送了一盘肘子。

S V 给 NP$_1$ NP$_2$　　阳货送给孔夫子一盘肘子。

S V NP$_2$ 给 NP$_1$　　阳货送一盘肘子给孔夫子。

它们共享的语义核心为"给予",但每个句式具有不同的价值,分别表示:对某受惠目标发生某动作;惠予事物转移并达到某终点,转移和达到是一个统一的过程;惠予事物转移并达到某终点,转移和达到是两个分离的过程。张伯江把双及物结构(不借助"给"字表达一个完整的给予过程的结构)的句式义定义为"施事者有意地把受事转移给接受者,这个过程是在发生的现场成功地完成的",其核心语义是"有意的给予性转移"。①张国宪(2001)认为"索取"义动词原本就例示了双宾语结构的句式意义,其原始语义是"强制的索取性转移",并解释说传统的双宾句的"给予"和"索取"是从施事的角度说的,如果从与事的视点来观察,"给予"双宾句的与事是"得者","索取"双宾句的夺事是"失者",从语言认知心理上,前者是受益句式表示积极意义,后者是一种受损句式表示消极意义,因此双宾句式的语义是"施动者有意识地使事物的所有权发生转移"。

句式义的确立来自对语言事实的观察和描写及在此基础之上对动词语义特征的抽象。给予类、索取类和制作类或交接类等就是对动词语义特征的抽象,由此找到了不同句式之间对立的根源。朱德熙(1979)、范晓(1986)均指出,有的动词的"给予"义是内在的,而有些动词的"给予"义是不确定的,是句式赋予的。马庆株则明确指出:"动词的意义有时要靠格式来限定。例如'扔'等动词本来没有给予意义,双宾语格式临时赋予它以给予意义。"②而有些句式之间的

---

① 张伯江. 现代汉语的双及物结构式[J]. 中国语文, 1999(3): 177.

② 马庆株. 汉语动词和动词性结构[M]. 北京: 北京语言学院出版社, 1992: 129.

区别却是因动词"给予"义的强弱不同而形成的，如S$_1$和S$_4$（朱德熙，1979）。

　　毋庸讳言，"给予"句是双宾句的典型代表，"给予"句式义的确立为双宾句乃至与"给"相关句式的研究奠定了坚实的基础，也是迄今为止最为辉煌的一笔；但以往的研究虽然意识到句式义的存在，却无法将其贯彻到底，因此，在语言事实的描写和规律的总结中就出现了许多的例外，缺乏系统性和较强的解释力。与以往的语言学研究相比，认知取向的语言学研究认为整体大于部分之和，而不是部分的简单相加；认为句式义是独立于词汇语义规则之外的语法事实，有独立的语义，因此在语言研究中有意识地使用这一意义，较为合理地解释了一些看似例外的现象。

三、双宾构式的句法语义接口是事件结构

（一）事件与事件结构

　　事件结构（event structure）理论是新近兴起的一种句法语义界面理论。在语义论元如何向句法位置投射的问题上，它与传统的以动词的论元结构作为句法语义界面的联接理论（linking theory）的观点有所不同。联接理论认为，动词的句法表现就是其论元结构投射到表层句法的结果，语义论元是通过由多个题元角色按照其投射的优先顺序排列的题元层级向句法位置投射的。但是，联接理论却无法对结果句式中存在的不为动词论元结构所包括的非子语类论元和不能为任何题元层级所概括的题元颠倒现象作出合理的解释。而事件结构理论则认为，动词子语类所反映的论元结构并不是决定动词句法表现的唯一因素。动词的句法表现在很大程度上是由对动词进行编码的事件的结构决定的。事件结构主要是指事件的起始、量出和界化等时间结构特性。事件结构在我们的认知结构和语言之间起着一种中介作用。作为对事件结构的一种反映，动词的句法表现最终是由动词和名词词组、介词词组等其他句子成分在时间或者空间上的终结性、持续性和同质性等体特征相互作用共同决定的。因此，从这一理论看来，事件结构（而不是论元结构）才是更为合适的句法语义界面。

　　事件这一概念本身应当说是伴随着语义研究而发展起来的。Langacker提出

了典型事件模型，他认为事件发生在某一环境中，并且是观察者从某一外部视点对它进行审视，所观察到的是某一行为链的运作，此中离散的物体通过力量的接触彼此联系，进行能量的传递。他把这种经典事件模型视为对原型动作行为的常态观察。综合Langacker对事件的描述，可以得出三个要素：事件是某种动词关系，事件中的参与者存在能量传递关系，参与者之间的能量传递关系表现出不平衡性和可变性。

与事件相关的一个概念就是事件结构，沈园（2007）曾指出，事件结构（句式）对论元实现的决定作用是毋庸置疑的，近年来句法语义界面研究领域还出现了一个新趋势，就是越来越关注动词词根和事件结构的关系（在句式理论框架下就是研究动词和句式的相容性问题）。事件结构在此等同于句式是有点片面的，事件结构是经验认知层面的，而句式是语法表征层面的。

双宾句式例子"John bought Mary a car"表征的是一个购物事件，在这个购物事件中，我们必须考虑"John"和"Mary"的关系、"John"和"car"的关系以及"Mary"和"car"的关系，该双宾句涉及一个复杂的购物事件，其中"John"买了"car"是主事件，"Mary"拥有"car"是副事件，在这一事件实施中，"John"成为"Mary"的施惠对象，而"Mary"即成为"John"的受惠对象。另外，我们必须考虑"John"和"Mary"的关系，因为这是将该句和汉语句子"约翰买了玛丽一辆车"进行语义对比的一个关键点。

（二）事件的概念化

认知语言学有一个基本的假设，那就是"语法就是概念化"，从这个视角研究语言也就不可避免地要研究概念化模式。

对于同一个客观事件，不同的概念化主体可以采用不同的视角或意向来诠释，因而可能有不同的概念化模式，如：

例（14）a. 席中有人送了一封信给我。

　　　　b. 席中有人送给我一封信。

　　　　c. 席中有人送我一封信。

例（14）a介词句式体现的是序列扫描模式（sequential scanning），凸显客体"信"按照时间先后的关系移动，也就是沈家煊（1999）指出的"SVO给x"句式，表明惠予事物转移并达到终点，转移和达到是两个分离过程。例（14）b、例（14）c双宾句体现的是总括扫描模式（summary scanning），凸显"我"拥有"信"的结果状态，即惠予事物转移并达到终点，转移和达到是一个统一过程。然而，并不是所有表示致使运动的动词都有这两种概念化模式，其中要受到动词本身性质和概念化主体对该动词理想化认知模型的体验认知等因素的控制，如动词"寄"用于例（15）c时就不可接受。

例（15）a. 我寄了500美元给他。

b. 我寄给他500美元。

c. *我寄了他500美元。

概念化模式不同，表达的意义自然有差别，Croft提出了语言形式、意义和经验三者之间的互动关系模式，如下所示：

句法结构（反映，但是能够被语义结构改变）

↑

语义结构（是对经验的概念化，但是能被经验重新诠释）

↑

客观经验（固有的相互冲突的概念化模式）

四、已有研究方法的问题所在

（一）没有建立起双宾构式分类标准

以往的研究多从句法结构上对双宾构式进行分类，而较少从语义上尤其是句法语义上进行再分类。另外，目前的研究缺乏对双宾构式各句式语义特征的研究，比如索取句，人们对其的研究很多，但较少研究以下问题：索取句如何表达双宾构式，表达双宾构式的语义条件是什么，索取句有哪些表达功能，索取句与双宾构式其他句式的差别是什么，等等。这些问题都需要进一步探讨。

（二）缺乏严格的判定标准

研究一种语法现象，首先必须对它作出严格的界定，以确定研究的范围。目前人们往往凭语感来判定一个句式是否属于双宾构式类型，没有确立一个科学的、可验证的判定标准，因此，双宾构式的研究范围很不相同。比如，索取类双宾句是否归入双宾构式类型，哪些可以归入双宾构式类型，如何归入；哪些动词可用于使令句中表达双宾构式；消耗类动词构成的句子能不能归入双宾构式；等等。这些问题目前都没有得到很好的解决，仍然模棱两可。

（三）双宾构式类型的本体研究还不够

双宾构式研究涉及的内容很多，但多是对双宾构式的句法和语义的描写，解决其本质问题的研究不多。

目前人们对双宾构式的本质还缺乏一个清楚深刻的认识，如双宾构式的原型和典型性特征是什么，双宾构式的生成过程和机制是怎样的，双宾构式义和动词义的整合和互动模式是什么，双宾构式的语义特征是什么，能进入双宾构式的动词类型有哪些，双宾构式的句法联接原理以及汉英双宾构式的共性和差异，等等。这些问题得不到解决，就无法揭示双宾构式的本质。

（四）描写较多，解释不足

人们对双宾构式进行了较多的句法和语义功能描写，但缺少解释。虽然20世纪90年代中期以后人们努力加大解释的力度，但存在明显的不足。比如为什么双宾句有的能变换成"把"字句，有的不能变换成"把"字句，而可以变换成"被"字句，此类问题还没有找到原因，还需要进一步研究。

（五）双宾构式类型的对比研究不够

双宾构式类型表现为多种句式，各句式之间的联系与区别如何，人们也在着重进行研究，但总体看来，还不够。比如双宾构式各句式的演变机制是什么，双宾构式各句式之间的语义差别是什么，双宾构式各句式之间的变换条件是什么，双宾构式各句式怎么分工，等等。这些都有待进一步研究。

五、本书的研究方法

（一）形式与意义相结合

形式与意义是语言学的核心内容，二者相互联系、相互依存，如同一张纸的两面不可分割。"语法研究的最终目的就是弄清楚语法形式和语法意义之间的对应关系。所以从原则上说，进行语法研究应当把形式和意义结合起来……讲形式的时候能够得到语义方面的验证，讲意义的时候能够得到形式方面的验证。"[①]

（二）描写与解释相结合

对语言现象、语言规则的描写，旨在说明"是什么"，对语言现象、语言规则的解释，旨在说明"为什么"。这二者事实上是密不可分的。语言现象、语言规则的"解释性研究"将会从整体上促进现代语言研究，因为不仅一个合理的解释本身需要经过深入研究后才能得到，而且解释需以充分、合理的观察和充分、合理的描写为基础，所以对语言现象和语言规则的观察、描写会面临着来自解释语言规则这一方面的挑战。

（三）定量与定性相结合

定量研究的兴起是当代语言学研究一个引人注目的特点。它把对语言规律与特点的阐述融入对大批量语料的定量分析之中，使语言研究更富于客观性、科学性，语言的一些本质特征更容易凸现出来。本书采用建立语料库进行定量定性分析的方法，划定封闭域，对一定量的句子进行分析，再结合语料库的成果，综合分析双宾构式与双宾动词的互动和整合机制。

---

① 朱德熙. 语法答问[M]. 北京：商务印书馆，1985：80.

六、本书深入研究的内容

由于Goldberg构式语法理论在解释语言现象时存在着一些缺陷和不足，本书在分析双宾构式时对构式语法进行了改进，表现在以下几个方面：

1）构式义从哪里来？本书回答了构式的生成过程和机制问题。

2）构式与动词的匹配和互动。本书对Goldberg的分析模型进行了改进和完善，建立了自己的构式义和动词义的匹配和互动模型。

3）研究进入构式的动词类型。本书研究了动词进入构式的条件。

4）采用事件结构认知模式来解释语言现象。本书采用生成整体论理论背景下的事件结构认知模式来解释句法语义接口问题。

5）运用语义地图理论来分析现代汉语方言的双宾构式，在MHC（2007）语义地图基础上勾画了几种方言的语义地图，并对语义地图中的特异之处作出解释。

七、本书的术语

1）construction grammar，本书遵从一般译法译为构式语法，不采用句式语法、构架语法、构块语法、构造语法等译法，但在引用其他研究者成果时仍然保留他们的翻译术语。

2）本书所指称的双宾构式，不同的研究者有不同的命名，如双宾句式、双宾句、双宾语句、双宾语式、双宾结构、双宾语结构等，和本书的双宾构式意义基本等同。也有的研究者称之为双及物结构、双及物构式，或者和本书的双宾构式意义基本等同，或者包括与格构式，大于本书的双宾构式。本书在引用其他研究者成果时仍然保留他们的用法。

3）双宾构式的结构表达式，本书表述为：$NP_1+V+NP_2+NP_3$。NP_1代表句子的第一个名词性成分，作主语；V是句中的谓语性动词；NP_2代表句子的第二个名词性成分，作间接宾语；NP_3代表句子的第三个名词性成分，作直接宾语。不采用$A+V+R+P$，$S\,V\,O\,O$，$S\,V\,N_1\,N_2$，$S+V+NP_1+NP_2$，$S+V+O_1+O_2$，$S+V+O_间+O_直$的表达式，但在引用其他研究者成果时仍然保留他们的术语和结构表达式。

八、本书的语料来源

本书的语料主要来自北京大学现代汉语语料库（CCL语料库）。还有一些来自词典、文学作品，也有部分引自相关语法著作和论文。

1）语料库

北京大学现代汉语语料库（CCL语料库）。

2）词典类

《现代汉语词典》（第7版），中国社会科学院语言研究所词典编辑室编，商务印书馆，2016年出版。

《汉语动词用法词典》，孟琮等编，商务印书馆，1999年出版。

《汉语大字典》（袖珍本），宛志文主编，湖北人民出版社，四川辞书出版社，1999年出版。

《现代汉语方言大词典》，李荣主编，江苏教育出版社，2002年出版。

《现代汉语八百词》（增订本），吕叔湘主编，商务印书馆，1999年出版。

3）文学作品类

现代汉语中有一定代表性的著作，主要选择现当代北京籍贯的作家的作品，如老舍的《骆驼祥子》《四世同堂》《茶馆》《龙须沟》《北京人》，《王朔文集》（1~4）等。

除特殊情况外，语料一般不再注明出处。

第二章 本书的理论背景

　　本书所进行的研究是侧重于解释性的，试图构建一个构式语法分析框架，并运用双宾构式来验证这个分析框架和模型，包括运用事件结构理论、句法联接理论来分析和解释双宾构式的认知语义基础，并针对Goldberg构式语法理论在解释和分析语言现象时的不足，结合其他学派的构式语法理论，对其进行改进，建立构式义和动词义的整合和互动分析模型，以此来分析双宾构式义和动词义的整合和互动模式、双宾构式的语义特征和动词语义特征的整合和互动，在此基础上，研究能进入双宾构式的动词类型，以及双宾构式的句法联接规则。最后，本书在构式语法的理论框架下，承认构式的多义性，构式义和动词义互动和整合，在此基础上，运用语义地图理论来研究现代汉语双宾构式，勾画现代汉语几种方言的双宾构式的语义地图，并对方言中的特异之处作出解释。本章是对相关语言学理论的阐释。

一、构式语法理论的进步与局限

　　构式语法（construction grammar）理论已经发展成一种比较完善的语言学理论，有自己系统的语言观和一套分析语言现象的程序，在国际语言学界产生了很大影响，也开始引起中国语言学界的高度重视。

　　关于构式，Goldberg所下的定义是：C is a CONSTRUCTION iff$_{def}$ C is a form-meaning pair <F$_i$, S$_i$> such that some aspect of F$_i$ or some aspect of S$_i$ is not strictly predictable from C's component parts or from other previously established constructions.[①]这个定义张伯江曾翻译为：如果用C代表独立构式，把C看成是一

---

　　① GOLDBERG A E. Constouctions: a construction grammar approach to argument structure[M]. Chicago: University of Chicago Press, 1995: 4.

个形式（F_i）和意义（S_i）的对应体，C所能够成立的充分必要条件是：F_i或S_i的某些特征不能从C自身的组成成分或者从其他已有的构式预测出来。[①]

由上面定义可以知道三点：作为一个构式，它是形式与意义的结合体（或匹配对）；构式的某些形式表现不能从其组成成分和其他已知结构推知；构式的某些意义表现也不能从其组成成分的意义及其他已有构式的意义预测。换句话说，一个结构如果不具备后两点，就不称其为构式。

与构式语法创建有关的代表性人物有Fillmore、Kay、Lakoff、Goldberg、Croft等，其理论阐释除了见于他们的文章外，还集中反映在他们的著作中，尽管在这一理论框架中工作的不同学者的具体观点不尽相同，但是他们具有共同的学术理念。构式语法是对乔姆斯基的形式语言学理论反思的结果，是在认知语言学这一背景下产生的，因此它通常被看作认知语言学的一个分支。但其实构式语法跟典型的认知语法所讨论的语言现象和采用的分析方法差异比较大。两者的共同点主要在于它们具有共同的语言哲学观。

当前认知语言学界流行的4种构式语法模式是：Fillmore和Kay的构式语法，Lakoff和Goldberg的构式语法，Langacker的认知语法，Croft的激进构式语法。这些语法模式之所以都被纳入构式语法的范围，是因为它们都在以下3个原则上是一致的：1）作为符号单位的构式是独立存在的；2）语法知识在人脑中具有一致的体现；3）语法中构式是可以加以分类组合的。但是，任何理论都有各自的研究重点。这4种构式语法模式的研究侧重点也有其各自的特点。Fillmore和Kay的构式语法主要探索句法关系和继承性问题；Lakoff和Goldberg的构式语法更多地集中于构式之间的范畴化关系研究；Langacker的认知语法集中研究语义范畴和语义关系；Croft的激进构式语法则集中探讨句法范畴和普遍类型学问题。而后三种构式语法理论都属于基于用法的语法模型。这4种构式语法的差异还见于对以下4个问题的不同回答：1）如果构式存在，那么句法成分的范畴在构式语法中的地位是什么？2）构式语法包括哪些种类的句法关系？3）在构式语法中，构式之间发现

---

① 张伯江. 从施受关系到句式语义[M]. 北京：商务印书馆，2009：122.

了哪些种类的关系？4）在构式分类中，（语法）信息是如何保存的？正是它们对这些问题的不同回答和解决方案引出了当前构式语法领域所争论的话题。

Goldberg指出，构式语法有如下的优越性：

1）避免动词的不合理义项。动词的很多用法是由结构赋予的，而不是自身固有的。

例（1）He sneezed the napkin off the table.

例（2）She baked him a cake.

其中动词sneeze是不及物动词，例（1）中的带宾语用法是由整个动补结构决定的。例（2）的bake是一个普通的行为动词，它的"给予"义是由所在的双宾结构赋予的。

2）避免循环论证。乔姆斯基的"管辖和约束"（GB）理论存在着循环论证问题，比如认为一个句子的论元结构是句中动词可带论元数目的投射，而它们在确定动词的论元数目时，又是根据动词在句子中所带论元的多少。

例（3）a.　The horse kicks.

　　　　b.　Pat kicked the wall.

　　　　c.　Pat kicked the football into the stadium.

　　　　d.　Pat kicked Bob the football.

　　　　e.　Pat kicked his way out of the operating room.

上述用例的kick可以带不同数目的论元，如果单从动词出发，就会得出结论：有多个不同论元结构的kick，不同的句式是不同kick投射的结果。GB理论的分析既烦琐，不能解决问题，又会陷入循环论证之中。构式语法则认为，kick实际上只有一个，它的多种用法是由不同的句式决定的。

3）保证动词语义的经济简单。

例（4）a.　She slides the present to Susan / to the door.

　　　　b.　She slides Susan / *the door the present.

可能有人认为上述两句话的slide并不相同，因为第一句话中Susan和door都可以用，而第二句话中只有Susan可以用。然而从构式语法的角度看，这种差别是由两个不同的句式决定的，动词slide则只有一个。

4）保留语言结构的复合性（compositionality）。如果承认结构独立意义的存在，就可以保留复合性，即一个表达式的意义来自词汇意义和结构意义的总和。这样可以避免形式学派所认为的，句子的句法和语义分别独立地来自主要动词的投射。

5）具有关于句子理解试验的基础。来自儿童语言习得的证据显示，构式意义确实是存在的。

构式语法的进步还主要表现在：进一步印证了认知语言学关于语法和语义关系的基本原则，其分析具有建立在经验事实之上的直观性，不同使用频率的结构得到了同样的重视，对人类语言的一些语法共性作了成功的解释，研究对象明确而具体，也符合儿童语言的习得过程，同时也可应用于历史语言学研究中，比如可以把共时语法系统看作一个动态的变化过程，可以成功地解释一个词语语法化的诱因。

但是构式语法也存在明显的局限性：1）对构式概念的不合理扩大掩盖了两类性质不同的语言单位之间的差异，从而也造成了句子分析的烦琐；2）无法解释一个构式的结构意义形成的原因；3）适用的结构类型也很有限；4）缺乏语法的系统观念；5）确立语法结构的标准不明确；6）其语言哲学观模糊不清、摇摆不定。

人们对Goldberg构式语法的几个最集中的批评意见是：

1）构式义是从哪里来的？构式语法认为，整体意义大于部分意义之和，句子意义不能只根据组成句子的词汇意义推知出来，构式本身具有独立于词的意义，那么构式义是从哪里来的？

袁毓林断定："这种能决定句式配价的句式意义是由动词的论元结构提供的，动词的论元结构中各论元角色之间的语义关系的抽象化，为有关句式提供了最初的意义。"[①]"表达的精细化等语用动机促动了句式套用和词项代入，这又引发了动词和句式的互动，其结果是动词改变其论元结构来适应句式意义和句式构造的需要。"[②]

2）动词进入构式的条件是什么？什么样的动词类型能进入构式？构式语法

---

① 袁毓林. 著名中年语言学家自选集·袁毓林卷[M]. 上海：上海教育出版社，2013：124.
② 同上书：158.

预测一个什么样的特定动词出现在某种句式中这方面是极其困难的。也就是说，构式语法不能通过提供一种原则的方式来决定什么样的动词可以出现在某类句式中，什么样的动词不能进入某种句式。不能解释为什么某类句式需要某类动词，某类句式不需要某类动词，应该排除某种句式之外。

袁毓林说："接下来的问题该是：（1）句式的整体意义是由什么决定的？（2）句式对进入其中的动词的选择限制条件是什么？如果不能很好地解决这两个问题，那么句式语法和句式配价路线就不会比词汇语法和动词配价路线高明多少，充其量也只是把动词变价和论元增容的球踢到了句式这个楼上（kick upstairs）。"①

3）构式与动词的关系是什么样的？构式义与构式中主要动词的意义可能相同、补充或否定，是一种互动关系。词汇义与构式义有时一致，有时不一致。两者一致时，语义合格，两者不一致时，则通过压制，要么生成合格语句，要么生成不合格语句。这就首先提出了汉语语法研究中的一个重要问题：语言中一形多义现象的成因到底是由动词的多义性还是由构式的多义性所决定的？

4）构式中句法语义接口是如何实现的？Goldberg构式语法认为，语义角色与句法成分之间的配位是没有规律的。句法与语义的联接没有普遍规则，同样一个动词经常会出现在多种论元结构框架中，每一个构式有着不同的句法语义联接，这样构式语法只能在一个个具体的构式中来研究句法语义接口问题，而构式语法认为用转换来联系的构式并无相同的真值条件可言，导致构式数量的不断增多，自然构式中句法语义接口问题也就无任何规律可言了。

而一般语法理论认为，语言中句法与语义的联接是有规则的。

5）论元结构是最适宜的分析单位吗？Goldberg构式语法以论元结构作为分析构式的分析单位，但人们认为论元结构有循环论证之嫌，最适宜的分析单位应该是事件结构。

6）语法结构的多义性问题是如何形成的？语法结构的类型是非常有限的，然而表达的语义类型则是多种多样的。构式语法的一个基本观念是，语法结构跟词汇一样具有"本义"，通过引申机制可以表达多种相关的意义，形成一个语法

---

① 袁毓林. 著名中年语言学家自选集·袁毓林卷[M]. 上海：上海教育出版社，2013：122.

结构的语义网络。

但有人认为，一个语法结构从一开始就可能是多功能的，而不可能早期是语义单一的结构，后来引申出其他用法。如石毓智认为，在构式语法理论框架内的研究，尚未见关于某一语法结构历史发展过程的探讨。在汉语双宾构式尚未定型的甲骨文时期，至少有以下三类动词可用于双宾结构之中：1）给予类：畀等；2）索取类：乞等；3）其他：作、以等。因此他不同意张伯江提出的汉语的双宾构式的原型义是"施事者有意地把受事转移给接受者，这个过程是在发生的现场成功地完成的"的观点。

由于Goldberg构式语法理论在解释语言现象时存在着一些缺陷和不足，本书在分析双宾构式时对构式语法进行了改进，表现在以下几个方面：

1）从语言哲学观上，引入生成整体论，回答了构式的生成过程和生成机制问题。构式的生成过程是：客观存在的事件通过感官感知而形成认知图式—认知图式投射到人类语言层面形成意义框架—意义框架投射到一个具体语言—根据构式意义的需要在词库中物色具体词语而构成具体的句子。

2）在分析路径上，借鉴生成学派的事件结构理论、认知学派Talmy的概念结构模式来解释语言现象。在此基础上，提出双宾构式是多个事件结构的重叠，是由致使事件和运动事件整合而成。

3）分析构式与动词的匹配和互动关系。本书对Goldberg的分析模型进行了改进和完善，建立了自己的构式义和动词义的匹配和互动模型。

4）利用事件结构理论、联接理论来解释句法语义接口问题。

与词汇中存在多义词一样，句法结构也可以是多义的，即用相同的形式表示彼此不同但密切相关的一组意义。比如，英语双宾结构（Subj V Obj$_1$ Obj$_2$）的基本义是"有意的给予性转移"，如上文中的例（1）。由此，还可以引申出来其他相关的意义：

例（5）a. Liza guaranteed Zach a book.（If the guarantee is satisfied, Zach will receive a book.）

b. Liza refused Zach a book.（Liza caused Zach not to receive a book.）

　　c. Liza cost Zach his job. （Liza causes Zach to lose his job.）

　　例（5）a表示一旦条件满足，就会发生transfer，例（5）b表示transfer将不再发生，例（5）c表示giving的反义关系，即发生了taking away。也可以通过隐喻表示 giving，如cry me a river。

　　与英语的双宾结构表达的"给予"义不同，汉语的双宾结构虽然也是表示"有意识地使客体的所有权发生转移"，但转移的方向是多样的，既可以是"给予"义，也可以是"索取"义，甚至二者皆可。如：

　　例（6）我给他一本书。

　　例（7）我拿他一本书。

　　例（8）我借他一本书。

　　从这个角度来说，汉语的双宾结构是多义的，句子的意义主要由谓语动词本身的词义特征决定。比如，例（6）中的动词是给予类的，整个句子的意义表示物体从"我"到"他"的转移；例（7）中的动词是索取类的，整个句子的意义表示物体从"他"到"我"的转移；例（8）中的动词"借"是双向的，就直接导致了句子的歧义，既可能是"我借给他一本书"，也可能是"我从他那儿借一本书"。

　　5）利用传统学派的语义特征分析方法来分别分析构式和动词的语义特征。

二、事件结构理论的相关内容

（一）事件结构的含义

　　近年来，随着事件结构理论在语义学领域研究的不断深入，其对句法学的影响也越来越显著。事件结构理论认为，在很多情况下，对动词的句法表现起决定作用的往往不是动词次范畴所反映的论元结构，而是对动词进行编码的事件结构特性。这些特性主要包括事件的起始（instigation）、量出（measuring out）和界化（delimitation）等时间结构特性。因此，事件结构（而不是论元结构）才是更为合适的句法语义界面。在这种观点影响下，近年来句法学中也出现了各种各样基于事件结构的句法模型并形成了一个新的句法学分支——事件句法学（event syntax）。

语言是一种表达现实世界或想象世界的工具，而世界的构成单位是物体和事件，因此如果说表达物体的语言单位是词的话，那么表达事件（以及事件复合体）的语言单位就是句子（及其他造句单位），因此分析句子的结构就应该从分析事件的结构开始。

1. 语言中两种基本表达方式在事件结构表达中的地位

语言表达基本上分两部分：一个是陈述，一个是指称。陈述和指称的对立是语言中最基本的对立，体现在词类上就是谓词和体词的对立，其中最典型的就是动词和名词的对立。从语法的层面来说，谓词性成分表达典型的陈述，名词性成分表达典型的指称。当然，陈述和指称可以相互转化，比如由陈述转化为指称有两种情况：自指和转指。自指单纯是词性发生变化，语义仍然保持不变，而转指不仅词性要发生变化，词义也要发生变化。本书主要关注陈述和指称的对立，对陈述和指称的转化不展开讨论。

陈述和指称的作用各不相同，陈述的作用在于用精确的分析性语言来描绘各种现象，而指称的作用在于用最简单的形式将各类事物区别开来。在表达形式上，陈述语言往往复杂、精确、细致，而指称往往概括、简单。例如，一张桌子有一个桌面和四条腿，上面能放东西，能在上面做事情，但我们只用"桌子"这一个简单的形式来指称它，而不用"有一个平面和四条腿，上面能放东西的，能在上面做事情的一类工具"来命名。

陈述性成分最重要的特征是时间性，用来表达外部世界时间流中以动词为核心的事件，在语言中就表现为一个个动词。就陈述性成分的时间性来说，有的表现为静止的状态，有的表现为动态的行为。动态行为又有瞬间动作和持续动作的区别，持续动作又有是否具有内在终结点的区别。

与内在时间性相对的外在时间性是指谓词所表示的状态是否实现为外部世界时间流过程中的一个事件，即是否把陈述性成分所表示的状况放入外部世界时间流逝的过程中来观察。语言中存在的"了、着、过"等时体标志就是动词外在时间的表现。

指称性成分最重要的特征是空间性，用来表达现实世界中具体或抽象的事物，在语言中就表现为一个个名词。

2. 事件结构的组成、本质和特征

所谓现实世界（或想象世界）就是"万事万物"，即物体（包括人），以及物体的运动、变化、性质及物体与物体之间的关系形成的事件。换句话说，物体都有一定的运动，有一定的变化，同时物体之间都有一定的接触、联系和互相影响，这就形成了许许多多的事件。一个事件的构成成分可以分为事件本体（客体、实体）和事件特征两部分。

事件本体由一个动作和若干事件参与者构成，所谓事件参与者就是在事件中起不同作用的事物，包括施事、受事、工具、合作者、受益者、原因、依据、面向等等。每一个参与者都在事件中承担一个角色，这个角色可称为事件角色。例如"吃"这个事件有吃者和被吃者两个事件角色，"打"这个事件有打者和被打者两个事件角色，"跑"这个事件有跑者一个事件角色。

在这些事件参与者当中，有些参与者在事件中起主要作用，有些参与者在事件中起次要作用，前者称为主要参与者，后者称为次要参与者。

事件特征包括时态、程度、数量、肯定/否定、可能/必然、语气（陈述/疑问/祈使/感叹）等等，它们依附于事件本体而存在。

事件结构的实质在于：既然语言是人类表达其对现实世界的认识的工具，现实世界又是物质联系的，其显著表现就是实体及其运动，那么事件结构就是语言学以自己的方式对此物质联系的一个片段的描述——可称之为语言学还原，施、受事等则是对实体在此运动联系中身份的说明，运动联系则表现为动词、形容词等。因此事件结构的一个基本特征是概括性，它略去了事件发生的个别时间、地点等因素，是人们对外界事态抽象认识而形成的一般意义图式、框架（script、frame）。这带来了事件结构的另一个特征，即整体性。Fillmore指出，框架是以如下方式相互关联的概念系统：要理解其中的一个要素，你必须理解整个结构；当这个结构中的一个事物被引入语篇时，所有其他事物都自动可得。

（二）事件结构和句法结构的相互关系

　　随着事件和事件结构等概念逐步进入语义学的研究领域，句法学家也在自然语言中发现了大量事件语义和句法结构相互作用的现象。Borer等人甚至认为句法结构即使不是与事件结构同构（isomorphic），也是在很大程度上由事件结构派生而来。与此同时，生成句法学的VP内主语假说（VP-internal subject hypothesis）、VP壳假说（VP-shell hypothesis），以及众多关于功能语类的描写，都使得事件结构与句法结构的联系变得越发直接、清晰：事件结构中的各组成要素，都可以在动词短语以及与其邻接的功能语类投射所形成的层阶结构中找到大体对应的位置。

1. 论元角色与句法联接的关系

　　近些年来，许多语言学家尝试把事件结构分析应用于不同的句法表征，认为事件结构是句法和词汇语义的接口。动词的词汇信息须包含它所需要的论元的数量、论元的语义特征和动词与其论元出现的句法结构类型。把动词的语义论元（论旨论元）投射到句法结构的模式是词汇语义表征中论元与句法联接的问题。Tenny等认为，论元在事件结构中充当的是事件角色而不是论旨角色决定了论元如何以及在哪个位置和句法相联接。

2. 事件结构和句法结构的相互关系

　　Croft认为，事件结构是由一系列次事件或成分构成的线性排列，每一个次事件和紧接着的事件之间有因果关系。一个句子一般都对应着一个事件，那么分析句子就要分析事件的结构。在用句子表述每个事件时，就要用动词表示事件的名称，用其他句子成分表示事件的各个角色；相反，在理解一个句子时，动词告诉我们事件的名称，一些句子成分告诉我们事件的各个角色。这表明，如果句子要表示一个事件，那么它的一些句子成分必须表示事件的各个角色，造句规则也就必须说明事件的各个角色跟句子成分的对应关系。如果甲是吃者，乙是被吃者，用汉语表达这个事件就可以说"甲吃乙"，但一般不能说"乙吃甲"。有时候还可以说"乙甲吃",或者简单地说"甲吃"。在特殊情况下也可能说"甲乙吃"或"乙吃"。这些组合方式都需要由造句规则给出。显然怎样鉴定事件角色与句子中的一些成分的对应关系是造句规则的必要任务。

着眼于此,最简单的办法是一一罗列标示。例如可以罗列几个描述"甲吃乙"事件的句子,逐一标明哪一个是吃者,哪一个是被吃者。对"打""跪"等动词构成的句子也可以这样逐一列举和标示。然而这样做等于一个词一个词地、一个句子一个句子地给出句子的构成方式,而不是用有普遍性的规则给出。既然事件角色跟句子中的一些成分的对应关系必须由造句规则给出,那么,如果确有造句规则其物,就必然有以下两个命题:

1)在上述表示"甲吃乙"这个事件的一些句子中,虽然形式上有所不同,但它们之间有变形规则F。一旦知道哪一个是吃者,哪一个是被吃者,就可以利用变形规则F生成一些形式上有所不同的句子,它们都能表示这个事件。

2)至少对绝大多数事件而言,如果一些形式上有所不同的句子都能表示同一个事件,那么那些句子之间必然有同样的变形规则F。

这就是说,用事件角色组成句子的方式必然有相当的普遍性,可以总结成适用于所有事件或绝大多数事件的造句法则。举例来说,如果对"吃"事件而言,用吃者和被吃者可以组成一些句子表示"甲吃乙"这个事件,那么对于"打"事件而言,也应该可以用相同或相近的方式由打者和被打者组成一些句子表示"甲打乙"这个事件。这等于说,虽然每一个事件都有自己的事件角色,不同事件的事件角色一般互不相同,但是它们在造句时必然有若干基本的组合方式。

由此,可以看出,把一个事件表示为语义结构形式,需要做两个工作:

1)说话人根据自己的说话意图,决定事件结构中的事件成分哪些进入语义结构形式,哪些不进入语义结构形式。在这个过程当中,说话人需要遵守动词配价规则。

2)对于进入一个语义结构形式的事件成分,说话人要选择恰当的词语来表达这些事件成分。在这个过程当中,说话人需要遵守语义相容规则。

由上面两点可以推导得出下面的结论:同一个事件可以派生出多个语义结构

形式。从语义上看，复杂事件由子事件在一定限制条件下组合而成。同时，这种事件的组合性也理应在语法体系中有所反映。自然语言正是通过形态或句法手段来反映这种子事件构成复杂事件的组合性，事件结构与自然语言的句法系统、词汇系统以及句法词汇接口密切相关。

（三）生成学派的事件结构分析方法

把事件结构纳入句法研究有两个切入点：一是语法是否以及如何体现事件结构；二是"语法化"了的事件是否也具有"语法化"了的内部结构，事件结构的要素，如变化、致使、时间等，如何在语法上体现。

事件结构指事件内在的时间结构，主要体现参与者本身之间的关系和参与者与谓词之间的关系，支配着动词论元的实现。最早把谓词意义和事件结构联系起来的语言学学者当推Vendler。根据谓词在时间上表现出来的延续性（duration）、完成性（termination）、内部结构等特征，他把动词分为四类，用表2-1例示如下：

表2-1　Vendler的动词类别分析

动词类别	有无延续性	有无自然终点	有无内部结构/变化	例句
状态动词	+	−	−	李辉爱劳动
活动动词	+/−	−	−	李辉在散步
完成动词	+	+	+	李辉吸了一支烟
结果动词	−	+	−	王冕的父亲死了

注："+"表示有此特性，"−"表示无此特性。

下面重点介绍几种有影响的事件结构的分析方法：

1. Hale和Keyser的事件结构的分析方法

Hale和Keyser（1993）并不满足于仅仅对谓词所指的复杂性事件进行纯语义分析。他们认为，谓词所包含的复杂性事件结构理应与其句法表现有着某种内在的关联，复杂事件的内部结构要么体现在词库中（词汇句法），要么体现在句式中（句子句法），事件结构与句法之间必然存在着某种映射关系。他们主张把事件结构编码到句法结构当中，认为动词所表示的事件结构以及NP的题元身份都取决于句法配置。在汉语的研究中，黄正德深受Hale和Keyser的影响，认为这种理论不仅适用于致使动词的讨论，而且完全可以推而广之应用于所有动词，他引入词义分解理论并将它与Hale和Keyser的理论相结合，在对汉语大量动词做出高度抽象的基础上，提出了一系列作为事件组成部分的抽象事件谓词：DO、BECOME等，并且提出所有的动词都可以作为抽象事件谓词的补足语事件。

2. Hovav和Levin的事件结构的分析方法

Hovav和Levin（1998）用事件模块（event templates）和原始成分（primitive elements）来解读体范畴。他们提出一个动词包含两个意义构块模式的假设：第一个为结构层面意思，它决定事件的可能类型；第二个则具体体现动词的中心意思，即动词的个体信息层面意思。动词意义的表征即为事件结构，动词意义的结构成分决定事件结构的类型。结构意义被认为是事件结构中与语法相关的成分，因为它决定了不同的语言特征以及论元的实现。因此，事件结构模式决定动词的语义类别，因为这些动词有突出的句法和形态特征。根据Hovav和Levin关于事件结构的研究，首先可以从结构上将事件模式分为简单和复杂两类。简单事件结构包含一个次事件，而复杂事件结构则有两个次事件，而且它们之间是互相独立的。下面是几种主要事件结构模式：

1）简单事件结构模式

a. $[X\ ACT_{<MANNER>}]$（活动类）

b. $[X\ <STATE>]$（状态类）

c. $[BECOME[X<STATE>]]$（结果类）

2）复杂事件结构模式

a. $[X\ CAUSES\ [BECOME\ [Y<STATE>]]]$（完成类）

b. $[[X\ ACT_{<MANNER>}]\ CAUSES\ [BECOME\ [Y<STATE>]]]$（使役类）

另一类动词意义的组成部分是动词的中心意思。Hovav和Levin认为这一成分为常量。因为以谓词分解形式表现的词汇语义的典型表达是有一个固定值的。而且它们来自于固定的类型（如事物、地点、状态和方式等）。一个常量决定相关事件的最少论元数量。大部分的常量都是谓词的论元，也是动词基本意义的组成部分。

3. Tenny的事件结构与有界性

在各种事件结构理论中，Tenny关于事件的体界面假设（aspectual interface hypothesis）颇有影响力。Tenny认为，动词所表达的事件的体特征在决定动词的句法行为中起着关键作用。根据Tenny的定义，体主要是指能由语言手段表达的事件的时间组织特点或形式，主要包括动词的时间变化、确切的终结点、进行性和重复性等特性。Tenny认为，在所有的体特征中，有界和无界的区分是最核心的特性。有界性是指一个事件在时间上具有一个确切清晰的内在终结点。Vendler所讲的达成（achievement）事件和完结（accomplishment）事件都是有界的，而活动（activity）事件和状态（state）事件则都是无界的。Tenny又进一步把一个论元参与体结构的方式定义为度量（measure）、终结（terminus）和路径（path）三种体角色（aspectual role）。度量必须是事件的直接内论元，终结（即事件的界点）必须是间接内论元，而路径则可以是隐含论元，也可以是内论元。

（四）认知功能学派的事件结构分析方法

认知语言学认为"语言既是一种认知活动，又是以认知为基础的……语言的形成受制于多种因素，包括外在的物质世界、生理和感知能力、认知能力的发展、认知结构等"[①]。语义是语言研究的中心。Langacker提出的认知语法认为意义是一种认知现象并等同于概念化；语言的创造来源于人们运用基本的认知方式来识解（construe）场景。

在我们所处的客观世界里，运动无处不在。运动是我们生活中最早、最基本、最广泛的经验之一。运动概念如何与语言编码建立联系，不同的语言采用的

---

① 赵艳芳. 认知语言学概论[M]. 上海：上海外语教育出版社，2001：38.

手段不尽相同，这种语言编码手段上的差异具有类型学意义。

事实上，正是因为运动在人类认知和语言表征上的重要性，运动的概念化和运动事件的词汇化成了近年来认知科学和认知语言学的研究热点。它们的研究侧重于不同语言中运动事件词汇化模式的差异性，以及这种差异性对思维和语言习得的影响。其中最著名的当属Talmy和Slobin的研究。前者主要从形态句法层面对运动事件框架作了类型学上的研究，而后者则在前者的理论框架内，从语篇等角度进一步研究了认知对语言使用和习得的影响。

要描述一个事件，首先应该弄清楚这一事件是由哪些概念或语义成分组成的。Fillmore、Jackendoff、Lakoff、Johnson、Langacker、Talmy、Wierzbicka等学者都对运动事件的概念和语义成分进行过论述。

1. Langacker的认知语法

认知语法认为语义是语法构建的基础，而语义又是概念或意象形成的过程。所以，分析概念或意象形成的过程，可以了解句义、解释句法构建的认知基础及特征。

意象是认知语法用来描述语义的一个基本方法，是指人们观察某一事物或场景的具体方式。认知语法认为人们观察场景的基本方式是参照典型事件模式（canonical event model）进行的。典型事件模式（图2-1）指观察者从外部观察到事件发生是由主要参与者之间相互作用而产生的。参与者之间的相互作用好像打台球一样，力量有续传性，即由击球者通过球杆发力击打主球，主球运动又将力量传给目标球带动目标球运动。

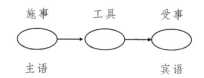

图2-1　典型事件模式

（注：图中的箭头表示力量的传递和方向）

典型事件模式说明人们是按照行为链模式来观察事件的；事件的基本参与者

在行为链中相互作用产生力量的传递，处在行为链上不同位置的参与者被赋予了不同的语义角色。

现在举例说明意象与句法构造和语义侧重的关系。

例（9）John whitened the wall.（约翰把墙刷了。）

例（10）The wall was whitened by John.（墙是约翰刷的。）

这两个例句都描述了同一场景，都讲述了"约翰刷墙"这一事实。但是，由于观察的角度不同，两句的语义侧重和句法表达形式都有很大的区别。例（9）是参照典型事件模式（即谁对谁做了什么）来观察这一场景的，因而句式上选择了主动态，"约翰"作为动作的发出者在认知上得到了凸显，所以该句在语义上描述了一个完整的施动过程。例（10）是从动作的承受者的角度来观察该情景的，采用的是非典型事件的模式，因而句式上选择了被动态，"墙"作为动作的承受者在认知上得到了凸显，该句在语义上描述的是动作产生的结果。

认知语法认为影响意象形成的因素有四个：观察对象的选择（selection）、观察视角（perspective）、认知凸显（salience）、情景构建的详细度（specificity）。观察对象的选择是指选择观察某物或某情景的某个特征。观察视角与认知凸显是指观察角度的不同、注意焦点的不同会导致所观察的事物或场景在认知上的显著程度不同。在认知语法里，认知的显著度要用射体（trajector）与界标（landmark）的概念来解释，即人们通常说的图形（figure）与背景（ground）。射体通常是认知上较为显著的事物，在语法上常做句子的主语。界标是指射体之外的其他构成场景的事物，界标的认知显著度低于射体。如例（9）中的约翰作为射体被赋予了主语的语义角色，因此在认知上比较显著，但在例（10）中约翰被当成界标，其认知显著度低于"墙"。情景构建的详细度是指对所观察的情景描写的详细程度，可以从抽象到具体或从具体到抽象。

四个因素在不同程度上影响着语义的阐释。选择不同的观察对象要求有不同的认知参照域，即理解意义所需的不同的知识系统。如理解上文例（9）需要了解有关"刷墙"的知识，即知道"刷墙"是指"人用某种工具（通常是软刷子）在墙面上刷"这一基本知识，否则难以理解"whiten"是"用刷子把某物刷成白色"。不同的观察视角会造成不同事物或同一事物的不同方面在认知上的显著度不同，从而导致语义的侧重不同，这可参照上文有关例（9）和例（10）的语义解释。情景构建的详细度会影响语义的具体程度。例如：

例（11）John whitened the eastern wall.（约翰刷了东墙。）

例（12）John whitened the eastern wall of his garage.（约翰刷了他车库的东墙。）

比较例（9）、例（11）和例（12），例（9）没有描述墙的方位，所以我们对该句所描述的场景认识较例（11）和例（12）模糊。例（12）对墙的方位描述得比例（11）详细，所以阅读例（12）我们对该情景的认识和理解程度就高于例（9）和例（11）。

2.　Talmy和Slobin的运动事件词汇化模式

所谓词汇化，简言之，即概念或语义成分与语言中的形态句法建立联系的过程。就运动事件来说，组成运动事件的几个语义成分在语言中的编码方式即是它们的词汇化模式。由于相同的语义成分在不同的语言中有不同的编码方式，因此，运动事件的词汇化模式在语言类型上存在着差异性。

美国认知语言学家Talmy是第一个从类型学角度对运动事件进行系统描写和分类的学者。根据Talmy的观点，一个运动事件图式由图形、背景、运动和路径等四个基本概念成分构成，基本的运动事件包括一个物体（即图形）相对于另一参照物体（即背景）的动态移动或静止存在。一个运动事件有四个内部的概念成分：

图形（figure）：指一个运动着的或从概念上看可以运动的主体，它相对于另外一个物体（参照物，即背景）而运动或存在。如：the pencil。

背景（ground）：指一个参照物体，运动主体（即图形）相对于它而运动。如：table。

运动（motion）：指运动本身，用大写M表示。如：roll。

路径（path）：指图形相对于背景而运动的路径或存在的位置。如：off。

这四个基本的内部概念成分组成了整个宏观运动事件（macro-event）中的框架事件（framing event）。除此之外，一个运动事件还包括外部的副事件（coevent），主要表现为运动的原因（cause）或方式（manner）。在这些概念成分中，路径在整个运动事件中起着核心图式（core schema）和构架（framing）的作用，因此是框架中最重要的成分，其他几个成分之间的关系要通过途径才能得以实现。

在许多语言的运动事件表达式中，动词同时表达运动本身和一个副事件，后者通常指运动的方式或原因；而另一些语言则不然，不同语言在运动事件表达上呈现出类型性差异。从运动动词词根的典型词汇化模式出发，世界上的语言可分为三大类：方式/原因类、路径类和图形类。从事件整合的角度出发，基于运动的核心图式（即路径范畴）的典型表达形式，世界上的语言可分为两大类：动词框架语言和附目框架语言。前者通过动词词根或者主要动词来表达路径，后者通过动词前缀、小品词以及其他一些与动词词根相关联的附属成分来表达路径。

按照Talmy的类型区分，动词框架语言包括土耳其语、西班牙语、闪族语、罗曼语、日语和韩语等，其中西班牙语是典型的动词框架语言；附目框架语言包括除罗曼语之外的大多数印欧、乌戈尔语、汉语和各种美国土著语言等，其中英语是典型的附目框架语言。路径被看作是框架中最重要的要素，承担着框架建构功能。对于同一运动事件，不同类型语言的运动路径整合方式不同，比如像"瓶子漂进去"这样一个运动事件，在西班牙语中，运动路径由动词表达；而英语和汉语的主要动词却用以表达运动的方式"漂"，表达路径"进去"的是其附属成分。简单分解如下：

1）"物像+运动"和"路径+方式"：La botella entró flotando.（西班牙语）

2）"物像+运动"和"方式+路径"：The bottle floated in.（英语）

3）"物像+运动"和"方式+路径"：瓶子漂进去了。（汉语）

Talmy的运动事件框架理论抓住了运动的词汇化模式与其他语言表达的相关性。这一类型学视角为语言与认知的关系研究打开了一扇新的窗口，引起了广泛讨论和研究，主要表现为利用语言在运动事件表达上的类型性差异来验证语言相对论假设的有效性，以及把这种类型差异应用于叙述风格、语际翻译以及语言习得等领域，为这些语言问题的研究开辟了一个新视角。本书主要针对运动事件理论的应用研究进行讨论，从语言相对性、叙述风格以及语际翻译三个方面对该理论在研究上述语言问题时所表现出来的优势与不足做些思考。

按照Talmy的运动事件理论，动词框架语言和附目框架语言在表达运动事件时呈现出巨大的类型差异，那么这种语言表达上的差异性是否会导致该类语言使用者对"运动事件"的不同概念化呢？换句话说，"运动路径"和"运动方式"在不同类型的语言使用者中具有不同的认知显著度吗？Talmy的运动事件框架理论作为一种验证手段，为语言与认知的关系研究提供了可操作性视角。

Slobin把运动事件框架理论应用于语言相对论研究。通过语言材料的对比分析，Slobin发现不同类型的语言使用者对同一运动情景的概念化并不一致，主要表现为动词框架语言使用者在构建物理场景的心理意象时，极少注意到运动的方式，而附目框架语言使用者则相反。即使运动方式是言语情景的焦点，他们对运动方式的概念化模式也不相同。

此后，又有不少学者把运动事件理论应用到语言与认知的关系研究中。值得注意的是，这些研究得出了不同的结论。Papafragou等发现运动路径和运动方式在希腊语和英语受试者中具有同样的认知显著度；Gennari等在考察西班牙语时也得出了相似的结论。

认知功能学派的事件结构分析方法，可以帮助我们从类型学角度理解汉英语言结构的差异，也有助于我们理解同一语言内部不同句子的句法语义的异同。

（五）双宾构式的事件结构分析

双宾构式都是由三个子事件组合成的复杂致使性事件，其中表示致使义的子事件投射为VP，表示移动的子事件投射为VP，表示结果状态的子事件投射为RP。从本质上讲，双宾构式就是复杂的致使性事件在句法上的实现。同时，作为这样一个复杂的致使性事件，理应包括三个子事件，缺一不可。换言之，语义上能够分析为一个致使子事件、一个移动子事件和一个结果状态子事件，是双宾构式合法的语义基础和前提。

如果视双宾构式为致使性事件在句法上的投射，那么又是哪些因素决定着一个事件的性质，造就合格的双宾构式呢？首先我们会想到类似"给"一类的动词。由于这类动词自身在语义上就表示复杂的致使性事件，其投射在词汇句法中已经完成，因此它们都可以直接用在双宾构式中。从Vendler的动词分类表中可看出，由于状态动词、活动动词两类都没有自然终点，没有内部的结构变化，一般都不能用于双宾构式；虽然结果动词具有自然终点，但由于不具有延续性，无法蕴含一个活动过程，同样也不能用于双宾构式；完成动词三方面属性齐备，因此可以直接用于双宾构式。

然而，事件性质并非单纯由动词本身决定，除动词外，还与事件参与者、修饰成分等因素有关。事件的性质是由诸多因素根据组合性的原则共同决定的，并且这种组合性在句法结构中也有所体现。双宾构式合法的关键在于所表达的事件是否具有完成性，动词、事件参与者、修饰成分等因素对事件性质的作用就在它们对完成性的贡献上。完成性指的是一个可能事件内部的时间结构。具体而言，如果一个事件过程是同质的（homogeneous）、累积性的（cumulative），那么它就不具备完成性。反之，如果一个事件蕴含了一个自然的终点，则具备了完成性。对具有完成性的事件来讲，完成性表现为状态的转变。另外，事件的完成性还可以从事件的量化性质来判断，完成性事件可以量化，而非完成性事件不可量化。举例来说，"他给了张三一本书"之所以能成为合格的双宾构式，就在于"给了张三一本书"同时蕴含了"给予"这样一个致使性活动过程的结束和"书从他到张三的所有权转移"这样一种状态的改变。相反，"他用了张三一本书"不合格，原因在于"用一本书"只是一个过程，并未蕴含事件的完成和状态的改变，是同质的。如果把整个"用"的过程做任何切分，得到的仍然是"用"这样一个事件。对整个"用"的过程而言，它并没有蕴含一个自然的终点。

除动词本身外其他成分也能促成事件的完成性，可从下面的例子中说明：

例（13）a. 张三做出来了那道题。

　　　　b. *张三做了那道题。

例（14）a. 他推小车到了火车站。

　　　　b. *他推小车了。

使用了趋向动词"出来"的例（13）a，由于它保证了事件具有完成性，因此能够成为合格的双宾构式；相反，例（13）b中没有用"出来"，完成性无法保证，不合格。同理，由于例（14）a中附加了一个表示目标或终点的介词短语，完成性得以保证，是合格的双宾构式；而例（14）b中的"推小车"只是一个过程，没有自然终点，不具有完成性，因此不合格。

另一个和事件完成性相关的重要因素是宾语的性质。Tenny（1994）考察了自然语言用以表明事件终点的种种不同手段，结果发现大都与宾语有关。宾语若要保证事件的完成性，还必须满足一定的条件，即具有可量化性。所谓宾语的可量化性，是指宾语的所指在与谓词所构成的事件中可以计量，整个事件可以分割，有边界（delimitation），正是这种边界性保证了事件的完成性。举例来说，由于"张三喝水"中的"水"是未被量化的，"张三喝水"只能是一个没有自然终点的过程。而在"张三喝了那杯水"中，宾语"那杯水"显然是量化性的，整个事件也因此是可以计量的，再加上表明事件结束的助词"了"的作用，整个事件就具有了完成性，可以构成双宾构式"张三喝了他那杯水"。

正是由于宾语的可量化性与其有定性密切相关，才有了双宾构式的宾语通常是"有定的"之说法。宾语的有定性当然能够保证事件是有边界的，具有完成性，但这并不等于说唯有有定性才能保证完成性，有定性和可量化性毕竟是两个不同的概念。换句话讲，保证事件完成性的宾语的可量化性，只是间接地与宾语的有定性相关，二者并没有直接的对应关系。除了有定NP宾语外，无定NP宾语等同样也可使事件具有完成性。因此，"张三打碎了他那个花瓶"和"张三打碎了他一个花瓶"都是汉语合格的双宾构式。

宾语的可量化性是双宾构式合法的前提。需要指出，我们说具有完成性的事件必须是可量化的，只是说可量化性是完成性的必要条件，有了可量化的宾语，事件是可量化的，但并不能保证事件就具有了完成性。

本书的研究表明，在自然语言的句法语义接口层面，事件结构和句法结构之间确实存在着映射关系，具有致使性关系的子事件在句法上体现为VP内部的组构性；语义上，汉语双宾构式是由一个活动子事件和一个状态变更子事件构成的复杂致使性事件结构，双宾构式所具有的种种限制条件正是致使性事件结构在句法上的投射使然。完成性是双宾构式句法限制的关键条件，可以通过多种句法手段得到满足。

三、语义地图理论概述

语义地图（semantic map）是语言类型学的一个概念，因Croft在*Radical Construction Grammar*：*Syntactic Theory in Typological Perspective*中提出的语义地图连续性假说而得以推广。"语义地图连续性假说"即"与特定语言及（或）特定构造相关的任何范畴必须映射到概念空间里的一个连续区域"[①]，也就是说，概念空间中有多种意义/用法，它们彼此间存在联系，而不同的语言/方言或者同一语言/方言在不同的历史时期的变体都有可能以不同的方式在语义地图上勾画出不同的区域，且这个区域是连续的。因此语义地图能为我们展现世界语言共性，同时也能彰显个别语言的个性，考察在某一语言或方言中某种语法形式的功能演变轨迹。

（一）研究对象

"语义地图"是类型学视角下语言研究的一种工具，它以多功能[②]语法形式（即一种语法形式具有多种功能）为研究对象。在汉语中这种多功能的语法形式主要包括虚词（主要是功能词）和句法格式。以双宾构式为例，普通话的双宾构式表达的意义包括：①给予（"我送他一本书"）；②取得（"我偷他一本书"）；③信息转移（"告诉他这件事"）；④外位领有者受损（"打断他一只胳膊"）；等等。

从上面的例子中不难看出，同一种句法格式，在不同的语言或方言中，它所承载的功能也是不完全相同的，这种语言形式和表意功能的匹配在不同语言中的参差叫作"偏侧关系"。对于语言中普遍存在的偏侧关系，一些学者也尝试着做出了解释。赵元任（2002）利用图解的方式对破解偏侧关系做了富有启发性的探索：从概念语义来看，各种不同的时空关系构成一个共同的语义范畴，即时空范畴，每一项语义都需要一个形式来表征，因为各项语义之间关系紧密，具有概念

---

① 张敏. "语义地图模型"：原理、操作及在汉语多功能语法形式研究中的运用[M] // 北京大学汉语语言学研究中心《语言学论丛》编委会. 语言学论丛：第42辑. 北京：商务印书馆，2010：10-11.

② 这里的"功能"指的是该语法形式的表意功能或者表达作用。

上的相似性，所以一个形式可以兼表多种语义。巢宗祺（1999、2000）搜集调查了粤、闽、湘、赣、客等方言中与普通话"给""和"相对应的词，研究不仅揭示了不同方言里不同的虚词有哪些共同的语义功能，也进一步探讨了这些功能内在的语义关联。这些探索虽然没有直接使用语义地图，但是其思路与语义地图原理是一致的。

语义地图模型的精髓就在于集语义分析和类型比较于一身，超越了单一的共时语言系统，可以进行跨语言、跨时间的比较。它以多功能语法形式为研究对象，对不同时期、不同地区均以一种语言形式标记多种表意功能的语言进行比较研究，揭示这些语义功能之间的联系，进一步揭示一种语法形式跟一组语法意义有序匹配所蕴含的共性。因此语义地图成为破解偏侧关系的理想工具。

（二）语义地图模型在汉语研究中的可行性和意义

语义地图模型的基本思路是："某个语法形式若具有多重意义/用法，而这些意义/用法在不同语言里一再出现以同一个形式负载的现象，则其间的关联绝非偶然，应是有系统的、普遍的，可能反映了人类语言在概念层面的一些共性。"[①]从这一思路可以看出，语义地图模型的构建是建立在充足的差异性语料的基础上的，但是普通研究者很难进行大规模的世界语言的研究，于是很多研究者提出一种设想：是否能通过某种方法对单一语言进行深入的研究，发现其个性，同时又能看出世界语言的共性呢？

张敏给出了答案，从一粒沙是能看到整个世界的。汉语就是有力的证明。语义地图绘制所需的差异性资料可以在单个汉语变体中获得，比如普通话、某种方言或者某个历史时期的上古汉语等，因此无论是从空间上还是时间上，对汉语不同变体的研究无异于跨语言的研究，这就给我们绘制语义地图提供了丰富的差异性材料。

目前国外类型学界对语义地图的研究大多未涉及汉语，多数研究所选取的资料都是欧洲语言，因此加强汉语语义地图的研究一方面可以对已有的概念空间进行检

---

① 张敏."语义地图模型"：原理、操作及在汉语多功能语法形式研究中的运用 [M] // 北京大学汉语语言学研究中心《语言学论丛》编委会. 语言学论丛：第42辑. 北京：商务印书馆，2010：10.

验，证明其普遍性；另一方面，因为汉语属于汉藏语系，与欧洲语言存在较大的差异，因此其特殊之处可以对MHC（2007）语义地图进行修订，使其更加完善，具有类型学意义。

（三）双宾构式语义地图的研究概况

Malchukov、Haspelmath和Comrie通过对大量语言的考察，绘制了双及物结构的语义地图（图2-2），这些语言中各种句法形式的双及物结构都可以从中勾出连续的空间。值得注意的是，现代北京话的双宾构式同样也能在该图上勾画出连续的空间。潘秋平（2015）用现代英语和现代汉语语料力证MHC（2007）语义地图是一张体现句式多义性的构式图。该文还对语义地图模型和构式语法的异同进行了比较说明，从而更好地将两者结合起来运用，并运用语义地图展现了上古

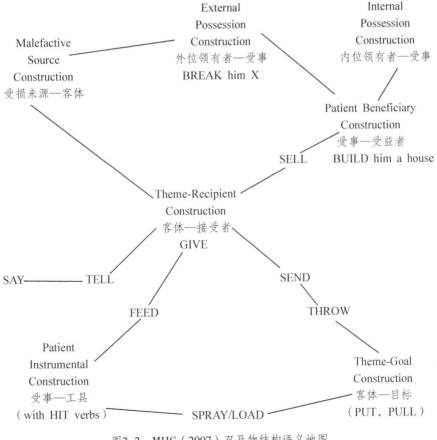

图2-2 MHC（2007）双及物结构语义地图

汉语中双宾构式意义的扩展和现代英语双宾构式意义的缩小。潘秋平（2010）以该图为依据，探究了上古汉语一直存在争议的几个问题，例如"夺之/其牛"这种取得类到底是双宾结构还是单宾结构，"天生民而立之君"这类受益结构是不是双宾，等等。张敏（2011）在此图基础上分析了汉语方言双及物结构南北差异的成因。丁加勇、张敏（2015）通过对隆回湘语双及物结构的考察，对MHC（2007）双及物结构语义地图进行了修订和补充。

以上这些学者的研究再次证明了将语义地图应用于汉语语言的研究方法是可行的，并且对世界语言类型学的研究具有重要意义。

本书在构式语法理论的框架之下，承认构式的多义性，构式义和动词义互动和整合，在此基础上，运用语义地图理论研究现代汉语几种方言双宾构式，分析进入双宾构式的动词小类及其构成的双宾构式，总结双宾构式的构式义，研究双宾构式义对双宾动词的制约和限制作用。在此基础上，以MHC（2007）语义地图为底图勾画几种方言双宾构式的语义地图，并对方言中双宾构式的特异之处作出解释。

第三章 本书的研究思路与框架

　　本书在深入研究认知语言学理论的基础上，充分参阅国内外相关研究成果，采用形式与意义相结合、描写与解释相结合、定量与定性相结合等研究方法，对汉语双宾构式的深层语义生成机制进行挖掘。同时采用科学的调查方法（包括查阅相关文献、查找资料、语料库分析等），对汉语双宾构式的认知语义结构进行深入考察，并在此基础上借助理论分析，通过对双宾构式动词和构式之间的互动和整合模式的考察，在构式语法理论背景下全面研究双宾构式。

　　本书所进行的研究是侧重于解释性的，构建了一系列构式语法分析框架，并运用双宾构式来验证这些分析框架和模型。如建立双宾构式义和动词义的整合和互动分析模型，分析双宾构式的语义特征和动词语义特征的整合和互动模式，研究能进入双宾构式的动词类型。

　　本书基于句法联接理论来分析双宾构式的句法语义接口问题，在比较词汇语义学、认知语义学、认知语法等语言学流派关于句法联接理论的基础上，重点介绍了Goldberg构式语法关于句法联接的理论。在此基础上，提出关于句法联接理论的观点：句法联接的认知基础是事件结构。同时分析了基于事件结构的双宾构式的语义关系对双宾构式论元结构整合的影响，认为双宾构式是多个事件套合的复杂事件结构。

　　本书在构式语法理论的框架之下，运用语义地图理论研究现代汉语方言的双宾构式，以MHC（2007）语义地图为底图勾画了现代汉语几种方言的双宾构式的语义地图，并对语义地图上的特异之处作出解释。具体研究框架如下：

一、双宾构式的界定

　　要想对双宾构式的句法语义整合接口及其相关问题进行全面深入的研究，首先就要对双宾构式的语义和范围进行界定。长期以来，双宾构式一直是国内外语言学家关注的焦点问题之一，他们试图从不同角度解释双宾构式的本质。汉语双宾构式的研究从开始的分类描写如朱德熙（1982）、马庆株（1983）和李临定（1984）等，到近年来的理论探源，如李宇明（1996）、张伯江（1999）、顾阳（1999）、徐杰（2001）、陆俭明（2002、2003）、沈阳（2001）、满在江（2003、2004）等，取得了很大的进展，但这并不说明所有的问题都已经解决。目前仍然存在着很多问题和分歧，主要集中在以下几个方面：

1）双宾构式的范围到底有多大？这其实是双宾构式的界定问题，对这个问题还没有达成共识。

2）如何分析歧义句式，如"张先生打碎了他四个杯子"？这牵涉到动词后两个名词的句法语义关系问题。

3）能进入双宾构式的动词的标准，比如索取类动词带两个名词的结构算不算双宾构式？

4）双宾构式结构层次是怎样的？是述宾结构带宾语还是两个宾语分别与述语发生联系？

为了从不同侧面厘清上述问题，本书讨论了传统双宾语的定义，双宾语范围的扩大，句法上鉴别双宾语真伪的有效途径，确定了双宾句的范围，分析了索取类双宾句的合法性问题。

二、双宾构式对双宾动词及构式论元的语义制约

本书运用构式语法理论和隐喻理论来分析双宾构式的语义构成和语义特征，旨在归纳与发现双宾构式诸多语义之间的关联性，以及这些语义特征之间的兼容和匹配。构式语法理论起源于Fillmore的框架语义学，他认为句式是形式与意义/用法的配对，其整体意义不等于各组成部分的简单相加，而是大于部分之和，受人类的认知原则如"顺序原则""相邻原则""数量原则"等作用形成。句式义是一种具有高度抽象性与概括性的认知框架，对进入句式的词汇具有限制和选择作用，同时，具体词汇的嵌入通过隐喻或转喻机制可能形成多种相关的意义。双宾构式本身具有独立的整体意义，无法从组成句子的词语的意义、词语之间的结构关系推导出来；双宾构式的多义现象是通过隐喻或转喻等把具体的词语嵌入语

言句式中而形成的。因此，可以采取一种自上而下的研究思路，在分析双宾构式的认知经验基础上，总结与归纳双宾构式的语义构成，然后具体分析每种类型的语义特征，运用隐喻或转喻理论探究其语义关联性。

在此理论框架之下，本书首先确定了双宾构式的构式义，分析了双宾构式的语义特征，双宾动词的原型语义特征，研究了制约双宾构式成立的因素——进入双宾构式的动词的特点，双宾构式论元的语义特征，以及双宾构式三个参与者论元之间的关系。

三、构式义与动词义的互动与整合

本部分通过语言学界对陆俭明提出的一个问题——"为什么相同的词类序列、相同的词语、相同的构造层次，而且相同的内部语法结构关系，甚至用传统的眼光来看还是相同的语义结构关系却还会造成不同的句式，表示不同的句式意义？"①的答案的争论，引出对Goldberg构式语法理论的阐述，进而通过分析词汇中心主义和构式语法两个语言学流派观点的分歧，引出构式语法理论的不足之处，通过对Goldberg构式语法理论的改良，提出了新的构式义和动词义匹配和互动的模型，并运用这个模型来分析双宾构式义和动词义的匹配。认为双宾构式中构式义和动词义的匹配和互动有以下三个层次：①双宾构式中构式论元与动词参与者的角色融合；②动词的上下位义（即L-意义和P-意义）分别和抽象的构式义、具体的构式义相匹配；③双宾构式中动词语义特征和构式语义特征的对应。具体思路为：

首先讨论了基于认知框架的动词义、构式义，然后引用Goldberg关于动词意义与构式意义的相互作用的观点，指出词汇中心主义与Goldberg的观点的分歧，在此基础上，阐述了构式义和动词义的关系，进而提出构式义和动词义的整合模型，最后利用构式义与动词义匹配和互动的模型来解释双宾构式中动词和构式之间互动关系的三个层次。

---

① 陆俭明. 词语句法、语义的多功能性：对"构式语法"理论的解释[J]. 外国语（上海外国语大学学报），2004（2）：16.

四、能进入双宾构式的动词类型

Goldberg认为，整体意义大于其组成成分意义的简单相加，句法结构本身具有某种独立于词义之外的意义。不同的构式具有不同的构式意义。构式义与构式中主要动词的意义是一种互动关系。构式能整合动词的意义，赋予该动词进入构式的条件。既然是构式赋予动词以意义，那么，是不是所有的动词进入双宾构式就会获得所谓的附加义呢？答案是否定的。本部分在生成整体论范式下讨论了这一问题，这种理论认为：事物的生成过程不是一部分一部分地简单组合，而是从潜在到显现过程中相关因素的整合，整个过程往往是通过相关因素突现性的多层次耦合，生成具有新质的事物。我们知道，有许多动词是不能进入双宾构式的，进入双宾构式的各要素是一个个可以进一步分化的小整体。词典义不表"领属关系转移"义的动词之所以能进入双宾构式，是因为它们蕴含"领属关系转移"义，而不蕴含"领属关系转移"义的动词是不能进入双宾构式的；"领属关系转移"义的成功释放必须经过各相关要素之间的选择和匹配，最后实现功能耦合，体现出整个构式的意义。这一生成过程是从小整体到大整体的动态生成，而不是机械组合。

在这一部分中，首先讨论了双宾构式的句式语义特征：双宾构式都表示"领属关系转移"；双宾构式的整体意义要求三个强制性成分与动词同现；施动者对事件有较强的控制力。然后讨论了进入双宾构式的动词的语义特征——[+转移][+双及物]，说明生成整体论范式下进入双宾构式的动词是一个小整体，与双宾构式之间是动态整合关系。在此基础上，本书分别从意义和配价两方面对进入双宾构式的动词类型的语义特征进行了讨论，旨在说明双宾动词不能等同于三价动词，并不是所有的三价动词都可以进入双宾构式，二价动词在符合条件的情况下也可以进入双宾构式，无论是三价动词还是二价动词，它们能够进入双宾构式的条件是要蕴含双宾构式的语义特征，动词和构式之间形成动态整合关系。

五、双宾构式的连续统研究

构式语法理论将一个个构式本身看成独立存在的对象，具有对象的特点，即有着独立的句法语义特征且存在内在联系规则。这种句法语义特征及其联系规则通过常态继承（normal mode inheritance）关系与其他构式发生联系，构成一个系统。而这种继承联系可以解释许多构式特征产生的动因（motivation）。

Goldberg认为，英语中双宾构式含有一个典型语义，即"施事者有意地将受事成功地传递给接受者"。该中心语义有五个延伸义：当条件满足时传递成功；施事致使接受者不能得到受事；施事的行为意在致使接受者在未来某时索取受事；施事准许接受者索取受事；施事意在致使接受者索取受事。能够进入这个典型构式的动词只有三类：第一类是包含"给予"义的动词，如give、pass等；第二类是"瞬间抛扔"类动词，如throw、toss等；第三类是"带方向性、具有连续使动含义"的动词，如bring、take等。

在此理论框架之下，本部分讨论了双宾构式的连续统问题：首先确定了双宾构式的语义判定标准及分类，然后分析了双宾构式的原型特征，确定了双宾构式是一个连续统，在此基础上，讨论了双宾构式句式之间的典型性问题和双宾构式句式内部的典型性问题。

六、双宾构式的句法语义接口整合研究

句法与语义的接口问题一直是语言学界讨论的热点，其中能否为从语义到句法的映射规则提供合适的词汇语义表达式则是问题的核心。随着认知语言学的发展，语言学家逐渐意识到：人类的认知方式为解释和分析语言现象提供了一种理论框架。认知语言学认为，语法结构同认知密切相关，人们在经验结构中所形成的语义范畴，要在语法结构中得到反映。也就是说，句法结构不是任意的，而是具有一定程度的"象似性"。所谓"象似性"，就是指"某一语言表达式在外形、长度、复杂性以及构成成分之间的各种相互关系上平行于这一表达式所编码的概念、经验或交际策略"[1]。双宾构式就是客观世界事物之间的及物关系通过认知和识解投射到语言中而形成的。

本部分在比较词汇语义学、认知语义学、认知语法等语言学流派关于句法联接理论的基础上，重点介绍了Goldberg构式语法关于句法联接的理论，总结了她在句法联接理论上的观点：①句法与语义的联接没有普遍规则；②许多用转换来联系的构式并无相同的真值条件可言。在此基础上，本书提出自己的关于句法联接理论的观点：句法联接的认知基础是事件结构。同时分析了基于事件结构的双宾构式的语义关系对双宾构式论元结构整合的影响，认为双宾构式是多个事件套合的复杂事件结构，在这个复杂事件结构中，原型施事实现为主语，原型受事实现为宾语。

七、双宾构式的事件结构分析及其句法表达的条件

本部分承接上一部分，继续研究双宾构式的句法语义接口问题，分析双宾构式的事件结构及其句法表达的条件。构式语法的基本立论是句式有独立于动词的意义，因而在实际语法分析中强调句式对具体动词的压制作用，却忽视了具体动词在概念化主体的认知诠释下对整个句式的构建作用，特别是忽视了具体动词表征的事件在整个句式的形成过程中的重要作用。Goldberg把动词和句式的互动简化为句法、语义和事件参与者角色的纵向对应关系，而忽视了动词与事件参与者之间的横向组合关系。

本部分首先分析作为双宾构式经验基础的事件结构，认为由双宾动词记录和表达的双宾构式"领属关系转移事件"是一个复杂的事件，由"致使转移"子事件和"成功转移"子事件整合而成，其典型意义是"施事者有意地把受事转移给接受者，这个过程是在发生的现场成功地完成的"。当动作行为完成以后，两个名词性论元（NP_2、NP_3）之间形成或失去了领属关系。动词及其参与者构成一个个事件，形成一定的模式并通过语言形式表达出来。双宾小句激活的是多个而不是一个事件结构：首先是致使结构，大致相当于构式语法的论元结构；其

---

① 张敏. 认知语言学与汉语名词短语[M]. 北京：中国社会科学出版社，1998：143.

次，多数情况下还包含一个运动结构，强调动作本身而非动词；最后还有一个空间结构，表示客体的领属关系。本书的研究表明，在自然语言的句法语义接口层面，事件结构和句法结构之间确实存在着映射关系，语义上，汉语双宾句是由一个"致使转移"子事件和一个"成功转移"子事件构成的复杂致使性转移事件结构，双宾句所具有的种种限制条件正是致使性转移事件结构在句法上的投射使然。完成性是双宾句句法限制的关键条件，可以通过多种句法手段得到满足。

八、语义地图理论在现代汉语方言双宾构式研究中的运用及汉语四种方言双宾构式语义地图的勾画

本书在构式语法理论框架下，运用语义地图理论研究汉语方言的双宾构式，首先承认构式的多义性，构式义和动词义的互动和整合，分析进入汉语方言双宾构式的动词的语义类型及其构成的双宾构式，以及双宾构式义对双宾动词的限制和制约作用，在此基础上，以MHC（2007）语义地图为底图勾画汉语四种方言双宾构式的语义地图，并对地图上的特殊之处作出解释。

第四章　双宾构式的界定

　　长期以来，双宾构式一直是国内外语言学家关注的焦点问题之一，他们试图从不同角度解释双宾构式的本质。从开始的分类描写，如朱德熙（1982）、马庆株（1983）和李临定（1984）等，到近年来的理论探源，如李宇明（1996）、张伯江（1999）、顾阳（1999）、徐杰（2001）、陆俭明（2002、2003）、沈阳（2001）、满在江（2003、2004）等，双宾构式的研究取得了很大的进展，但这并不说明所有的问题都已经解决。目前仍然存在着很多问题和分歧，主要集中在以下几个方面：

　　1）双宾构式的范围到底有多大？这其实是双宾构式的界定问题，语言学界对这个问题还没有达成共识。

　　2）如何分析歧义句式，如"张先生打碎了他四个杯子"？这牵涉到动词后两个名词的句法语义关系问题。

　　3）能进入双宾构式的动词的标准，比如索取类动词带两个名词的结构算不算双宾构式？

　　4）双宾构式结构层次是怎样的？是述宾结构带宾语还是两个宾语分别与述语发生联系？

一、传统双宾语的定义

　　朱德熙把双宾句分为两大类：一类是近宾语和远宾语都是真宾语，包括由含"给予""索取""等同"等语义的动词构成的双宾句；另一类是由一个真宾语和一个准宾语构成的双宾句，如"吃了他爸爸一辈子"等。然而在传统语法学的影响下，李临定和马庆株进一步扩大了双宾语的范围。马庆株将宾语分为14类，有的是根据动词的语义特征分类，如交换类"换他两本书"；有的是根据直接宾语的语义特征分类，如动量类"给他一巴掌"；有的则是根据间接宾语的语义特征分类，如处所类"挂墙上一幅画"。杨成凯、李宇明根据动词后面NP$_1$和NP$_2$之间大都存在领属关系的事实，将上述几种类型句式的整个结构处理为领属性结构作宾语的单宾句，只承认给予类动词才能构成双宾句。由此引发了有关典型双宾结构与非典型双宾结构的讨论。

一般认为，双宾语中的一个动词支配关涉两个对象，这两个对象一个指人，一个指物。根据距动词的远近，可以分为近宾语和远宾语，近宾语叫间接宾语，远宾语叫直接宾语。如吕叔湘、朱德熙认为：一个动词有时候会有两个宾语，多半是一个指人，一个指物，例如"他教了我们一个好方法"，这是传统双宾语定义的典范，例句也是典型的传统的双宾句。

传统双宾语具有如下特点：

1）动词支配关涉的两个对象第一个指人，第二个指物；

2）两个宾语之间互不相干，没有结构关系；

3）动词能分别支配两个宾语，能与两个宾语分别搭配而不至于出现歧义；

4）动词有"予夺"性。如双宾句中常用的动词有"取、给、送、送给、赠、奖、罚、叫、告诉、通知"等。

二、双宾语范围的扩大

近些年来，双宾语的范围扩大了，它打破了传统双宾语的限制，增加了一些新的双宾语形式。

（一）动词支配关涉的对象是同一类事物

这种现象是指动词支配关涉的对象不再只是一个指人，一个指物，而是两个宾语可以都指人，也可以都指物，如：

例（1）市体委给了我们两名教练。

例（2）上级派给我们两位教师。

例（3）他先后送给资料室几本珍贵的书。

例（4）送给动物园几只鹿。

例（1）、例（2）的宾语都是指人的，例（3）、例（4）的宾语都是指物的。不但如此，动词支配关涉的两个名词性成分还可以是同一对象。这类双宾语的特点是它的动词是"叫"类动词。如：

例（5）大家叫他"老滑头"。

例（6）骂他坏蛋。

例（7）称他"老大哥"。

例（8）当面叫他"八癞子"。

"叫""骂"之后的宾语都是两个。"他"与"老滑头"，"他"与"坏蛋"等都是指人，而且是指同一个人。

（二）双宾语中，第二个宾语可以是谓词性的

一般的说法是，双宾语多半是一个指人，一个指物。不管是指人还是指物，都应是名词性的。近年来，双宾语的第二个成分的范围发生了一些变化，谓词性的成分也可以做双宾语。如：

例（9）告诉学生要警惕。

例（10）老师告诉我，祖国还有广大富饶的土地。

例（11）你告诉他明天的旅游正常进行。

例（12）我告诉他，我没有去上海。

这些双宾句中，第一个宾语是体词性的，第二个是谓词性的。能带谓词性直接宾语的动词，大多是表示教示意义的，如"教""告诉""通知""请示"等。这类双宾语的特点是，谓词性的直接宾语（远宾语）往往比较复杂，可以是一个动宾短语，可以是一个主谓短语，也可以是一个兼语短语，还可以是一个动词性的偏正短语等。这种双宾语形式的出现，打破了双宾语"动+名+名"的传统模式，改变了两个宾语都是体词性成分的说法。

（三）动词支配关涉的两个对象之间存在着某种结构关系

按照一般的说法，两个宾语之间互不相干，没有偏正等结构关系，近年来该观点也有了一些变化。如：

例（13）我借了学校两把椅子。

例（14）骗取了国家大量外汇。

有些语法书把这类句子也看作双宾句。虽然这类句子的两个宾语之间没有助词"的"，没有明显的结构关系，但实际上却存在着某种暗含的语义关系，如"学校"与"两把椅子"之间，"国家"与"大量外汇"之间都存在着偏正关系。这种情况在早期语法著作中很少出现，现在已有一定的"市场"了。

（四）"准双宾语"的说法

除了上述几种较为典型的对双宾语范围的"公然"突破，还有一种"羞羞答答"的突破，即"准双宾语"的说法。所谓"准双宾语"，实际上是充当双宾语成分的问题。如：

例（15）她看了孩子一眼，孩子仍然睡得那么酣。

按照丁声树的说法，这类句式都是双宾句。指人的叫真宾语，表动量的是准宾语。

例（16）等小王一会儿。

例（17）我爱他精明强干。

孙叙常将这类句子也当作双宾句，但人们对此争论颇多。

三、句法上鉴别双宾语真伪的有效途径

纵观双宾语理论的发展历程，只要深入细致地探讨一下，就不难发现，鉴别的方法和途径是很多的，有的甚至还是很复杂的。但是，最有效的途径应该是采用排除法来鉴别。这里的排除法，是指在双宾语真伪并存，还难以认识清楚的情况下，竭力将错误的可能性全都剔出去，剩余的部分就是正确的。由于具体的双宾语情况错综复杂，可以将排除法分解为以下八种方法来具体操作。

（一）主谓短语作宾语不是双宾语

例（18）仍然希望他考上大学。

这种情况形似双宾语而实则不是，最主要的鉴别方法是：首先看结构关系，主谓短语的主谓之间具有明显的结构关系，而双宾语之间则不存在这样的结构关系。其次是看答问形式，主谓短语作宾语只有一次答问形式，主谓短语是一个整体，而双宾语却有两次答问形式，二者分别是一个相对独立的小单位。最后是看停顿，主谓短语作宾语句式的停顿一般在动词之后，并且这个动词一般多为表示心理活动的动词，而双宾语一般不同时具备这些特点。

（二）呼语不能进入双宾语之列

例（19）先生，给现钱，"大团结"吧。

这种情况很像近宾语提前，因为可以将句首部分还回到近宾语原位。仔细推敲之后便可以断定，句首部分应该是呼语，呼语就是表示对别人的称呼或招呼的独立成分，再者，宾语提前之说，早已被推翻，所以，该情况也不是双宾语。

（三）双宾语一般不能省略

例（20）而且老师见了我们，也每每这样问我们。

这种情况应属于省略句的一种形式，严格说来，应该归入修辞格，绝不能硬性套进双宾语的省略。双宾语之所以谓之双宾语，是因为它具有"双"的特性，如果少一个，还能成双吗？不管是远宾语，还是近宾语，一般都不应该省略。

（四）"称……为"格式不是双宾语

例（21）山西的百姓都称他为活阎王。

这种情况与前述"动+名（代）+名"格式比较接近，只多了一个联系动词，这个动词经常是"为、是、作、成"等。之所以不承认它是双宾语，是因为一方面它是近代汉语遗留的痕迹，另一方面是它不符合双宾语的基本要求，可以根据实际情况，将其划进主谓短语作宾语之中。这类联系动词本身就具有判断作用，与后面的名词或名词性短语组成判断宾语，那是顺理成章的事。有人曾经提出过将这种情况划入紧缩复句的范围，也不无道理。

（五）主谓短语作主语的句子没有双宾语

例（22）中国共产党领导全国人民进行革命斗争。

这种情况的主要特点是：主谓短语之中的主语除了独自发出支配宾语的动作外，还能够和宾语合在一起发出共同的动作，表面上类似双宾语，但将前面的"中国共产党领导全国人民"作为一个整体充当全句的主语，后面的宾语就不可以成双了。因此，这里没有双宾语，应该将此种现象排除于双宾语之外。

（六）偏正短语作宾语不是双宾语

例（23）我吃过两次舅妈烙的饼。

作宾语的偏正短语的中心语，是全句的实际宾语，其偏的部分是中心语的定语，这个定语以名词或代词最为常见，部分还有带"的"的情况，与近宾语相似。鉴别的主要方法是首先用双宾语的定义去衡量，然后用结构助词去检测。一般来说，凡是能够带上或能够插入"的"的，就不是双宾语。

（七）介宾短语不能构成双宾语

这种现象包括两种情况：

第一种是"把"字处置式。

例（24）老师，把课本还给我。

"把"字能够提前远宾语一说早已成为过去，如果再承认"把"字处置式是双宾语，那就严重混淆了人们的视听，使人们无所适从了。至于"把"可以还原之说，更是站不住脚，因为"把"还原之后，意义与原来大不相同，双宾语的存在就更不可能了。类似这样使用的介词还有"将、连、对"等，都不能构成双宾语，而应该认定为组成介宾短语作状语。

第二种是几个特殊介词。

例（25）他们村里的一个大恶人，给大家打死了。

这里的"给"完全可以用"被"来替换，是典型的介词，其与后面的名词或代词组成的介宾短语只能作状语，与双宾语相像却不可能相等。这样使用的形似动词实则为介词的还有"让、叫"等，均不能进入双宾语。上述介词尚不具备构成双宾语的资格，其他的介词就更不可能了。

（八）兼语式不能进入双宾语范围

例（26）今天请沈先生来。

许多专家、学者曾认为：应该取消兼语式，并将其全部或一部分归入双宾句。实践是检验真理的唯一标准，经过多年的具体应用，人们都普遍感到，兼语式是一种独立的语言现象，作用也愈来愈大，其他语言现象无法代替，将其推进双宾句队伍，实有牵强附会之嫌。什么是兼语式呢？就是指动宾短语和主谓短语部分重合在一起，动宾短语的宾语兼作主谓短语的主语的语言现象。从这个概念上说，兼语式进入双宾语为科学规律所不容，只有顺应双宾语发展的历史潮流，才能推动双宾语研究不断发展。基于这个认识，兼语式还是独立存在更为有利。

四、双宾句的范围

（一）典型句式NP_1+V+NP_2+NP_3

双宾句究竟包括哪些句式，是众人一直争论的焦点问题之一。贝罗贝在研究双宾构式的历史演变时考察了5类双宾语结构，认为它们是双宾语结构的基本形式，包括：①动词+间接宾语+直接宾语（简称"动+间+直"，下面简称同此）；②动+介词"给"+间+直；③动+直+介词"给"+间；④介词"给"+间+动+直；⑤介词"把"+直+动+介词"给"+间。朱德熙指出，由两个真宾语组成的双宾构式有3种形式，表示给予、索取和等同。从朱德熙所列出的例句来看，他所指的双宾构式在句法形式上是一致的，都是V NP₁ NP₂的形式。在马庆株的体系里，双宾语的种类虽然有14种之多，但表现在句法上也都是V N₁ N₂的形式。顾阳在分析了付雨贤等列出的9类"给"字句以后，得出结论，下列两种句式为汉语双宾句的基本句式：

a．$NP_1 \, V \, NP_3 \, 给 \, NP_2$

我送一本书给他。

b．$NP_1 \, 给 \, NP_2 \, V \, NP_3$

我给他送一本书。

顾阳运用Larson的理论和论证模式论证了汉语双宾构式V NP₁ NP₂由上述与格结构转化而来。

贝罗贝和顾阳混淆了"一个句子里有两个宾语"和"一个动词带两个双宾语"的概念。双宾句的定义是：在一个句子里一个动词带两个宾语，其中两个宾语各自跟动词构成述宾结构。根据这个定义，双宾句的基本句式只能是$NP_1+V+NP_2+NP_3$。也就是贝罗贝提到的第一类"动+间+直"结构，如"我送他一本书""我拿他一本书"等。我们再来看看他们提到的其他类双宾句：

1）介词"把"+直+动+介词"给"+间

这是典型的"把"字句。关于这个句式的争议不多，这里不再讨论。

2）动+介词"给"+间+直

这个句式有两种分析方法，一种是（动+介词"给"+）间+直，还有一种是动+（介词"给"+间+）直。根据前一种分析方法，动词和介词"给"构成述补结构，这个述补结构再带上两个宾语；根据后一种分析方法，介词"给"先跟所谓的间接宾语组成介宾结构，然后这个介宾结构再作动词的补语，整个结构仍然是述补结构带宾语。我们更倾向于前一种分析法。跟在动词后面的介词只能是具有给予意义的"给"字，一般认为，这个"给"字已和前面的动词构成了一个复合词，我们更倾向于认为"给"的出现的意义在于使得前面动词的转让意义更加明确，如"我送给他一本书"。当前面动词的转移方向不明确时，如动词"交"，动词后"给"的作用就更加突出。"我交了朋友"跟"我交给了朋友"在语义上的差别就是"给"带来的。因此，似乎可以说，这个介词"给"的作用其实相当于一个标记词，标明动作转移的对象或方向。

"送给他一本书"是"送他一本书"的有标记形式。根据标记理论，无标记的形式应该是典型的、组合形态简单而聚合项多的形式。有标记项则是非典型的、组合形态复杂或者带标记的，并且聚合项少的形式。根据标记理论，有理由认为"给"是一个表示"向……转让的"的标记词。有意思的是，由指向不明的动词"借""换"构成的双宾构式，一般人倾向于理解为索取类，卢建根据调查证实了这一点，并对于其中的缘由从认知的角度作出了解释。但这类动词一旦带上标记词"给"，歧义便不复存在，因为标记词"给"只能跟含有"向……转让"义的动词组合构成述补结构。这也进一步证明了上面关于"给"是标记词的假设。试比较：

例（27）a. 我借他一本书。

　　　　b. 我借给他一本书。

例（28）a. [?]我换他二十美元。

　　　　b. 我换给他二十美元。

3）动+直+介词"给"+间

这是一个连动句。理由是，介词"给"本是由动词演变而来的。在漫长的语法化过程中，"给"字在有些句法结构里虚化成了介词，如出现在动词前的"'给'+名"；在有的结构里"给"字仍然保持着动词的意义，如"这本书给他""给他一本书"和"送一本书给他"。沈家煊（1999）曾指出"写了一封信给我"和"写给我一封信"的不同，前者代表两个分离的过程，而后者代表一个统一的过程，二者的差异是"相邻原则"作用的结果。它们的差异也可以用后续句来检验。我们引用沈家煊的例子，可以说：

例（29）他写了一封信给我，让我转交给你。

"写"和"给"两个动作分开，所以可以"转交"。

例（30）[?]他写给我一封信，让我转交给你。

"写"和"给"两个动作结合成一个统一的过程，"写给"已经形成了一个复合动词，所以体貌成分"了"只能加在"给"的后面，而不能插在"写"和"给"之间。

再看两个相似的例子：

例（31）我寄了一本书给他，他没收到。

例（32）[?]我寄给了他一本书，他没收到。

双宾句的句式意义表达的是"使某事物由A处转移到B处"，这种转移是一个完整的动作过程，而不是两个分离的动作过程合并的结果。"他写了一封信给我"表现的是两个动作过程，一个是"写信"，一个是"给我信"，这就超出了双宾句的表达范围，这类句子不应被处理成双宾句。

4）介词"给"+间+动+直（给他送一本书。）

很明显，这里的"'给'+间"是介宾结构作状语。"给"是介词，它的作用是引出动作服务的目标。从语义上来看，"他"可以看作是动词"送"的宾语，但是在句法结构上，"他"并不跟动词"送"构成述宾关系，甚至不能把"他"看作是"送"的提前的宾语，因为在结构上"他"首先是介词"给"的宾语。"给他送一本书"的形式跟"为他送一本书"相同，并且也可以理解为后者的意思。没有人会认为"为他送一本书"是双宾构式，因此也没有理由把"给他送一本书"看作是双宾构式。

（二）动量类、时量类和度量类双宾句不成立

在马庆株（1983）所归纳的双宾句系统中，有三类结构，即动量类、时量类和度量类双宾句，和我们传统语言学中对动词后面的宾语的定义相去甚远，传统的关于宾语的定义是"动词所支配和关涉的对象"。从定义上看，它们充其量也就是"动词所关涉的对象"，但是如果讲到"对象性"，就体现出要具有"实体性"，显然动量、时量和度量成分不具有"实体性"，既然这些跟在谓语动词后面的数量短语在句法上不能充当谓语动词支配或者关涉的对象，那么它们究竟充

当什么句法成分，这种句法成分又表示什么语法意义呢？首先，从句法上看，既然不是充当宾语，但是又在动词的后面，同时又没有介词介引，按照传统语言学的观点似乎只有一种可能，那就是充当"补语"了。但是刘丹青在问卷的基础上认为如果从类型学的角度出发，汉语中的"补语"这一术语应该取消，那么传统意义上的几种语义类型的补语，如"程度补语（好得很、漂亮极了）"，"动结式（吃饱了、喝醉了）"，"动趋式（走了进来、跑了出去）"，"可能式（看得清楚、走不出去）"，"带虚词的（如'得'）的状态补语（看得很清楚、走得非常慢）"，"介词（前置词）短语补语（把杯子搁在柜子里）"等都应该归到"状语"这种句法成分中。上面的结构无论是归为状语也好，还是归为补语也好，它们都有一个共同的特点，那就是跟在动词后面的词或者短语都是"谓词性"的，它们都具有比较强的"陈述性"，数量短语按照我们通常的说法是"体词性"成分，它的指称性虽然没有"桌子""老虎""太阳"这种通常具有长、宽、高、厚、薄、大、小、圆、扁等三维特征的实体性事物"指称性"强，可是我们也看不出它们具有明显的陈述性，主要表现为它们通常不能做谓语陈述主语，例如：

*北京三趟。

*电影三小时。

*小王三刀。

*李四三巴掌。

刘丹青也认为在动词后面的动量、时量短语一方面和"补语"性质上差别非常大，从形式到意义很少有共同之处，一起归入同一个句法成分"补语"相当牵强。另一方面，这类成分与状语和宾语的原型都不同，因此有些语言学家为它们起了一个专门的术语"measure words"（度量成分），不归入宾语或状语。另外刘丹青也指出其实不同的语言对其所作的句法处理也有不同。有些"格"形态的语言让度量成分带宾格标记，但句法上并不占掉宾语的位置，仍有状语性；有些语言还能按定语处理，如普通话"我读了三个月的大学就退学了"用定语标记"的"将时量成分嫁接到宾语上。朱德熙则将这类动量和时量结构称为"准宾语"。关键在于人们心目中并没有把度量成分真正看作具有动词论元性质的宾语。从上面的情况看，动量成分和时量成分充当宾语的句法地位基本是靠不住的，那么究竟是按照传统语言学的做法将其称为"补语"还是将其称为"状语"，则不在我们讨论的范围。那么按照刘丹青的论述，马庆株归纳的双宾句中至少有以下三类应该被排除掉了，即动量类、时量类和度量类双宾句。

动词后面数量短语的句法属性实际上是相当复杂的，仅仅依靠形式上的替换、添加等变换手段是不能全面考察出的。在语义、语用和语法三个平面中，语义是最基本的，它主要反映结构内的意义关系；而语用则主要反映结构内成分跟结构外因素（语境、说话者的态度等）的联系；语法是兼顾语义和语用的编码形式，因此许多语法现象可以通过语义和语用的相互作用加以解释。

五、索取类双宾句的合法性问题

目前语法学界对索取类双宾句颇有争议。有的学者只承认给予类双宾句，认为索取类双宾句应属于表领属关系的单宾语句式；有的认为有给予类和索取类两类双宾句，其分歧的焦点在于索取类动词后的两个名词性成分是领属关系还是双宾语关系。

朱德熙把双宾语分成"表示给予""表示取得""表示等同"三类。关于索取类（取得类），朱德熙写道：因为这一类格式里的近宾语和远宾语之间在意义上有领属关系，所以往往可以在近宾语后边加上"的"字使它转换为定语去修饰原来的远宾语。例如：买了他的一所房子。偷了我的一张邮票。因为领属性定语后头不一定都带"的"字。如果中心语前头有指示代词"这""那"，不用"的"的说法更占优势。因此如果把上引各例里的数词换成"这"或"那"：买了他那所房子。偷了我那张邮票。原来的双宾语就转化为单宾语了。[①]

张斌（2002）认为，双宾句分为给予和承受两大类。承受类是指主语从间接宾语那儿得到了一些什么。如：我/收到爸爸一封信。妹妹/拿了哥哥一支笔。老汉/买了东家一头牛……这类常用的动词还有"接""赢""占""抢""欠"等。

---

① 朱德熙. 语法讲义[M]. 北京：商务印书馆，1982：118-119.

邢福义（1993）不同意有"获取"义"双宾语"。他认为，在双宾构式中，动词一般表示"给予"的意义，两个宾语都能单独跟动词构成动宾关系。如"送"这个动词有"给予"意义，分开来说"送我"和"送一支笔"，都站得住。如果把带"给予"意义的动词换成带"获取"意义的动词，句子的结构关系就会发生变化，双宾句就不再成立。比较：我赔了他一袋黄豆。我收了他一袋黄豆。前一句是双宾句。"赔了"带"给予"意义，可以分开来说"赔了他"和"赔了一袋黄豆"。后一句不是双宾句。"收了"带"获取"意义，如果分开来说，"收了他"，站不住。孤立地看，"收了他"不是不能说，但已跟原意完全不符。"收了他一袋黄豆"等于"收了他的一袋黄豆"，"他一袋黄豆"是偏正短语作宾语，其中"他"是定语。

从三位学者的论述来看，朱德熙所说的"表示取得"，张斌所说的"承受类"和邢福义所说的"获取"义动词基本相同，为了便于统一，一律称为"索取类动词"。从前面的引述内容来看，三位学者主要分歧在于索取类动词所带的成分是不是双宾语。

（一）索取类双宾句和给予类双宾句表达共同的句式义

1. 双宾构式的构式义

张伯江（1999）认为双宾结构的句式义是"施事者有意地把受事转移给接受者，这个过程是在发生的现场成功地完成的"，其核心语义是"有意的给予性转移"。张国宪（2001）认为双宾语结构的句式义是"强制的索取性转移"，因为索取类动词原本就是双宾语结构句式义的例示。本书在研究双宾构式时采用张伯江的观点，即双宾构式的构式义是"施事者有意地把受事转移给接受者，这个过程是在发生的现场成功地完成的"，其核心语义是"有意的给予性转移"。

2. "给予"义和"索取"义都用相同的双宾构式表达

在结构主义语言学对双宾句的分类中，给予类和索取类都来自对动词义的归纳。为什么这两个相反的句式义使用了同一种句式？有没有一种语义可以从不同的双宾句小类中概括出来？对于这两个问题，构式语法给出的回答是肯定的。Goldberg（1995）对"构式"的定义是这样的：

如果用C代表独立构式，把C看成是一个形式（F_i）和意义（S_i）的对应体，C所能够成立的充分必要条件是：F_i或S_i的某些特征不能从C自身的组成部分或者从其他已有的构式预测出来。

国内从构式语法的视角研究双宾句的第一位学者是张伯江（1999）。他按照给予方式隐喻的不同，将双宾构式的语义分为"现场给予类""瞬时抛物类""远程给予类""传达信息类""允诺、指派类"以及"命名类"六种。他把双宾构式原型特征概括为：在形式为"A+V+R+P"的构式里，施事者有意地把受事转移给接受者，这个过程是在发生的现场成功地完成的。即"给予"义是双宾构式的原型，包括"索取"义在内的其他句式语义都是"给予"语义通过引申形成的。这也就解释了为什么索取类和给予类这两个相反的句式义使用了同一种句式，例如一般认为的索取类双宾句"张三偷了我一条项链"，可以理解为"张三"给予了"我"一条项链的损失。

双宾构式的语义核心是"将受事从A处转移至B处"。在给予类双宾句里，句式的意义表现为"施事者把受事转移给接受者或者与事"。那么在索取类双宾句里，句式的意义则表现为"施事者把受事从来源处转移出来"。虽然转移的方向不同，两个句子都表达转移的意义，句中动词后的NP$_2$都是被动作影响的有生对象，影响的结果都使得受事的领有状况发生了变化。古川裕（1997）在论证双宾句和现象句在认知结构上的平行性时也曾指出，给予类双宾句和索取类双宾句都包含远宾语名词的移动过程，其中前一类句子中远宾语移动的方向是"主语"（起点）→"近宾语"（终点）；后一类句子里远宾语名词的移动方向是"主语"（终点）←"近宾语"（起点）。他在另一篇文章里，从认知的角度，运用背景的"凸""凹"理论，进一步阐述了双宾构式的双指向性。从认知的角度看，"凸"和"凹"可以看作是一个背景上的表里两面，"凸"和"凹"看起来是相反的，索取类双宾构式指向来源（起点），给予类双宾构式指向目标（终点），表面上看起来好像也是相反的，但这实际上反映了人们认知的不同视角，是人们从不同视角对同一现象进行观察后反映到语言中的结果。因此根据维特根斯坦的"家族相似性"学说，"我卖他一本书"和"我买他一本书"并不是语义完全相反的两个句式，而是具有相似性的双宾句式中的两个家族成员。它们的共性在于都表示"将受事从A处转移到B处"。

3. 构式义和动词义互相制约和整合

构式语法理论虽然承认构式在句法分析中具有独立的地位，但并不否定词义（主要是动词义）的重要性，认为词义和构式义之间存在着交互作用。

构式具有独立的意义，并且和词语一样具有多义性，或者说具有多功能性。那语言中的"多功能的句法形式"到底是动词多义性决定的还是构式多义性决定的呢？不同学者存在不同的观点。陆俭明（2004）认为这是由词语的动态性决定的，也就是说，"词在句法层面上可以产生词汇层面未规定的属性"[①]。而王黎（2005）则从构式语法的角度出发，认为是构式赋予了词语新的语法功能。本书采用笔者在《汉语双宾构式句法语义研究》一书中提出的观点，认为这"既是由动词的多义性决定的也是由构式的多义性所决定的，构式义和动词义互相影响、互相制约，通过整合共同构成句式的意义"[②]。首先，构式能够赋予动词论元。前面提到，从配价语法的角度来分析进入双宾构式$NP_1+V+NP_2+NP_3$的动词主要是三价动词，但是有一部分二价动词或者一价动词也能进入双宾构式，这正是因为构式赋予了这些动词额外的论元。例如双宾构式要求有三个论元，但"扔"这个动词只有两个参与角色——"施事"和"受事"，却仍然能够进入双宾构式，就是因为双宾构式赋予了"扔""与事"的论元。这再次说明了构式在句法分析中是有独立意义的，也说明动词的词汇语义本身并不完全支配动词的句法表现，某个动词能否出现在某种句法结构中，取决于动词语义和构式语义的相互作用。其次，构式义不是一成不变的，动词也能改变构式义。我们说双宾构式的核心语义是"有意的给予性转移"，这是最典型的双宾构式的语义，当某些动词进入双宾

---

① 郭锐.语法的动态性和动态语法观[M]// 商务印书馆编辑部. 21世纪的中国语言学（一）.北京：商务印书馆，2004：145.

② 林艳.汉语双宾构式句法语义研究[M].北京：北京语言大学出版社，2013：89.

构式后，句子的语义产生了细微的变化。比如"bake"也是一个二价动词，进入双宾构式后表达的语义是客体领有权的预期转移，所以构式的三个论元变成了"施事""受事""受益者"。因此，动词是造成句式多义性的重要原因。

（二）索取类双宾句与典型的给予类双宾句在结构上存在着一致性

例（33）我送给他一本书。

例（34）我打碎了他一个杯子。

例（33）是给予类双宾句，类型学研究指出，世界上有双宾句的语言实际上分为两种类型，一种是"直接宾语—间接宾语"类型，一种是"主要宾语—次要宾语"类型。前者一般为作格语言，后者一般为宾格语言。另外也有可能一种语言之中两种类型的双宾语并存，如英语。汉语的情况与作格和宾格语言都不一样，因此似乎应改为其他称呼。不过刘丹青（2001）的研究有力地说明，其他称呼也未必比这个称呼更好。例（33）中，间接宾语"他"是给予的对象，直接宾语"一本书"是给予物；例（34）是索取类，间接宾语"他"是被"索取"的对象，直接宾语"一个杯子"是索取物。"送给"的基本用法就是双及物的，"打碎"的双及物用法则是派生的，其基本用法为单及物的。如：

例（35）我打碎了一个杯子。

（三）索取类双宾句的两个宾语之间不存在句法上的领属关系

陆俭明在《关于语义指向分析》及《现代汉语语法研究教程》中运用语义指向分析为这种"双宾"说提供了论证，他利用"总共/一共"一类副词在语义上的特点，说明将"吃了他三个苹果"分析为双宾结构是可取的。陆俭明论证道：

1）"总共/一共"作状语时所指向的成分一定是个数量成分，而在这个数量成分前，不能有限定性的定语成分，包括表领属关系的定语成分。如：可以说"总共/一共三个苹果"，不能说"总共/一共红的三个苹果"；可以说"墙上总共/一共贴了三幅画"，不能说"墙上总共/一共贴了齐白石（的）三幅画"。

2）"总共/一共"可以修饰"给了哥哥三支笔"这样典型的"给予"义双宾

结构，即可以说"总共/一共给了哥哥三支笔"。

3）"总共/一共"也同样能修饰有争议的"索取"义双宾结构"拿了哥哥三支笔"，即可以说"总共/一共拿了哥哥三支笔"。

这说明，"'拿了哥哥三支笔'里的'哥哥'和'三支笔'，虽然从语义上看彼此有领属关系，但从句法上看彼此没有直接的句法关系。因此，'哥哥三支笔'可以不看作偏正结构，'拿了哥哥三支笔'有理由可以分析为双宾结构。"[①]

陆俭明运用语义指向理论的分析方法，借助"总共""只""一共"等副词的语义指向，发现这些副词所指向的数量词语只能直接处于宾语位置上，如"我只吃了他三个苹果"，而不允许数量成分前有限制性或者领属性定语，如"我总共吃了他的三个苹果"。这说明"他"是独立于"三个苹果"之外的另一个宾语成分，而不是"三个苹果"的定语。

徐杰（1999）以"打碎了他四个杯子"为例，运用生成语法的约束理论论证了"他"和典型双宾句式中的NP2一样不能和主语同指，是宾语而不是定语。徐杰的论证是有说服力的。约束理论的B原则规定：代名词在它管辖语域内是自由的。因此，典型的"定+中"结构中的定语可以和全句的主语同指，而"张先生打碎了他四个杯子"里"他"和全句的主语"张先生"没有同指关系，说明"他"和"四个杯子"间没有领属关系，因此只能是宾语，而不能是定语。

徐杰（2004）进一步证明NP3前可以出现"整整""满满""不多不少"等词语，如"张先生给他整整三百块钱"，而一旦出现"整整"等词语，这些词语的后面就绝对不能再出现定语标记"的"了。另外，徐杰认为，根据生成语法的移位理论，如果"小明偷了音音一个钱包"中NP2+NP3是一个成分，那么它们应该可以作为一个整体移位至句首实行被动化操作。而下面的句子移位后不合格：

例（36）a. 张先生打碎了他四个杯子。

　　　 b. [?]他四个杯子被张先生打碎了。

例（37）a. 张先生打碎了他的四个杯子。

　　　 b. 他的四个杯子被张先生打碎了。

---

① 北京大学中文系现代汉语教研室. 现代汉语专题教程[M]. 北京：北京大学出版社，2003：266.

（四）两个宾语之间语义上的领属关系"可让渡"的是双宾句，"不可让渡"的是单宾句

语言共性理论和语言类型学的学者普遍将领属关系分为"可让渡"和"不可让渡"两个类别。前者通常指那些可转让、非永久性的领属关系，如人与物品的关系；后者通常指领有者和所属物之间较稳固、不可分离、永久性的关系，如某些抽象的所属物，像是"名字""性格"之类和亲属关系等。由于表示可让渡关系的领属形式的内部语言距离比表示不可让渡关系的大，因此可让渡关系往往用语言距离较大的可让渡领属形式表达。不难注意到，在汉语领属定中结构带"的"和不带"的"两种形式中，前者的内部语言距离较大，后者则较小，它们应分别为表可让渡和不可让渡关系的两种形式。也就是说，在表可让渡的领属形式中，"的"是其表可让渡的标记，不可以省略掉；而在表不可让渡的领属形式中，无"的"是其表不可让渡的标记。

现在通过例句来看看索取类双宾句中的 NP_1 与 NP_2 是什么关系？

例（38）他偷了我一张邮票。

例（39）我买了他一所房子。

例（40）他娶了张家一个闺女。

例（41）你妈妈收了你两百块钱。

从上述例句可看出，索取类双宾句中的 NP_1 与 NP_2 之间通常是人与物品的关系。假设它们是省略了"的"字的表领属关系的单宾句，根据上文所述，由于其动词后的两个名词之间是人与物品的关系，即它们是可让渡关系，那么它们应该属于带"的"的这种领属结构形式。而事实上，在日常用语中，这种句式里的 NP_1 与 NP_2 之间通常没有"的"字。在此，要排除在非正式、语流速度较快的口语里往往也可隐去"的"的表领属关系的单宾句，如"不要打我手，不要碰我书包"。

另外，朱德熙（1982）在谈到表示"索取"的双宾构式时所举的实例就是如上四个。他认为，如果这些句子的 NP_1 与 NP_2 之间有"的"字，或者虽然没有"的"字，但 NP_2 之前有指示代词"这"或"那"，那么，这些句子应分析为单宾结构；如果这些句子的 NP_1 与 NP_2 之间没有"的"字，但 NP_2 之前有数量词，

则应分析为双宾构式。可见，索取类双宾句可以转化为表领属关系的单宾句，转化的标志是近宾语和远宾语之间有"的"字，或远宾语前头有指示代词"这/那"。Croft提出了一个组涵性的语言普遍特征：如果某个语言有两个语义相近的构造，其结构在语言（外部）距离上有所区别，则它们在概念距离上也有平行的语义区别。根据这个特征，我们可知：索取类双宾句与表领属关系的单宾句虽然语义相近，但由于形式有别，所以它们在语言的内部距离上（认知概念的距离上）也有平行的区别。

第五章　双宾构式对双宾动词及构式论元的语义制约

一、理论框架

　　本章将运用构式语法理论和隐喻理论来分析双宾构式的语义构成和语义特征，旨在归纳与发现双宾构式诸多语义之间的关联性，以及这些语义特征之间的兼容和匹配。构式语法理论起源于Fillmore的框架语义学，他认为句式是形式与意义/用法的配对，其整体意义不等于各组成部分的简单相加，而是大于部分之和，受人类的认知原则如"顺序原则""相邻原则""数量原则"等的作用而形成。句式义是一种具有高度抽象性与概括性的认知框架，对进入句式的词汇具有限制和选择作用，同时，具体词汇的嵌入通过隐喻或转喻机制可能形成多种相关的意义。隐喻源于人类对两个认知域的相似联想，通常是从具体的认知域投射到抽象的认知域[①]，而转喻是用一个概念来指称另一个相关的概念，是两个相关认知范畴之间的"过渡"。双宾构式本身具有独立的整体意义，无法从组成句子的词语的意义、词语之间的结构关系推导出来；双宾构式的多义现象是通过隐喻或转喻等把具体的词语嵌入语言句式中而形成的。因此，可以采取一种自上而下的研究思路，在分析双宾构式的认知经验的基础上，总结与归纳双宾构式的语义构成，然后具体分析每种类型的语义特征，运用隐喻或转喻理论探究其语义关联性。

二、双宾构式的构式义

　　最先对双宾构式语义特征进行阐发的是结构主义语言学，结构主义语言学的学者们主要从动词语义特征入手分析双宾构式的语义特征，认为双宾动词反映了

---

① 周红. 现代汉语致使范畴研究[M]. 上海：复旦大学出版社，2005：36.

人类动作行为中的交接行为。朱德熙做过这样的描述：

1）存在着"与者"（A）和"受者"（B）双方；

2）存在着与者所与亦即受者所受的事物（C）；

3）A主动地使C由A转移至B。

这个描述反映了构成一个完整的双宾"给予"性事件所需的三方参与者，这里隐含了以动词为中心和三个强制性成分共现的思想。

双宾构式的构式义的确立来自于对语言事实的观察和描写及在此基础之上对动词语义特征的抽象，给予类、索取类、制作类和交接类等就是对动词语义特征的抽象。但学者们也发现，许多双宾构式的构式义无法从动词语义特征的角度解释清楚，朱德熙（1979）、范晓（1986）均指出，有的动词的"给予"义是内在的，而有些动词的"给予"义不是动词本身固有的，反而是双宾构式赋予的。马庆株则明确指出："动词的意义有时要靠格式来限定。例如'扔'等动词本来没有给予意义，双宾语格式临时赋予它以给予意义。"[①]这里的格式等同于构式。

20世纪90年代起，认知语言学的发展拓展了语法研究的范围，也为语言解释提供了新的视角。这一时期，在以往从动词语义特征入手来分析双宾构式的构式义的基础上又明确提出双宾句句式义，认为双宾构式本身具有独立于动词意义之外的句式义。沈家煊提出了几种含"给"字的句式：

S1：NP_1 给 NP_2 V NP_3　他给我寄了一个包裹。

S2：NP_1 V 给 NP_2 NP_3　他寄给我一个包裹。

S3：NP_1 V NP_3 给 NP_2　他寄了一个包裹给我。

在对以上三种给予句进行句式分析的过程中，他抽象出三种句式共享的语义核心，即"给予"，并说明每个句式的不同价值，分别表示对某受惠目标发生某动作；惠予事物转移并达到某终点，转移和达到是一个统一的过程；惠予事物转移并达到某终点，转移和达到是两个分离的过程。[②]

与此同时，其他学者也对双宾构式的构式义进行了研究和总结，张伯江

---

① 马庆株. 现代汉语的双宾语构造[M] // 北京大学中文系《语言学论丛》编委会. 语言学论丛：第10辑. 北京：商务印书馆，1983：194.

② 沈家煊. "在"字句和"给"字句[J]. 中国语文，1999（2）：98.

（1999）认为双宾结构的句式义是"施事者有意地把受事转移给接受者，这个过程是在发生的现场成功地完成的"，其核心语义是"有意的给予性转移"。张国宪（2001）认为双宾语结构的句式义是"强制的索取性转移"，因为"索取"类动词原本就是双宾语结构句式义的例示。

本章在研究双宾构式时采用张伯江的观点，即双宾构式的构式义是"施事者有意地把受事转移给接受者，这个过程是在发生的现场成功地完成的"，其核心语义是"有意的给予性转移"。

三、双宾构式的语义特征

（一）[+转移性]

既然我们说双宾构式的构式义是"有意的给予性转移"，表示转移者主动把物体转移给接受者的转移关系，反映转移物从转移者转移到接受者的一个过程，这就意味着双宾构式具有[+转移性]语义特征。这一语义特征正是使一些动词聚合成"转移"类动词的重要语法关系义素。如：

例（1）父亲给了儿子生日礼物。

例（2）老师奖励我一支铅笔。

就以上例句来看，例（1）中，动词"给"联系转移者和接受者（父亲和儿子）以及一个转移物（生日礼物），转移者父亲主动把生日礼物转移给接受者儿子，转移物生日礼物从父亲转移到儿子。例（2）中，动词"奖励"联系转移者和接受者（老师和我），以及一个转移物（一支铅笔），转移者老师主动把一支铅笔转移给接受者我，转移物一支铅笔从老师转移到我。

也正是这一语义特征使一些本来不带有"转移"义的动词进入到双宾构式后，整个句子仍然表示"转移"义，如：

例（3）我扔给他一件毛衣。

例（4）我踢给他一个足球。

由此可知，[+转移性]是双宾构式所必备的、典型的语义特征。

（二）[+方向性]

方向性来自于人类对空间方位的感知能力，是人类很早就能获得的基本经验。"转移"是一种外向性的交接行为，似乎成为语法学界的共识。这一感觉是完全正确的，具有客观现实性和心理现实性。在双宾构式"NP$_1$+买+NP$_2$+NP$_3$"中，之所以说"NP$_2$"和"NP$_3$"之间有领属关系，是因为"我买他一本书"可以理解成"我买了他的一本书"，与此相反，"我卖他一本书"却只能理解成"我的一本书卖他了"，即"NP$_1$"与"NP$_3$"之间有领属关系，这里，问题的焦点是"一本书"的运动方向。

范晓（1986）将"我卖他一本书"之类的句子中的动词称为"外向性"动词，将"买"一类的动词称为"内向性"动词。称"卖"类为外向性动词而"买"类为内向性动词是在人类经验体系的基础上确定的，如"卖"是将货物从自己转移到别人手上，转移物离"我"远去，而"买"却是货物从别人手中转移到自己手上，转移物朝"我"来，以"我、现在、这里"为参照点是最自然的做法。

来看下面的例句：

例（5）张三卖给李四一所房子。

例（6）张三卖一所房子给李四。

例（7）*张三买给李四一所房子。

例（8）张三买一所房子给李四。

朱德熙（1979）明确指出例（7）是不合格的句子，例（5）和例（6）有变换关系，例（6）和例（8）没有变换关系，他解释例（6）为"张三卖房子的过程，就是房子由张三处转移至李四处（给予）的过程"，例（8）中"张三买房子和张三把房子给李四是彼此分离的两件事"。沈家煊（1999）认为"V"与"给"的分离与并置所表示的是转移过程和到达过程的分离和统一，也就是说，"卖"所代表的转移和到达的过程可以分离也可以一致，但"买"却不能。

再如"借"既可以表示借进也可以表示借出，如：

例（9）张三借给李四一本书。

例（10）张三借李四一本书。

例（11）张三借一本书给李四。

例（9）表示"一本书"的领有者是"张三"，"书"运动的方向是从"张三"到"李四"。例（10）中隐去"给"字后句子仍然合格，这有两方面的原因：如果说"借"表示"借出"，那么说明"借"有内在的[+终点性]，"书"的运动方向同例（9）；如果"借"表"借进"，说明"一本书"的拥有者是"李四"，即"张三从李四处得到一本书"，"书"运动方向与例（9）相反。例（11）虽然也可以表示两个意思，即"张三把他的书借给李四"和"张三从别处借了一本书给李四"，但不管是哪种意思，"书"的运动方向不变，是从"张三"处运动到"李四"处。

总之，在"有意的给予性转移"这个过程中，施事是"转移"的起点，事物的接受者是"转移"的终点，这个过程总是伴随着一定的方向。在"方向"这个概念上，索取类、言语类等双宾句和给予类双宾句有相似之处。因此，不管是将"卖"的方向性定为外向性还是内向性，都承认一个基本事实：凡运动都有其方向性，双宾构式的转移具有方向性，这也符合人类的基本经验体系。

（三）[+终点性]

双宾构式表达的是"有意的给予性转移"，这是一个行为过程，只有转移物到达终点后才会实现转移物的"转移"，从而产生"有意的给予性转移"义。因此，双宾构式具有[+终点性]的语义特征。

双宾构式[+终点性]的语义特征与双宾动词[+终点性]的语义特征密切相关，因此我们可以从双宾动词的角度来分析双宾构式[+终点性]的语义特征。具有终点性的转移类动词可以分别联系接受者和转移物，如"送"，因此"送他一本书"与"送给他一本书"都可以成立。但不具有终点性的转移类动词只能联系转移物，而不能同时联系接受者，除非有"给"的帮助。

根据统计，双宾构式"NP$_1$+V+给+NP$_2$+NP$_3$"是"有意的给予性转移事件"最主要的表达式之一，但"V+给"却是一个成员地位不平等的类，有典型成员和非典型成员的区别。但也正是典型成员与非典型成员在句法表现上的差异才使我们能够更好地把握双宾构式本身的语义特征。如：

例（12）祥子送给四爷一包洋火。

例（13）上级奖励给小王一套住房。

例（14）歌手奉献给观众几首新歌。

例（15）四爷赁给祥子一辆车。

例（16）学校补给老王一大笔工资。

例（17）北京的朋友寄给我一张新年贺卡。

例（18）他推给我一本书。

以往研究一般都认为"祥子送四爷一包洋火"是合格的双宾句，那么我们可将"给"隐去看一下不同的V所作出的反映。例（12）和例（13）中的"给"可以隐去，不影响句子的可接受度，如：

例（12）′祥子送四爷一包洋火。

例（13）′上级奖励小王一套住房。

例（14）—例（16）中的"给"也可以隐去，但可接受度没有例（12）和例（13）高。如：

例（14）″[?]歌手奉献观众几首新歌。

例（15）″[?]四爷赁祥子一辆车。

例（16）″[?]学校补老王一大笔工资。

但例（17）和例（18）中的"给"却不能隐去，隐去后不再合乎语法，如：

例（17）′[*]北京的朋友寄我一张新年贺卡。

例（18）′[*]他推我一本书。

一部分双宾句中转移类动词的"终点性"语义特征相对较弱，因此往往需要由介词"给"引出受事，使整个结构具有"转移"义，从而构成"有意的给予性转移事件"。如"寄""推"等动词构成的双宾句不具有终点性特征，必须借助于"给"的帮助才能具有[+终点性]这一语义特征。因此"[*]寄我一张新年贺卡"与"[*]推我一本书"表示"转移"的资格就会受到怀疑。"送"与"寄"的差异说明[+终点性]是区分二者的关键。

不同的双宾句对隐去"给"的反映不同，说明双宾句的[+终点性]有程度高低之别，典型的双宾句的转移类动词如例（12）、例（13）中的"送、奖励"

具有的[+终点性]这一语义特征的程度最高，其他动词如"奉献、赁、补"等次之。而由"寄、推"等动词构成的双宾句必须加上"给"才合格，是非典型的。

以上分析说明，双宾构式[+终点性]语义特征与双宾动词[+终点性]语义特征的强弱密切相关，典型的具有终点性的转移类动词构成的双宾构式的[+终点性]的语义特征程度最高，非典型的不具有终点性的转移类动词如"推""寄"等需要借助于"给"的帮助，才能构成具有[+终点性]语义特征的双宾构式。可见，[+终点性]是双宾构式的语义特征之一。

"转移事件"记录了人类最基本的经验之一，通过上面的分析论证，将双宾构式的语义特征标记如下：[+转移性][+方向性][+终点性]。这些语义特征并不是穷尽性的语义特征清单，每一语义特征也不是最小的不可再分的元素，而是一个原型。

四、双宾动词的原型语义特征

构式语法理论认为，构式对进入其中的动词具有选择性，这种选择是以双宾动词与双宾构式所表达的"有意的给予性转移"的语义间的关联为前提的，也就是说，构式选择动词的标准是它是否具备与构式的"语义相容性"。就汉语双宾构式而言，出现在汉语双宾构式中的动作动词在表义方面有许多共性，这在一定程度上反映了该构式对动词的语义制约。下面通过对汉语双宾构式对双宾动词的语义制约的分析，考察两者在表达"有意的给予性转移"的语义时的互相制约和匹配关系，以揭示它们之间的"语义相容性"。

双宾构式表达了"有意的给予性转移"的语义，但只有在语言规范之下，动词及其参与者的相互组合才能表达"有意的给予性转移"的语义。动词能否进入双宾构式，与动词能否表达"有意的给予性转移"的语义有关。因此要深入了解双宾构式对动词的语义限制，就必须进一步分析双宾动词的语义特征。下面我们对双宾动词的语义特征进行分析。

（一）[+途径性]

汉语双宾构式所容纳的动作动词主要承载的是动作的特点和方式，描述的主要是具体的场景，其典型框架是"人类经过某种行为或活动使行为客体发生了状态变化"。动词在绝大多数的情况下都以"人"为行为主体，这说明其描述的事件的典型特征是"人类经过某种行为或活动作用于客体"。也就是说汉语双宾构式所容纳的动作动词大多表达具体而非抽象的事件场景，它表达了双宾构式"有意的给予性转移"动作发生的特点和方式。

"传、推、指"等都是[+外向性]动词，但它们仍具有不同的句法表现，如：

例（19）她劝呼韩邪单于不要去发动战争，还把中原的文化传给匈奴。→她传给匈奴中原的文化。→中原的文化传给匈奴。

例（20）老王把自己买的那盒面包也推给女儿。→老王推给女儿那盒面包。→面包推给了女儿。

例（21）主持人指给演员一个空位。→*主持人把空位指给演员。→*空位指给了演员。

例（21）不能进入"把"字式和"NP₃前置式"即受事主语句。从动词"传、推"和"指"来看，它们所关涉的参与者分别是"文化""面包"和"空位"，"传"和"推"可以分别对"文化"和"面包"进行处置，使其产生空间位置的移动，但"指"却不能使"空位"产生空间位置的移动，它的位移是通过隐喻实现的。

另外，从参与者的角度看，转移物如"文化""面包"和"空位"所产生的位移是不同的，有空间性或物理性的，也有隐喻性的。

从位移的结果来看，双宾动词是转移物得以转移的途径或方式，有具体的，也有抽象的。因此可以说，双宾动词的语义特征是[+途径性]。

（二）[+速致性]

在能够进入双宾构式的动词存在一个比较重要的语义特征，即具备直接致使的特点，称为[+速致性]。双宾构式体现的是一个"有意的给予性转移"的过程，其中包括控物、传递和接受等过程，无论是怎样的转移关系，是实际持有抑或非实际持有，对于实施给予行为的传递者来说，传递物在被传递之前的那一刻总是处于他的控制之下，同样，在完成传递行为之后，传递物也总是处于接受者的控制之下。

如果传递物在实施传递动作之前不在传递者控制之下，而是还有一个制作传递物、准备传递物、等待传递的动作过程，那么就会延长传递物传递至接受者的时间，从而增加了转移实现的难度。拿"颁奖"来说，它所表示的"给予"性传递动作不是在瞬时完成的，因为在正式场合或仪式中颁发奖品或赠予物品都要通过一系列的程序，如主持人讲话，颁奖人拿奖品，然后走过来将奖品交给获奖者。同样，"捐献"也不是能在瞬时完成的传递动作，因为捐献过程也要涉及一系列的程序和过程。

例（22）我送给他一件毛衣。

例（23）我递给他一支笔。

例（24）我寄给他一封信。

例（25）我端给他一碗汤。

以上双宾句中的双宾动词都表示控物动作，在传递之前，传递者都实际控有传递物。而存在制作/准备传递物过程的传递动词一般较难进入双宾构式，因为双宾构式的核心语义是"有意的给予性转移"，而制作/准备传递物的动作却给转移的实现设置了障碍。譬如，汉语中的"烤""买""织"等延时性备物动词，都难以进入双宾构式。这里影响制作/准备传递物到被传递人实际控有传递物时间距离的关键因素是备物动作所耗费的时间，如果备物动作是延时性动作，那么从备物到控物所花费的时间就相对较多；反过来说，如果备物动作是瞬时性动作，那么从备物到控物所花费的时间就相对较少。如"买"和"织"两个动作都属于延时性备物动作，以致从备物到控物所要花费的时间相对较长。而"张三摘给李四一朵花"中的备物动作"摘"就属于瞬时性动作，因为"摘一朵花"这个动作过程的持续时间很短，可以说在瞬间即可完成。再比如"张三剁给李四一块肉"中的"剁"也是瞬时性动作，因为"剁下一块肉"这个动作过程所持续的时间也非常短。当备物动作是瞬时性备物动作时，它与控物之间就具有[+速致性]，传递时间更短，转移实现的可能性更高。如在汉语中我们可以说：

例（26）他摘给我一朵花。

例（27）他剁给我一块肉。

例（28）我抢给他一张报纸。

例（29）他舀给我一碗汤。

例（30）他搛给我一块鱼。

而一般不说：

例（31）？他烤给我一块面包。

例（32）？他织给我一件毛衣。

例（33）？政府盖给他一座房子。

例（34）？他砍给我一棵树。

例（35）？他刻给我一个图章。

我们来看下例：

例（36）a. 张三递给李四一块西瓜。

b. ？张三切给李四一块西瓜。

例（36）中，a句成立是因为"递"和"给"两个动作是同时发生的，而b句不成立是因为"切"和"给"两个动作是先后发生的。

以例（31）"？他烤给我一块面包"为例，该概念内容中所涉及的系列动作可描述为：制作者"他"烤了一块面包，然后把烤好的面包给了我。因此，该概念内容中包含两个微观事件：制作事件和传递事件。如下所示：

1）制作事件：

制作者：他

制作动作：烤

制作物：面包

2）传递事件：

传递者：他

传递动作：用手拿或用盘子端

传递物：（烤好的）面包

接受者：我

因为"烤"是延时性备物动作，它与传递动作之间缺乏瞬时性和直接致使关系，动词都不具备[+速致性]的语义特征，所以句子不合格。

综上所述，动词能够进入双宾构式，必须具备一个比较重要的语义特征，即具备直接致使的特点，称为[+速致性]。

（三）[+施力性]

进入汉语双宾构式的动词，还必须具有[+施力性]的语义特征，即具有强调施事作用力的语义特征，具体来说就是动作蕴含着对受事的影响，或使受事发生了大的变化。有些动词承载着施事所赋予的物理力，如"踢""砍""抢""偷""夺"等；有些动词则承载着施事所赋予的意志力，如"看""听""说""唱""叫""喊""想"等。

"有意的给予性转移"事件中，动作的发出者和动作的接受者之间有时存在非对等关系。这种语义关系对语义成分的制约，以往认为是词汇上的问题，与语法无关。但从语义上看，人们一般都会自觉避免使用这类句子，这显然与动词的语义特征相关。

现代汉语中有些动词具有[+定向]的语义特征，所谓定向是指动词语义成分之间有不同的控制关系，如："领导""指导""管理"等，要求受事的地位低于施事。言语中如果把角色倒转，则构成语义不合格句（或有特殊的语用意义的句子）。例如：厂长领导工人/*工人领导厂长。这种动词语义成分之间的关系在一定程度上会影响动词和名词之间的共现约束。

按照动词的这种定向特征，可以将给予类动词分为三类：

A．动作的施事成分比与事成分地位高，两者之间存在"高—低"支配模式。主要有：颁发、赐、赏赐、发放、授予、赏等。如：

例（37）a. 上级授予三营"攻城英雄营"的光荣称号。

　　　　b. [?]三营党委授予上级部门"先进单位"的称号。

B．动作的与事成分比施事成分地位高，两者之间存在"低—高"支配模式。主要有：呈递、奉献、敬献、献、呈献、进贡等。如：

例（38）a. 岭南的老百姓每年都要向朝廷进贡大量的上等荔枝。

　　　　 b. [?]朝廷每年都要向岭南的老百姓进贡大量的上等荔枝。

C．施事成分和与事成分之间没有明显的不平等支配关系的动词。这类动词在给予类动词中占压倒性多数。

上述三类给予类动词，能够进入双宾构式的多是A、C两类，即具有[+施力性]语义特征的动词。

五、制约双宾构式成立的因素——进入双宾构式的动词的特点

结构具有独立于词项的特殊意义，但动词义与构式义并非毫不相关。给予类动词是双宾构式中最具代表性的动词，但并非具有"给予"义的动词都能进入双宾构式，有些具有"损耗"义的动词也能存在于双宾构式中。这说明构式会对进入其中的词项进行语义框架的核查。只有动词语义适切才能与构式相容。

（一）动词义与构式义的相容

根据框架语义学，词的意义是参照一定的框架或场景来定义的，动词的语义框架由核心语义和认知向度两个维度构成。动词的核心语义表征事件的客观化特征，是动词词汇化的内容；动词的认知向度表征动作与它涉及的对象的倾向性，是动词认知化的内容。双宾构式具有"致使—拥有"的构式义，它的语义框架要求施事、与事、受事必须在句法中凸显。所以，我们可以通过分析动词和双宾构式的语义框架，解释为什么有些具备"给予"义的动词不能进入双宾构式，而具有"损耗"义的动词却能进入双宾构式。

例（39）a.　The dean presented an award to the valedictorian.

　　　　 b.　The dean presented the valedictorian with an award.

　　　　 c．[*]The dean presented the valedictorian an award.

例（39）中"present"的核心语义是"offer formally"。它涉及三个语义角

色，即"颁奖者""奖品/奖状"和"获奖人"。

事件链模型中的人在常态下一般赋予施事和受事最大的凸显。语法上，主语和直接宾语是最凸显和第二凸显的参与者。而"present"的核心语义决定了它无法赋予"奖品/奖状"和"获奖人"相同的凸显。汉语中"颁发"也只能凸显施事以外的一个语义角色，如例（39）中a句和b句统一翻译为"系主任为致辞的学生代表颁奖"，不存在"系主任颁发致辞的学生代表奖状/奖品"这一句式。同时凸显与事和受事时，"present"需要借助介词"to"或"with"，构成与格结构，如例（39）a和例（39）b。因此，具有"给予"义的动词，只有语义框架适切才能与双宾构式相容。相反，与双宾构式相容的动词并不一定具备"给予"义。

例（40）a.　She baked him a cake.

　　　　　b.　我们都叫她祥林嫂。

　　　　　c.　张先生吃了小李三个苹果。

通常我们认为例句中的动词"bake""叫""吃"是二价动词，与它们联系的语义角色如目标、方式、来源等没有在句法中凸显。由于双宾构式要求施事、与事、受事共现，这些动词在进入双宾构式时，之前没有凸显的语义角色转化成了双宾构式语义框架里的与事。如例（40）a中的"him"是"bake"的目标，"她"是"祥林嫂"指称的对象，"小李"是"三个苹果"的来源。进入双宾构式后，这些语义角色获得凸显，充当了与事。所以，这些不具备"给予"义的动词也能出现在双宾构式中。

例（41）a.　我们都叫她祥林嫂。

　　　　　b.　? 我们都吼她祥林嫂。

例（42）a.　张先生吃了小李三个苹果。

　　　　　b.　? 张先生嚼了小李三个苹果。

例（41）和例（42）中，a句与b句中的动词属于同一语义类，并且带有某种上下义关系，两个例子的b句中的动词较a句对动作的描写更细致，b句只在特定的语境中存在。我们认为，可以根据双宾构式对动词的可接受等级把双宾构式看作典型结构与非典型结构的序列：$S=\{\ S_0,\ S_1,\ S_2,\ S_3,\ S_4,\ S_5,\ \cdots,\ S_{n-1},\ S_n\}$。处在序列首的$S_0$是"给予"义动词构成的双宾构式，是最典型的双宾构式；排在序列末尾的S_n是"损耗"义动词构成的双宾构式，它们出现的频率最小，学界对此类争议最大。动词内容的详述度与双宾性成反比，词义越简单，与双宾构式相容的可能性越大。

（二）动词义与构式义的互动

动词义与构式义之间的关系不是简单的体现与被体现。一旦动词与构式相容，两者便产生互动。互动过程中，构式对词义进行压制（coerce），赋予进入双宾构式的动词"致使—拥有"的意义。另外，如果动词具有"给予"义，动词义与构式义整合后构式义得到强化，句法表现为典型的双宾构式。

例（43）a. We have been knitting the whole afternoon.

b. She knitted a sweater for him, but ended up giving it to her boyfriend.

c. I knitted him a sweater.

"服务"类的动词可以表示一种技能。例（43）a中，"knit"仅表示"to make（a garment, etc.）by looping and entwining（yarn, especially wool）by hand by means of long eyeless needles"。主语可能是为了掌握这种技能而不断地重复这一动作，也可能是为了打发时间而比试比赛技艺。无论哪种解释都只体现这一动作，不涉及"为谁而织"或者"织没织完"。而例（43）b和例（43）c都暗含"一件织好的毛衣"和"毛衣尺寸有参照标准"的语义。但只有例（43）c可理解为"他拥有了毛衣"。这说明双宾构式赋予"knit""致使—拥有"的构式义，"knit"是使他拥有"sweater"的途径，不再是单纯的"为织而织"。

构式是从具体句式抽象出来的，与具体句式是一种上下义的关系。句法表现与某构式一致的结构都可以看作是该构式的一个下义，这些具体结构形成一个序列，有典型与非典型的差别。如果具体结构中的动词义与构式义一致，这一具体结构就叫作该构式的初始（default）结构。动词义不同，构式义对词义的压制程度也不同。序列内动词义与构式义的互动形成一个连续统。

例（44）a. He gave the girl a doll.

b. He told the boy a story.

c. 张先生吃了小李三个苹果。

例（44）a是最典型的双宾构式，句中"gave"与构式义一致，"致使—拥有"的意义最直接、最明显，"the girl"实实在在地拥有"a doll"。在例（44）b中动词"tell"的本义是"to express in words"，"致使—拥有"的构式义对"tell"的词义进行压制，"tell"成为"the boy"拥有"a story"的途径。但这种"拥有"与例（44）a不同，它不是对实物的拥有，而是对"a story"的了解。"He told the boy a story"以后，"the boy"或许记住了"story"，日后讲给别人，又或许经过一段时间忘记了"story"。无论哪种情况，最起码在"He told the boy a story"时，"the boy"是知道"story"的。与例（44）b不同，例（44）c中"张先生吃苹果"是对真实苹果的拥有。但这种"拥有"是通过把苹果"消耗"掉实现的，构式义对"吃"的词义进行压制，使其成为"拥有"的途径。显然"张先生"完全拥有"三个苹果"时，这些苹果已经不存在了。从字面上看，"吃"的词义与构式义相反，但经过词义与构式义的互动，整合出来的意义中两者是矛盾统一的，因为该句表达的"拥有"实际上是一种"体验拥有"。与例（44）c不同，例（44）b表达的"体验拥有"具有转化为"真实拥有"的可能。

动词义与构式义的互动形成一个连续统：动词的可接受等级越高，动词义对构式义的强化作用越明显；动词的可接受等级越低，构式义对词义的压制作用越明显。

（三）能够进入双宾构式的动词的特点

"构式意义的压制"观虽然可以解决以往研究中存在的难题，但是就构式语法理论还应进行更深入的思考，比如，构式是如何产生的？其来源是什么？动词被纳入构式后所产生的句子意义是完全一致的吗？包含不同动词的同一构式之间具有什么样的关系？只有这些问题得到根本性的解决，双宾句的构式研究才能站得住脚。构式是独立于词汇语义规则之外的语法事实，有其独立的语义。构式义对进入其中的双宾动词的语义具有制约作用。

1. 进入汉语双宾构式的动词在表义方面有许多共性

现代汉语中表示"给予"义的动词有很多，如"交纳"是"向政府或公共团体交付规定数额的金钱或实物"，"转让"是"把自己的东西或应享的权利交给别人"。这些动词各有特点，使用上并不完全相同，有些动词有专门的使用语域，与之共现的成分受到的约束相对较严格。但它们都有一个表示"有意的给予性转移"意义的共同义素。正是这一语法关系义素使这些动词得以聚合成类，在语义搭配、基本句型及句式构成等方面表现出相当的一致性，它们都能进入双宾构式表达"有意的给予性转移"的意义。

2. 体现双宾构式语义特征的非典型动词能进入汉语双宾构式

能进入双宾构式的动词一般要求为三价动词，然而，有些二价动词也可以进入该句式，这就涉及论元增容现象。论元增容主要通过句式投射，即一个句式整体意义"上加"到动词的过程，使本身不具有"转移"义的动词进入双宾构式。论元增容现象在汉英语言中都存在，但在现代汉语中的表现尤为明显和活跃，这一现象充分体现了双宾构式对双宾动词的语义压制作用。

3. 不合双宾构式语义要求的动词不能进入汉语双宾构式

从另一个角度看，尽管汉语中能进入双宾构式的双宾动词分属多种语义类别，但它们与动词的总数相比还是较为有限的，许多动词无法进入双宾构式，如"闻见、感到、感觉、以为、认为"等感觉或认知动词，"爱、恨、怕、想、喜欢、害怕、想念、觉得"等心理活动动词，"能、会、愿意、敢、应该、要"等能愿动词以及"成为、等于"等表示关系和存在的动词，等等。那么，这些动词与双宾动词之间的语义界限在哪里呢？通过前面对能进入双宾构式的双宾动词的分析，可以看出，汉语双宾构式对进入其中的动词有着强动作性的语义限制，使得许多动作性较弱的动词被排除在双宾构式之外，这些动作性较弱的动词与构式的不相容性进一步说明了汉语双宾构式对动词的"强动作性"限制。

我们可以从双宾构式和与格构式的区分中得出这一结论。徐峰（2004）、陈昌来（2007）列举了能进入与格式不能进入双宾式的动词，主要有推荐、保荐、举荐、倾注、寄予等，这些动词的词义中"针对"义或"协作"义很强，使得它们难以进入表示"转移"义的双宾构式。如"举荐"：

例（45）我向公司举荐一个人。→[?]我举荐公司一个人。

我们说"举荐"的"转移"义不强，指的是"一个人"并不会因为"举荐"就从"我"这里转移到"公司"，"转移"义的强弱还体现在它是否具有"现场性"上，而"举荐"一般要有一定的目标，要有"针对性"。

六、双宾构式论元的语义特征

（一）双宾构式与双宾构式论元之间的语义关系

如上所述，既然构式义的控制作用大于动词本身的语义，那么仅仅分析动词本身而不考虑句式要求，显然解释力不够，所以下文重点分析双宾构式语义特征对构式论元的语义制约。

双宾构式"有意的给予性转移"事件通过双宾动词及其参与者表达，从语言表达形式看，双宾动词与三个名词性成分相联系才能构成一个相对独立的句子，表达相对独立的命题，也即双宾构式"有意的给予性转移"事件必须有三个论元。

能够进入双宾构式的论元必须与双宾构式的构式义相关。论元可以是双宾构式中的某个句法成分，也可以是双宾构式中某个句法成分的变体。双宾动词三个参与者角色映现为句法成分，可以是名词或名词短语，但指称要求不一：与事成分以人称代词为多，而受事成分以数量词+名词结构最为普遍，并带有一定程度的强制性。朱德熙（1979）指出，由单独的名词充任直接宾语的句子并不是不能说，但往往是粘着的，即只能在更大的句法环境里出现，本身不大能独立成句。陆俭明（1988）作进一步说明：如果间接宾语为人称代词，直接宾语带不带数量词，所形成的双宾结构都是自由的，如"给我（一杯）酒""送他（一块）衣料"；当间接宾语为名词，直接宾语带数量词时，双宾结构是自由的，如"送学校一幅油画"，不带数量词的话则是粘着的，"送学校油画""给隔壁奶奶带鱼"都不能单独成句。大河内康宪（1988）对这种量词的"个体化功能"作了很好的说明：量词表示后面名词的意义范畴，体现着人们对名词所指事物的认知方式，伴有冠词的光杆名词只表示一种极为抽象的意义，而受数量词修饰时就表示具体意义。

（二）双宾构式论元的原型特征

语料显示，双宾动词的三个参与者中的NP₁往往由表人名词或人称代词充当，将其首先标记为[+有生性][+人]，NP₂是表人名词或人称代词，同样标记为[+有生性][+人]，NP₃为数量名结构表示的具体事物名词，标记为[−有生性] [−人][+具体]。如：

例（46）老程递给祥子一支烟，祥子摇了摇头。

例（47）他把后悔收起来，而时时暗地里递给女儿几个钱，本利一概牺牲。

例（48）曹太太给他两丸"三黄宝蜡"，他也没吃。

例（49）他给了白巡长几张票子。

这些语义特征是最典型的双宾动词的典型参与者角色具有的，它们只能作为我们分析和归纳双宾动词参与者角色的语义特征的起点，因为语言的实际使用情况并非如此单纯，三个参与者角色的语义特征都呈现出程度不同的复杂性和规律性。

1. 施事（NP₁）：[+有意识][+自主性][+可控性]

双宾构式表示动作发出者A（施事NP₁）主动地使物体C（受事NP₃）由A处转移至B（与事NP₂）处，因而这一动作必须具有可控性。双宾动词要求施事语义成分具有[+有意识][+自主性][+可控性]的特征，也可归结为[+人事]的语义特征。不具备这一语义特征的施事成分不能进入双宾构式的语法框架。

例（50）a. 他给我十块钱，叫我自己打车回去，自己摇晃着身躯走开了。

b. 踩不踩是她的权利，我总得给她这种机会。

典型的双宾构式表示的是一种领属关系的转移，即动词所表示的双宾动作发生前，施事成分NP₁和受事成分NP₃之间有领属关系，从某种意义上说，NP₁将NP₃转移至NP₂处，也就是把这种"领属"的支配关系交给了NP₂。在人的认知中能够拥有受事事物、支配受事事物的也只有人。如：

例（51）a. 小王有一张桌子。

b. [?]那只猴子有一张桌子。

上面的句子尽管很简单，但就理解的自然度而言，施事成分指人的句子很正常，而指低生命的施事成分（相对而言）的句子，在意思表达上有些不自然。同时施事成分必须能够对受事成分有支配权，如果在认知中两者之间没有这种关系，语句就会显得异常。除非在具体的语境中预先作交代，改变预设。如：

例（52）a. 母亲只好把妹妹给了人。→[?]哥哥只好把妹妹给了人。

b. 四月，父亲病故；不久，母亲改嫁。家庭的重担落在了张胜利的肩上，挑呀挑呀，实在是挑不动了。没有办法，只好把二弟送给了外乡人，把三弟和小妹妹寄养在哑巴六叔家。

有时句子的施事是一些表示国家、机关、机构、团体的名词，但可以看作它们具有[+人事]的语义特征。当这些成分表现为地区或区域时，它们是无生的，没有施动力。如：

例（53）上海市政府授予复旦大学"文明单位"称号。→[?]上海授予复旦大学"文明单位"称号。

一般来说施事成分必须是具有[+有意识][+自主性]语义特征的语义成分，[−有意识][−自主性]的语义成分不能充当施事成分。但语言实例中也不难发现有很多由非有生名词充当施事成分的例证，如：

例（54）a. "云南白药"救了我，给了我第二次生命。

b. 网络时代赋予我们新的机遇和挑战。

c. 过急或过慢，均将给农民朋友以极大的损失。

上面的语句借用认知功能主义语法中隐喻的说法，可理解成语用变化，通过动词将有生的语义特征赋予句首的无生名词，使其拟人化。因为"给"将某事物由某一方转移至另一方，引申开来，就是"使NP_2占有NP_3"，再加以引申，又可以有"使NP_2产生NP_3"的意义。

由这些典型和非典型的例子的分析，可以归纳出NP_1的语义特征：

NP_1：[+有意识][+自主性][+可控性]

2. 与事（NP₂）：[+有生性][+终点性]

例（55）在早市上卖菜的商贩每天必须交给市场管理部一定数额的管理费。

例（56）夫妻二人攒了半年，把三万元还给学校。

例（57）他们每天清早起床，把一车新鲜的蔬菜卖给饭店。

例（55）中的"市场管理部"，例（56）中的"学校"和例（57）中的"饭店"，从词类划分的角度看，是方所名词，表示处所或方位，它们都是NP₃到达的终点，如"管理费"被转移给"市场管理部"，"三万元"被转移给"学校"，"蔬菜"被转移给"饭店"，也就是说，NP₂具有[+终点性]这一语义特征。但是，例（55）—例（57）中的NP₂不能单纯地理解为处所或方位，而是位于该处所或方位的人，可以理解为"交一定数额的管理费给市场管理部"和"卖新鲜的蔬菜给饭店"等，据此，可将NP₂的语义特征标记为：

NP₂：[+有生性][+终点性]

3. 受事（NP₃）：[+具体性][−有生性][+可控性][−自立性]

观察下面的例句及其变换形式：

例（58）他给别人一些钱。→一些钱被他给了别人。→他把一些钱给了别人。

例（59）猎户奉献给亲人解放军最好的猎物。→最好的猎物被猎户奉献给亲人解放军。→猎户把最好的猎物奉献给亲人解放军。

例（60）晓荷送给太太一个媚眼。→$^?$晓荷把媚眼送给太太→*媚眼被晓荷送给了太太。

例（61）在他的同事中有位姓蓝名旭字紫阳的，赏给了他一个笑脸和两句好话。→$^?$紫阳把笑脸和好话送给了他。→*笑脸和好话被紫阳送给了他。

例（62）平日，这里的说相声的，耍狗熊的，变戏法的，数来宝的，唱秧歌的，说鼓书的，练把式的，都能供给他一些真的快乐，使他张开大嘴去笑。→*说相声的……都把一些真的快乐供给了他。→*快乐被说相声的……供给了他。

上面例句中的受事NP₃表示的语义特征分析如下：

例（58）一些钱：[−有生性][−人][+具体的][−属性]

例（59）最好的猎物：[−有生性][−人][+具体的][−属性]

例（60）一个媚眼：[−有生性][+人][−具体的][+属性]

例（61）一个笑脸：[−有生性][+人][+身体部位][+属性]；两句好话：[−有生性][+人][+言语]

例（62）快乐：[−有生性][+人][+属性]

例（58）、例（59）中的"一些钱""最好的猎物"是典型的NP₃，它们具有[−有生性][+具体性]的语义特征。进一步分析发现，虽然例（60）—例（62）与这些典型的NP₃在语义特征上有很大的差距，但它们都进入了"给予"句式之中，因此可以说一定还存在着其他的制约因素。从句法表现来看，这些句子在变换为"把"字式和"被"字式时有不同的反映，例（60）、例（61）虽然不能变换为"被"字式，但似乎可以变换为"把"字式，也就是说，NP₁对NP₃存在着部分的可控性，毕竟"媚眼""笑脸"和"好话"可以在NP₁的控制下产生，如"挤出一丝笑""违心地说了两句"中行为的主宰都是人，所以说，NP₃的典型语义特征之一是[+可控性]。

而例（60）、例（61）之所以不能变换为"被"字式，是因为"媚眼""笑脸""好话"是与"送给"同时发生的，没有人可以先将"媚眼""笑脸""好话"准备好，然后再将它们拿着送给别人。也就是说，这类NP₃并不能先于"送给"这一动作而产生，它具有[−自立性]。也许"快乐"更能说明这个问题。"快乐"作为人类的一种暂时性的情绪状态，是NP₂所具有的一种属性，是在VP结束之后产生的，"快乐"也具有[−自立性]。下面谈一下经常谈到的几个例子：

例（63）我写给他好几封信。

例（64）*写给他一副春联。

一般认为例（63）合格，例（64）不合格，朱德熙解释为"当'写'跟'信'组合的时候，预先假定（presuppose）有'受者'（收信人）一方存在。

此时'写'就取得了给予的意义"[①]，而"写春联"不具有这样的假定。暂且不论"写"是否具有了给予的意义，还是先看它们在转移为"把"字式和"被"字式时的句法表现：

例（63）′ 我写给他好几封信。→*我把好几封信写给他。→*好几封信被我写给他。

这个句子转换为"把"字式或"被"字式后是不合格的，这种不合格的原因无法用NP$_3$的语义特征如[−有生性][+具体性]等来解释，唯一合理的解释即它的[−自立性]，"信"是伴随着"写"这一动作才完成的，它不能独立于"写"而存在。但下面的句子能成立，如：

例（64）′ 我写了一副春联给他。

例（65）他临走的时候写了封信给我，让我转交给你。

这类句子之所以能成立是由于这里的"信"或"春联"是一个成品，先于"给"或"转交给"而存在。

把以上双宾句及其变换形式综合分析，就会发现双宾构式中NP$_3$的另一语义特征：[−自立性]，这是双宾构式能够成立的基础。

双宾构式受事NP$_3$的语义特征可以归结为：

NP$_3$：[+具体性][−有生性][+可控性][−自立性]

综上所述，双宾构式的认知经验基础是一个理想化的认知模式"领属关系转移事件"，其句法表现形式为"NP$_1$+V+NP$_2$+NP$_3$"，构式义为"施事者有意地把受事转移给接受者，这个过程是在发生的现场成功地完成的"。该模式由动词及三个参与者组成，三个参与者分别是施事、与事和受事，由一系列的原型属性组成：

施事：[+有意识][+自主性][+可控性]

与事：[+有生性][+终点性]

受事：[+具体性][−有生性][+可控性][−自立性]

[①] 朱德熙. 与动词"给"相关的句法问题[J]. 方言，1979（2）：85.

七、双宾构式三个参与者论元之间的关系

（一）NP₁对NP₃的支配性

双宾构式成立的条件是NP₁对NP₃有着支配性。施事使与事得到受事，其前提条件就是首先要"创造"或"准备"所要传递的实体。根据受事的产生时间，可以将受事分为两类：先前存在和致使产生。前者表示受事在转移动作发出之前就已存在，这时受事多是施事的领属物，如例（66）；后者表示受事不是先前存在，而是由施事导致产生，如例（67）。值得注意的是，前类受事可以前置，变换为"把"字句；后类受事不能前置，不能变换为"把"字句。

例（66）a. 司机笑了，给爱社五十元。

　　　　b. 司机把五十元给了爱社。

例（67）a. 它给人一种奇妙的力量和强暴的刺激。

　　　　b. *它把一种奇妙的力量和强暴的刺激给了人。

（二）NP₁与 NP₂：主动送人/物体转移

NP₁与NP₂之间描述的是这样的一种给予事件：施事影响和作用于与事，在这一过程中，并没有第三方受事的介入。双宾构式论元之间的典型关系为：受事经过转移后为接受者所拥有，施事不再对其行使所有权。在这种关系中，受事为物理实体。双宾构式的中心意义即预设了这种关系。如：

例（68）Joe gave the beggar 5 dollars.

在该句中，give是典型的双宾动词，因为它蕴含了双宾构式的典型意义。受事5 dollars本来为施事Joe所有，经过转移后，便为接受者the beggar所有，施事不再对其拥有所属权。类似的句子还有：

例（69）He lent her a book.

例（70）Father left him a farm.

例（71）He handed her a key.

（三）NP₂与NP₃：领属关系的形成或消失

NP₂与NP₃之间描述的是这样的一个给予事件：施事间接作用于与事，使与事处于受事所表征的某种状态或特征中。受事是在施事作用于与事的过程中衍生的。

受事（NP₃）由具体实体隐喻扩展为抽象实体。狭义上的实体是物质物体，是指具体的、有形的物体，包括人、动物、植物以及其他客观世界中存在的物体，这是人类最基本的经验。后来，人类通过隐喻将基本经验投射到一些抽象的、无形的经验上，将它们处理为离散的、无形的实体，以便对它们进行理解和推理。下面例（72）受事（NP₃）为具体实体，例（73）受事（NP₃）为抽象实体。

例（72）你看，他给你一筒茶叶，一把小茶壶！

例（73）在我母亲最后的日子里，你们给了她温馨。

通过人类的实体隐喻机制，与事（NP₂）由有生命者扩展为无生命者。与事（NP₂）可由实体通过"部分转喻整体"的机制扩展为身体部位，也可以由有生命者通过实体隐喻机制扩展为无生命实体。下面例（74）"人人脸上"转喻"人"，例（75）、例（76）"屋里"是空间概念，"黑暗"根据原文实际上也是一个空间概念，它们由"部分转喻整体"机制隐喻而成。

例（74）响晴的天空，给人人脸上一些光华。

例（75）屋中没有灯，靠街的墙上有个二尺来宽的小窗户，恰好在一支街灯底下，给屋里一点亮。

例（76）不时有一两个星刺入了银河……给黑暗一些闪烁的爆裂。

给予者对与事（NP₂）具有给予作用，"给"后与事（NP₂）是直接受影响者，可将与事（NP₂）分为三类：受益、受损与承受，表示得到某种好处、遭受某种损害、无所谓受益或受损，在句法关系上表现为与受事（NP₃）之间形成或失去了领属关系。分别如例（77）、例（78）和例（79）。

例（77）画好后他给了那人四两银子两钱烟土。

例（78）刘板眼不谈具体的硌脚之痛，拉大旗作虎皮，使陆武桥只想给他一老拳，让他满面开花。

例（79）白白脸儿英俊又严肃，可没什么表情，那黑痣一动不动，这就给我一种神秘感。

例（77）与事（NP₂）"那人"与受事（NP₃）"四两银子两钱烟土"形成了领属关系，可理解为"那人"拥有了"四两银子两钱烟土"；例（78）与事（NP₂）"他"与受事（NP₃）"一老拳"也形成了领属关系，可抽象理解为"他"拥有了"一老拳"；同样，例（79）与事（NP₂）"我"与受事（NP₃）"一种神秘感"也形成了领属关系，可抽象理解为"我"拥有了"一种神秘感"。

八、影响双宾构式成立的认知因素：英汉给予类动词和投掷类动词的句法表现和语义阐释

下文将以英汉给予类动词和投掷类动词为研究对象，借助英国国家语料库（BNC）和北京大学现代汉语语料库（CCL语料库）的语料，探讨其句法语义接口。此外，在Talmy的事件框架的理论框架下，对双宾构式的不同语义解读进行认知阐释。

英语中的给予类动词包括"give""offer""hand""loan"等；汉语中的给予类动词包括"给""送""提供"等。英语中的投掷类动词包括"throw""kick""cast""chuck""fling"等；汉语中的投掷类动词包括"投""掷""扔""抛"等。这两类动词在句法语义上存在差异。

（一）英汉给予类动词和投掷类动词的句法表现

"throw"类动词后面的"to"表路径，可以进一步由"all the way"等修饰，但"give"类动词却不可以。

例（80）a. *Susan gave the ball all the way/halfway to Bill.

　　　　 b. Jack threw/kicked the ball all the way/halfway to Bill.

在汉语中，投掷类动词可以跟动趋式，对动作进行进一步的修饰，凸显动作的路径，但给予类动词却不行。如：

例（81）a. 他抛上来一把扳子给我。

b. 他扔进来一个球给我。

c. *他提供上来/进来一把扳子给我。

"throw"类动词可以与除"to"外其他的方位介词搭配，但"give"类动词不能这样搭配。

例（82）a. *Fred gave/offered the ball under/behind/over Molly.

b. *Sam gave/offered the ball off the shelf/out of the basket.

c. *Jill gave/offered the ball at/towards Bob.

例（82）a和例（82）b里用了意思和"to"差别很大的词，句子不合法。例（82）c用了和表示"方位"义的"to"意思接近的介词"at"，甚至还有非常接近的"towards"，但句子仍不合法，这是因为"give"后面的"to"不是表示"方位"义。

在汉语中，投掷类动词也可以跟方位类成分搭配，但给予类动词不可以。

例（83）a. 我朝他扔一个球。

b. *我朝他给一个球。

按照方位假说，致使拥有也应该是物体经过路径，应该有个出发点。完整的路径可以用"from...to..."来表示，但"from"能与"throw"类动词搭配，而不能与"give"类动词搭配。

例（84）a. *Josie gave/handed the ball from Marla（to Bill）.

b. Jill threw/kicked the ball from home plate to third base.

在汉语中，介词结构"从……到……"可以和投掷类动词连用，表示完整的运动路径，但不能与给予类动词连用。

例（85）a. 他从屋顶上扔一块瓦片到地上。

b. *他从屋顶上给一块瓦片到地上。

Hovav和Levin（2008）认为，"give"类动词即使在与格结构中也表示"致使拥有"义（即结果意义）而不表示"致使运动"义（即动作意义）的另一个证据是，英语可以说"a court gives a parent visiting rights"，意思是法院给父亲或母亲（离婚后对子女的）探视权。法院在给之前并不拥有权利，"give"（给）仅表示"致使拥有"的意思，整个运动事件并没有伴随权利的"运动"（哪怕是抽象的或比喻意义上的）。这跟"throw"类动词的情形形成了鲜明对比。下面是他们所举的例子：

例（86）a.　I promise a good time to all who come.

　　　　b.　Must an employer offer a job to a worker?

例（87）a.　All who come will have a good time.

　　　　b.　A worker will have a job.

例（86）是含"give"类动词的与格结构，例（87）是相应的含"have"的表领属关系的句子。从各自的语义联系可以看出，"give"类动词即使在与格结构中也表示"致使拥有"义。

另外，若"give"类动词出现在与格句中，要对to短语提问构成特殊疑问句，不能用where，而"throw"类动词却可以。

例（88）a.　Where did you throw/kick the ball?

　　　　b.　*Where did you give/sell the book?

可以说，Hovav和Levin最早发现了双宾构式的语义要取决于动词的类型。但可惜的是，她们仅止步于简单描写，没有深入分析动词的句法相关意义对构式义的影响。

（二）"give"类和"throw"类动词的语义阐释

在框架语义学的基础上，Talmy首次提出事件框架概念，即一组可以同时被唤起或相应唤起的概念成分及其关系。在Talmy对运动事件框架的分析中，运动事件被分解成一系列语义成分，包括"动体"（figure）、"背景"（ground）、"运动"（motion）、"路径"（path）和"处所"（location）。此外，"方式"（manner）和"原因"（cause）等成分是运动事件的附带特征。这说明动词意义并不是一个密不可分的整体，每个动词的意义都是由事件框架中的不同元素组成的集合。这些元素在动词中的分布并不是随意的，在不同动词的意义中得到凸显的语义也具有差异性。

语义的凸显为合理解释英汉给予类动词和投掷类动词的双宾构式的不同语义

表达提供了条件。双宾构式的语义指"主语使直接宾语转移向间接宾语"或"主语使间接宾语拥有直接宾语",其语义结构可以表征为:X CAUSES Z TO BE AT Y或是X CAUSES Y TO HAVE Z。由此可以看出,两类动词都属于使役类动词,表示致使运动事件(caused motion event),双宾构式的两个语义完整地表达了物体运动的全部过程。前者(X CAUSES Z TO BE AT Y)是运动的第一阶段和第二阶段,后者(X CAUSES Y TO HAVE Z)是运动的第三阶段。

可以看到,双宾构式的语义和动词一样,同样也体现了运动过程和动作蕴含的结果。压制双宾构式语义表示动作或结果的是动词内部的语义凸显,运动结果则出现或然性,对应的双宾构式的语义解读出现两种情况,即可能只是致使运动而不能成功到达对方或目的地,也有可能致使运动并致使拥有。如果动词具有[+事件]指向,只能表示事件的过程,即运动的第一阶段和第二阶段;如果动词具有[+状态]或[+结果]指向,则双宾构式只能表示事件的最终结果,即运动的第三阶段——成功到达。投掷类动词的句法相关意义([+事件])和动态的双宾构式的构式义(X CAUSES Z TO BE AT Y)相融合,表运动过程,而给予类动词的句法相关意义([+状态]或[+结果])和静态的双宾构式的构式义(X CAUSES Y TO HAVE Z)相融合,表结果。

综上所述,本节以英汉给予类动词和投掷类动词为例,利用相关语料,分别从动词语义和认知角度阐释了双宾构式语义差异的缘由。研究发现:第一,两类动词在双宾构式中出现不同的语义解读,在很大程度上是由其语义凸显和侧重决定的。给予类动词凸显和侧重的语义是隐性语义,具有[+状态]或[+结果]指向。而投掷类动词凸显和侧重的语义是显性语义,具有[+事件]指向。第二,双宾构式的语义表达差异可以在Talmy的运动事件框架内得到合理的解释:给予类动词注重的是事件的最终结果,而投掷类动词注重的是运动过程。

第六章　构式义和动词义的互动与整合

一、问题的提出

20世纪90年代以来，随着认知语言学理论研究在国外的兴起和在中国的流行，Goldberg等人的构式语法理论在中国越来越受到重视，张伯江（1999、2000）、沈家煊（1999、2000）、刘丹青（2001）、陆俭明（2002、2003、2004）、石毓智（2003、2007）、王惠（2005）、王黎（2005）等人将该理论方法与汉语实际紧密结合起来，运用构式语法理论研究汉语语法语义已经有了丰富的成果。

陆俭明注意到这样的语言现象："为什么相同的词类序列、相同的词语、相同的构造层次，而且相同的内部语法结构关系，甚至用传统的眼光来看还是相同的语义结构关系却还会造成不同的句式，表示不同的句式意义？"[①]并且试图用"词语句法、语义的多功能性"理论来加以解释。

陆俭明介绍了郭锐提出的"词在句法层面上可以产生词汇层面未规定的属性"[②]，我们把这种属性叫语法的动态性，其主要例句是：

例（1）她长了一头的黄头发。／她头上有一撮黄头发。

例（2）她黄头发。

"黄头发"在例（1）中作宾语，表示"指称"，在例（2）中却作谓语，起"陈述"的作用，因此同一个词语"黄头发"在不同的句法中性质发生了变化，表现出词语的语法动态性或者叫多功能性。"黄头发"在例（1）中实现的是其

---

① 陆俭明. 词语句法、语义的多功能性：对"构式语法"理论的解释[J]. 外国语（上海外国语大学学报），2004（2）：16.

② 郭锐. 语法的动态性和动态语法观[M]//商务印书馆编辑部. 21世纪的中国语言学（一）. 北京：商务印书馆，2004：145.

内在表述功能（指称），而在例（2）中实现的却是词语临时体现的不同的外在表述功能（陈述）。

陆俭明还对郭锐的理论进行了拓展，指出词语不仅有语法多功能性，还有语义多功能性。他的例子是：

例（3）撕了封面的站出来。

例（4）撕了封面的是我的笔记本。

陆俭明的分析是，"撕了封面的"在例（3）和例（4）中都是作主语，但在例（3）中是指称动词"撕"的施事论元，而在例（4）中却是指称"封面"的领有者"笔记本"。可见，在两个句子中有同样语法功能（都作主语）的同一个短语——"撕了封面的"，却"可呈现不同的语义功能，担当不同的语义角色"①。

陆俭明的目标是用词语的动态性（或叫多功能性）来解释不同构式的出现，他认为"同一个动词之所以会形成不同的句式，就是由语言所具有的这种词语的语法、语义多功能性的特性所决定的"②。

王黎则依据构式语法理论提出了相反的看法，认为是构式而不是动词决定了语句意义。她在回顾了陆俭明的观点后提出了这样一个问题："到底是该用构式语法理论来解释词语的多功能性呢，还是该用多功能性理论来解释构式？"③她用构式语法的分析方法将"她黄头发"分析为具有两个论元，一个表示人或事物，一个表示人或事物特征的构式"NP$_1$+NP$_2$"，单就"她黄头发"这个句子的表面现象看，原本是名词性的"黄头发"作了谓语，表现为陈述，体现了词语的多功能性。但是，"黄头发"这一名词性词语作谓语完全是由普通话里的"以某种具有鲜明特色的事物来说明隶属它的那事物的特性"（以某一事物的特征来说明该事物）的构式"NP$_1$+ NP$_2$"所决定的。换句话说，"黄头发"这一名词短语的特殊用法"不是直接从词汇项目来的，而是由构式来的"。她的结论是：是构式"NP$_1$+NP$_2$"赋予了例（2）中"黄头发"新的语法功能，从"人对客观事物的感

① 陆俭明. 词语句法、语义的多功能性：对"构式语法"理论的解释[J]. 外国语（上海外国语大学学报），2004（2）：18.
② 同上文：19.
③ 王黎. 关于构式和词语的多功能性[J]. 外国语（上海外国语大学学报），2005（4）：3.

知所得最后怎样用言辞表达出来"这个角度看，"我们觉得应该是用构式理论来解释多功能性，而不是用多功能性理论来解释构式"①。

这场争论实际上提出了这样一个核心问题：语言中相同的形式表示彼此不同但密切相关的一组意义即一形多义现象的成因到底是由动词的多义性还是由构式的多义性所决定的？陆俭明认为是由动词的词义变化决定的，而王黎则认为是由构式义决定的，应该用构式理论来解释多功能性，而不是用多功能性理论来解释构式。这反映了两种不同的研究思路：一种是词汇中心主义主张，一种是构式语法主张。本书认为，一形多义现象的成因既是由动词的多义性决定的也是由构式的多义性决定的，构式义和动词义互相影响、互相制约，通过整合共同构成句式的意义。

二、基于认知框架的动词义、构式义

构式语法的代表人物Goldberg认为，她的构式语法的思想来源之一是Fillmore的框架语义学。在框架语义学中，语义是用框架来描写的。框架是一种概念系统、经验空间或认知结构，表达个人或言语社团总结出来的经验，并集中体现在具体的语言表达式上。以"商业交易"框架为例，这一框架涉及的概念包括：领有、给予、交易、钱。基本框架元素包括：钱、商品、买方、卖方。外围元素还包括：价格、时间特征、找钱等。还可能有其他更外围的元素，如商品真正的主人、钱真正的主人以及他们跟参与交易协议的其他人之间的差别等。根据这些概念的组织原则，我们就可以对一系列动词的意义、用法及语法结构进行对比描写，例如：buy、sell、pay、spend、cost、charge、price、change、debt、credit、merchant、clerk、broker、shop、merchandise等。若把商业交易框架与其他框架进一步结合起来，那么所涉及的文本就会不断丰富，就可以进一步描述和解释tip、bribe、fee、honorarium、tax、tuition这样的词语。因此，框架是一个非常重要的认知结构，实际上也为一个动词的相关意象以及意义上相关的词提供了概念基础。同理，构式这种形式意义结合体，比如论元结构构式也是与人类经验有关，通常用来描述一般事件类型的语义框架，比如：某人对某人做某事，某物发生移动，某人使某物移动，某人经历某事，某人拥有某物等。

① 王黎. 关于构式和词语的多功能性[J]. 外国语（上海外国语大学学报），2005（4）：3.

三、Goldberg关于动词义与构式义的相互作用的论述

Goldberg认为，构式具有独立的意义，不同的构式具有不同的构式义。构式义与构式中主要动词的意义可能相同、补充或否定，是一种互动关系。构式语法区分了两种不同的语义角色，一个是"论元角色"（argument role），这个角色是构式赋予的，有"施事""受事""目标"等，是更为概括的角色，构式能确定凸显哪些论元角色。另一个是参与者角色（participant role），是动词所刻画的语义角色，它是更为抽象概括的论元角色的例示。动词的语义框架能够确定参与者角色，即这个动词所涉及的场景事件包括哪些参与者，同时动词本身决定哪些框架语义知识必须凸显。这些被凸显的参与者角色是动词语义框架所涉及的焦点实体。也正是动词的凸显部分不同体现了动词间的最根本的区别。比如说，有一些相似的动词激活的语义框架相同，但它们凸显的参与者角色不同，从而导致语义的差别。哪些必须表达的参与者角色需要得以凸显，是判断动词参与者角色凸显的标准。

如动词"toss"（扔）的参与者角色有两个：扔的人和被扔的物。出现在双及物构式（双宾构式）中的论元角色和参与者角色见表6-1。

表6-1　双及物构式论元角色与动词参与者角色的语义对应

双及物构式	Pat	tossed	Kay	the ball
句式论元角色	施事	动词	接受者	客体
CAUSE-RECEIVE	agent	—	recipient	theme
动词参与者角色	扔的人	—	—	扔的物

注："—"表示此成分不存在。

构式的论元角色和动词的参与者角色通过融合（fusion）表明动词与构式所激活的语义框架是一致的，动词指明的事件类型与构式指明的事件类型融为一体。融合的不同结果使动词义与构式义的关系表现为：e_c为构式事件类型，e_v为动词事件类型。e_c必须与e_v以下列几种方式之一相关：

1）e_v是e_c的一个子类型。

2）e_v指明e_c的方式。

3）e_v指明e_c的结果。

4）e_v指明e_c的先设条件。

"e_v是e_c的一个子类型"，即动词标明了构式义的全部细节。以双及物构式为例，它有一个"转移"的中心意义，具体表达就是，"某人致使某人收到某物"，像"给"这个动词就在词汇意义上表达了这个中心意义。对于双及物构式来说，由于动词"给"表达了双及物构式的中心意义，构式义"某人致使某人收到某物"对动词义来说就是冗余的。同样，当"送、寄、交、递"等动词出现在双及物构式中，构式义对这些动词的词汇意义来说，也是冗余的。

"e_v指明e_c的方式"，在动词的意义和构式语义分离的情况下，动词表明了由构式标明的完成某种动作行为的手段。这时，构式义就对句子意义的表达发挥了主要作用。例如，在"扔、踢"这些身体部位动词的词汇意义中，它本身并没有"领有转移"的意义。如：

例（5）他扔了一堆垃圾。

例（6）他踢了一下房门。

我们可以看到，在这两个句子中，动词"扔、踢"并不蕴含"领有转移"的意义。整个句子的意义信息是由双及物构式来传递的，而动词"扔、踢"只表达了转移的方式或手段。

"e_v指明e_c的结果"，动词义和构式义可以通过因果关系进行整合。动词的意义和构式所标明的语义必须通过在一个句子中发生的力的作用关系而融合。力的作用关系包括方式、工具、结果或相互之间的否定等，即动词或标明了构式所标明的动作行为的途径和方式方法，或标明了借助于工具而进行的动作，或标明了动作发生的结果，或标明了对动作行为的否定。

例（7）The boat sailed into the cave.（小船航行进了山洞。）

例（8）*The boat burned into the cave.（*小船烧进了山洞。）

在上面的句子中，构式传递了"位移"意义，句子中的动词表达了构式义

"位移"的"方式"，因为在这种构式中，动词所表达的"方式"意义与构式的"位移"意义之间存在着因果关联。

"e_v指明e_c的先设条件"，动词义是构式义的先设条件。例如，在英语的双及物构式中，表示"制作或创造"意义的动词也可以进入这种构式中。

例（9）Pat baked Chris a cake.（Pat烤给Chris一块蛋糕。）

在这个句子中，动词bake的原型场景中联系着一个"制作"意义，它本身并不蕴含"转移"的意义。这个句子中的蛋糕的制作是Pat将蛋糕转移给Chris的一个前提条件。一个客体要被"转移"，它的一个前提条件就是这个客体在转移之前就必须存在，如果一个客体在被"转移"之前不存在，那么可以通过某种方式将其"制作"出来，方能进行转移。因此，bake这个动词进入双及物构式时，它就标明了构式语义"转移"的先设条件。

动词和构式之间除上述四种比较典型的关系外，还可能存在一些比较特殊的关系，如：e_v指明e_c的方法、方式和预期结果；e_v和e_c是同时进行的活动；e_v和e_c至少共享一个参与者等。

总之，Goldberg认为，构式义与动词义是一种互动关系，但是构式义起主导作用，决定句子的整体意义，限制进入构式的动词，动词义是构式义的例示。

四、词汇中心主义与Goldberg的观点的分歧

Goldberg的构式语法作为一种新的语法理论，重视句子的整体意义，反对把构式的意义归于某个词汇的意义或是构式中各个组成成分的叠加，为我们研究语言现象提供了一个新的视角、新的分析工具。但Goldberg的构式语法理论自推出之日起，就遭受着各种批评。这些批评既来自词汇中心主义阵营，也来自认知语法阵营，就是在构式语法阵营内部，对Goldberg的构式语法的批评也不少见。

词汇中心主义的代表是词汇语义学，其主要的观点如下：动词在一个句子中起着十分重要的作用，需要论元与之匹配。动词的语义决定动词的句法表现。动词的句法表现包括论元的句法表达在某种程度上可以从动词的意义中预测出来。

动词的意义是很丰富的，但它们与句法的关系不同。有些语义因素与动词的句法行为无关，有些语义因素却决定着动词的句法表现。句法配置的差异是在动词词项的语义结构中通过词汇规则形成的。也就是说，动词在句式中处于中心地位，动词的意义决定句式的意义，句式意义的差异是由动词的多义性造成的。词汇中心主义和构式语法在对一形多义现象的解释上的分歧在于：

1）对句法结构所产生的语义差异来源的解释不同。例如下面的两个句子：

例（10）He gave him a book.

例（11）He gave a book to him.

例（10）是双及物构式，例（11）是介词宾语句。词汇语义学认为，一个动词有两个不同的语义表达，动词的不同意义是通过词汇规则关联的。词汇规则将一个特定的意义输入到一个动词中，从而产生一个动词不同语义表达的结果。因此，不同的句法配置差异反映了句子中主要动词语义表达的差异。如双及物构式的词汇语义规则将"X CAUSES Y TO GO TO Z"这样一个语义输入到动词中去，从而产生"X CAUSES Z TO HAVE Y"的语义结构。

而构式语法认为，上面两个句子是两种不同的构式。双及物构式本身有一个意义，即"一个施事发出动作致使接受者收到一个客体"（X CAUSES Y TO RECEIVE Z）。这个意义并不能仅仅看成是动词give意义的一部分。

2）对论元的观点和处理不同。词汇语义学认为，论元的表达及其解释在很大程度上是由动词的语义决定的，句子意义的差异来源于词库中不同的词项，这种不同的词项是通过词汇规则操作完成的。某个动词出现在不同的句法框架中时，存在着多个动词语义表达。因此论元是"动词"的论元。而构式语法认为，句子意义的差异来源于构式意义的不同。论元是由论元结构表达式（argument structure construction）规定的。也就是说，论元是构式的要求，而不是动词语义决定的结果。动词的核心意义是不变的，构式是多义的，构式语义的不同决定了动词所在的句子意义的差异。

五、构式义和动词义关系的阐述

基于Goldberg的构式语法和词汇语义学在对一形多义现象的解释上的分歧，在讨论构式义和动词义的关系之前，有必要厘清以下三个问题：

（一）句子意义是由构式赋予，而与动词无关吗？

例（12）Mia kicked the ball into the stands.

Langacker不同意Goldberg把例（12）中的"引起移动"的意义也归因于构式。并且Langacker提出了这样一个问题：是否kick有"引起移动"的意思并引发了由"into the stands"体现的路径（path）图式？其实，不仅像kick这样比较典型的动作性及物动词可以引发类似"路径"的意象图式，从而具有"引起移动"的意思，像sneeze这样典型的不及物动词，人们也同样可以结合意象或者是经历过的场景和体验，从而理解为什么打喷嚏可以将餐巾吹开以及将口水喷出口外。同样人们也可以理解为什么"screech"会伴随着"移动"以及"smile"会"表达"赞同。"使役移动"（caused motion）构式表达"转移"（transfer）的语义并不需要否定动词本身也可能涵盖与构式义一致的语义，两者的意义可以交叉重叠。

（二）为什么特定构式总是伴随着特定的动词出现？

van der Leek指出：决定一个动词可以进入哪一个句法框架的基本认知过程应该是该句法框架与动词自己的语义框架之间的配合。比如give可以选择to-短语，却不能选择into-短语，这是因为give语义框架所要求的接受者只能和表示目标的to-短语索取统一，而不能和表示容器图式的into-短语相统一。他称这里的限制统一过程的动词义为骨架意义（skeletal meaning），它代表着一个单一事件，该事件的"客观"特性对上述统一过程强行施加限制。他还指出，一个动词只能选择不破坏其骨架意义的句法框架，也就是说，句法框架不能强迫（coerce）动词的骨架意义发生变化。他用下面三个句子进一步说明：

例（13）a. *Sam broke at the bread.

       b. Sam kicked at the table.

       c. Sam nibbled at his sandwich.

例（13）a之所以不被接受是因为动词break的骨架意义中含有接触的特性，否则就不能产生断裂的结果，而例（13）a的句法框架为NP Vi at NP，该框架明确表示Vi只是一个朝向at后面的NP的动作，并不强调Vi与这个NP的实质接触，因此该句法框架与谓词的语义框架之间不能索取统一，从而导致该句不被接受。动词kick以及nibble的骨架意义中没有接触的特性，而有朝向的特征，因此例（13）b和例（13）c可以被接受。

对于特定构式及其构式义和动词论元及其动词义之间的关系来说，语言使用者倾向于先验地认为：一定的构式表示一定的构式义，一定的构式义又是跟一定构式的特定构造相关；构式中动词及其论元对构式的整体意义都有贡献，一定的特定构造由一定的动词及其论元来实现（或者说构式中的特定位置由特定的动词及其论元来补充）。这样，就把构式义归结为特定构式的整体构造和动词及其论元的关系。

（三）构式对进入构式中的动词的选择限制条件是什么？

构式语法在预测一个什么样的特定动词出现在某种句式中时是极其困难的。也就是说，构式语法不能以提供一种原则的方式来决定什么样的动词可以出现在某类句式中，什么样的动词不能进入某种句式。不能解释为什么某类句式需要某类动词，某类句式不需要某类动词。例如，按照构式语法的观点，汉语存在句有一个抽象概括的构式义——"某处存在某物"。但是这样一个抽象概括的构式义并不能为我们解决哪些动词可以进入存在句，哪些动词不能进入存在句这样的问题。又如"把"字句确实存在着"某种外部力量以何种方式使某物发生何种变化"这样一个抽象概括的构式义，但是说话人在生成具体的"把"字句时，哪些动词可以进入"把"字句，哪些动词不能进入"把"字句，构式语法并不能提供很好的预测和有力的解释。

六、构式义和动词义的整合模型

词汇语义学和构式语法这两种理论是互补的。词汇语义学和构式语法都能处理动词多义现象，都有很强的洞察力。但这两种理论都面临相同的挑战：如何给动词义和构式义的范围划出一个清晰的界限。也就是，在何种句法结构中，是动词导致的多义现象，在什么样的句法结构中是构式导致的多义现象。构式语法求助于动词义与构式义的相容性，但在这种相容性方面还没有完全描写清楚。一旦将动词意义和构式意义相容性的细节找出来，就可以揭示出句法和语义之间的关系。如果要对复杂的语言事实进行解释，就需要对词汇语义学和构式语法这两种理论进行整合，也就是说，需要从上到下（构式语法）和从下到上（词汇语义学）两种研究取向的结合。

词汇义与构式义的理解都与事件、场景、人类经验的框架语义知识有关。不同的是词汇义的理解与百科知识、世界知识联系，更具体和丰富；构式义与人类基础经验联系，更抽象和简练。动词义和构式义在语言的基本句子结构生成和决定句法配置方面都发挥着重要的作用。句子的意义是动词义和构式义整合的结果。

本书借鉴词汇语义学理论，依据Iwata的观点，对Goldberg的构式语法加以改进，提出构式义和动词义的整合模式。

笔者认为，构式义应该分成两层，一是抽象的构式义，表示抽象概括的语义；二是特定动词类构式义，表示一个抽象程度略低的构式义，存在于抽象的构式义和具体的论元意义之间。特定动词类构式义比具体的论元意义稍微抽象一些，但在抽象程度上比不上抽象的构式义。依据Iwata的观点，从动词论元的角度看，动词论元对应着两种意义：中心词意义（the lexical head level meaning，以下简称L-意义）和短语层意义（the phrasal level meaning，以下简称P-意义）。L-意义独立于任何句法框架，可以看作是某个词的全部框架语义知识，而P-意义是与特定句法框架相联系的，是与某个句法框架相应的语义结构相融合的结果。两层的构式语义和动词论元意义是对应的。

（一）动词的两种意义：L-意义和P-意义

针对Goldberg的构式语法理论的不足，Iwata对构式语法进行了改进。Iwata主要以英语的方位交替句（locative alternation）为例阐述他的构式语法模式。

例（14）a.　John loaded bricks onto the wagon.（onto/into形式）

　　　　　b.　John loaded the wagon with bricks.（with形式）

Goldberg主张限制动词意义，以便为构式赋予更多的语义，按照她的理论，上面的两个"方位交替句"应该是由动词（load）的同一个核心意义与两个不同的构式融合而产生的，一个是"使役移动"构式，一个是带with短语的因果构式，可以用图6-1表示：

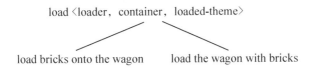

图6-1　英语方位交替句的两个构式

Goldberg对构式的分析模式可以以对例（14）a的分析为例（图6-2）：

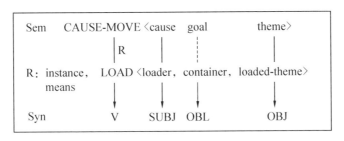

图6-2　Goldberg 对构式的分析模式

Iwata 指出，Goldberg仅仅把动词意义（即loader，container，loaded-theme）作为一组列出是不够的，因为它不能告诉我们为什么只有load可以与两个不同的构式融合，而其他动词比如pour和fill却不可以，尽管它们也有类似的参加者。如果解释不了这个问题，Goldberg的理论就不能真正解释"方位交替"现象。Iwata用图6-3这样的模式来解释。

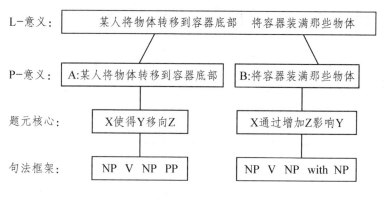

图6-3　Iwata对构式的分析模式

可以看出，Iwata的分析模式（图6-3）中的题元核心及句法框架和Goldberg的分析模式（图6-2）中的语义结构以及句法形式是基本相同的，两个模式的差异在于对动词的表述。虽然Goldberg多次提到她的构式语法中的论元及参加者都是动态情景（dynamic scene）中的一些关系空位（relational slots）[①]，但是Goldberg对于构式中动词的描述基本上只是一个参加者序列。相比而言，Iwata对于动词意义的表述更加丰富，区分了L-意义和P-意义。因此，在图6-3中Iwata对于动词load的描述实际上是一个动态的场景——有人把很多物体装到容器当中，使得容器中填满了那些物体，这完全符合我们理解单独一个词的认知习惯。P-意义解释我们如何理解一个出现于构式中的词，我们对于上述两个构式中的谓词load的理解是不同的，前者中load的意思是某人把物体转移到容器的底部，后者中load的意思是某人将容器中装满了物体。P-意义来自于我们根据构式中与句法框架相对应的题元核心对L-意义所作的凸显，当我们凸显装载/传递活动时，load就出现于"V NP ONTO NP"句法框架中；当我们的凸显活动完成时，load就出现在"V NP WITH NP"框架中。

不难看出，与Goldberg把词义仅限于它的"核心"意义相比，Iwata的模式能更好地解释我们对于一个单独的词以及处于某一构式中的词的理解，更加符合我

[①] GOLDBERG A E. Constructions：a construction grammar approach to argument structure[M]．Chicago：University of Chicago Press，1995：49．

们的认知心理。另外，Iwata还用他的模式解释了为什么动词pour和fill不能像load那样出现在两个方位交替构式中，pour的词义中只包括了传递或方位变化的意义，fill只包括状态变化的意义，而load（类似的还有spray、trim、swell等）这样的动词词义更广，包括不止一个事件（P-意义），可以与不止一个题元核心（这里是两个）兼容。①因此，Iwata的模式既较充分考虑了动词的意义，又结合了构式的意义。

正如Iwata所指出的，他的模式和Goldberg的构式语法是可以相互融合的，可以为后者提供重要补充。虽然Goldberg也强调要根据丰富的框架语义知识来描述动词意义，但Goldberg的论元或参加者从语义上是以动态情景为背景的关系空位，而Iwata的模式是以情景或事件描述动词与构式间的结合的。而且Iwata的模式展示也可以仅仅将情景中认知上凸显的实体列出来，从而非常接近Goldberg的模式展示。Iwata的模式也解释了Goldberg所说的在动词（如load）意义不变的情况下，某些动词可以与两个不同构式融合这一现象。

（二）两种构式义

Goldberg认为，具体句子意义都是构式义的例示。本书认为，构式是联系着抽象概括的语义而没有具体词汇内容的抽象句法形式。它应该有不同层次的概括，在抽象的构式义和具体的句子意义之间也许还存在着一个抽象程度略低的构式义，即特定动词类构式义。特定动词类构式义比具体的句子意义稍微抽象一些，但在抽象程度上不及具有更高层次的抽象概括的构式义。如汉语存在句中的特定动词类构式义（某种表面位置存在某物，某种身体位置存在某物）就是这样的特定动词类构式义。而特定动词的词汇语义例示的特定动词构式义可能直接例示了更高层次的构式义（某处存在某物）。因为在实际语言中，说话人可能并不需要抽象程度更高的构式义，而需要抽象程度略低的特定动词类构式义。也就是说，虽然特定动词类构式义的抽象程度没有构式义那么高，但在说话人的心理表

---

① IWATA S. The role of verb meaning in locative alternations [M]//FRIED M，BOAS H C. Grammatical constructions：back to the roots. Amsterdam：John Benjamins Publishing Company，2005：105.

征中也许是存在的。因为说话人在进行语言表达时，或许关注的是"某种表面位置存在某物"这种与特定动词类联系的构式义，而不是"某处存在某物"这样更高层次的构式义。因此，可以认为，特定动词类构式义存在，并不排除一个更加抽象概括的构式义的存在。也就是说，"某种表面位置存在某物"这一特定动词类构式义存在并不排除"某处存在某物"这一更加抽象概括的构式义的存在。同时，"某种表面位置存在某物"这样一个抽象程度略低的存在句构式义是与一些特定语义类的动词联系在一起的。

（三）两种构式义与两种动词义的对应

结合Iwata的模式中两种动词义的区分和两种构式义的区分，我们可以看到，两种动词义和两种构式义是一一对应的，表述如图6-4所示。

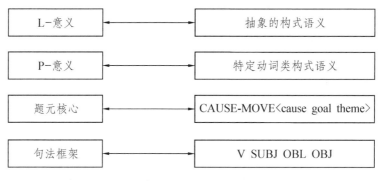

图6-4　两种动词义和两种构式义的对应关系

这个模型的意义在于：

1）构式义和动词义是互动的，我们可以把构式和动词结合起来进行研究，采用"自上而下"和"自下而上"相结合的处理方法。既可以从动词入手，运用动词"自下而上"和构式相结合的研究方法来分析构式和动词的意义，也可以从构式入手，运用构式"自上而下"和动词论元相结合的研究方法来分析构式和动词的意义。

2）构式义和动词义通过整合形成句子的整体意义，在谈论构式义时，不能忽视动词的意义，在谈论动词义时，不能忽视构式的意义，构式义和动词义是一致的。

七、利用构式义与动词义匹配和互动的模型来解释双宾构式中动词和构式之间互动关系的三个层次

上文针对Goldberg构式语法的不足，吸收其他认知语言学流派的观点，提出了关于构式义和动词义匹配和互动的模型，作为对Goldberg构式语法的补充。下面以双宾构式为例，利用提出的模型理论来分析双宾构式中构式义和动词义匹配和互动的机制。双宾构式中构式义和动词义的匹配和互动有以下三个层次：

1）双宾构式中构式论元与动词参与者的角色融合；

2）动词的上下位义（即L-意义和P-意义）分别和抽象的构式义、具体的构式义相匹配；

3）双宾构式中动词语义特征和构式语义特征的对应。

（一）双宾构式中构式论元与动词参与者的角色融合

词类（形式类）序列"$NP_1+V+NP_2+NP_3$"本身是不可能产生出"转让"或"丧失"之类的句式意义的。一种最有可能的答案是：这种能决定句式配价的句式意义是由动词的论元结构提供的，动词的论元结构中各论元角色之间的语义关系的抽象化为有关句式提供了最初的意义。如：

例（15）a. 送：{送者，送物，受者}　　b. 卖：{卖者，卖物，买方}

c. 抢：{抢者，抢物，被抢者}　d. 买：{买者，买物，卖方}

e. V：{施事，受事，与事}

这四个动词的词汇意义都涉及三个参与角色，如果对这些参与角色进行概括，那么送者、卖者、抢者、买者等都包含施动性，可以抽象为施事；送物、卖物、抢物、买物等都包含受动性，可以抽象为受事；受者、买方、被抢者、卖方等都包含参与性，可以抽象为与事。"送、卖"等表达的是受事从施事方转移到与事方，可以概括为"给予"。因此，当它们跟受其支配的论元实现为"$NP_1+V+NP_2+NP_3$"之类的句法形式时，这种句式自然地具有"给予"这种句式意义。"抢、买"等表达的是受事从与事方转移到施事方，可以概括为"索取"，因此，当它们跟受其支配的论元实现为"$NP_1+V+NP_2+NP_3$"之类的句法形式时，这

种句式自然地具有"索取"这种句式意义。"给予"和"索取"都涉及受事在施事方和与事方之间转移，只是方向相反，因此，可以进一步概括为转移。于是，句式"NP$_1$+V+NP$_2$+NP$_3$"自然地从其核心动词的论元结构上获得了"转让"这种句式意义。

（二）动词的上下位义分别和抽象的构式义、具体的构式义相匹配

上文提到，构式义和动词义是互动的，可以把构式和动词结合起来进行研究，采用"自上而下"和"自下而上"相结合的处理方法。既可以从动词入手，运用动词"自下而上"和构式相结合的研究方法来分析构式和动词的意义，也可以从构式入手，运用构式"自上而下"和动词论元相结合的研究方法来分析构式和动词的意义。这里所说的动词的上位义也即Iwata的L-意义，动词的下位义也即Iwata的P-意义。

典型动词的论元结构被结构（或称句式）包装之后，这个句式也就获得了原型的格式意义，并且句式作为一种形式和意义的配对具有相当的模塑性，它能把那些在语义上跟句式意义不同，但是又不相抵触的动词吸收进来。这样就形成了双宾动词的上位义如"给、拿"等和双宾构式的原型相匹配，双宾动词的下位义如"踢、吃"等和双宾构式的引申形式相匹配的模式。如：

例（16）NP$_1$+V+NP$_2$+NP$_3$

　　a. 小平　灌　　李伟　一杯白酒　←a'. 小平　给　　李伟　一杯白酒

　　b. 小明　踢　　小华　一个斜线球←b'. 小明　给　　小华　一个斜线球

　　c. 李铎　吃了　小邵　一个苹果　←c'. 李铎　拿了　小邵　一个苹果

　　d. 小芳　花了　奶奶　一百块钱　←d'. 小芳　拿了　奶奶　一百块钱

例（17）NP$_1$+V+NP$_3$

　　a. 王冕　　死了　　父亲　　　←a'. 王冕　　失去了　父亲

　　b. 王大爷　飞了　　一只鸽子　←b'. 王大爷　失去了　一只鸽子

　　c. 老王　　烂了　　几个橘子　←c'. 老王　　失去了　几个橘子

　　d. 我家　　报废了　一台电视　←d'. 我家　　失去了　一台电视

"踢、吃"类动词套用了"送、给"类动词惯用的双宾语句式"NP（A）+

V+NP（D）+NP（P）"，"死、飞"类动词套用了"失去、损失"类动词惯用的
"NP（E）+V+NP（Th）"句式，从而凸显了这些动词的意义中隐藏着的给予意
义。也可以说，是"踢、吃"类动词代换了典型的"送、给"类动词而进入双宾
构式"NP₁+V+NP₂+NP₃"，"死、飞"类动词代换了典型的"失去、损失"类动
词而进入"NP₁+V+NP₃"构式。也就是说，在意义上更为具体的动词代替意义相
对抽象的上位动词，具体的下位动词作为抽象的上位动词的一个实例而进入本来
由上位动词主导的句式，从而在表示给予/索取性转移意义的同时，还表示给予
的方式是灌、踢等，或者还表示索取的方式是吃、花等；在表示失去意义的同
时，还表示失去的方式是死亡、飞翔、腐烂、报废等。这就是词汇意义和句式意
义互动的一个侧面。

为了具体地表示给予或索取的方式就用"灌、踢、吃、花"等动词代入
"送、给"类动词常用的"NP₁+V+NP₂+NP₃"句式，为了具体地表示失去的方式就
用"死、飞、烂、报废"等动词代入"失去"类动词常用的"NP₁+V+NP₃"句式。

（三）双宾构式中动词语义特征和构式语义特征的对应

朱德熙（1979）对典型双宾语句的描述成为此后双宾构式及其相关问题研究
中引用频率极高的经典论述，其观点如下：

1）存在着"与者"（A）和"受者"（B）双方；

2）存在与者所与亦即受者所受的事物（C）；

3）A主动地使C由A转移到B。

以上的描述建构了典型双宾构式理想化的认知模式，在我们的码化公式
NP₁+V+NP₂+NP₃中，三个NP成分依次与上面的A、B、C对应，典型双宾构式的语
义特征如下：

1）"领属关系转移事件"的记录者V：V具有典型转移意义，蕴含了一个显
著的"领属关系转移事件"。双宾动词的语义特征表现为：[+方向性][+终点性]
[+途径性]。

2）NP具有的典型语义特征：

NP₁：①典型的施事；②V进行前的NP₃的领有者；③V进行的起点。NP₁的语

义特征可概括为：[+有意识][+自主性][+可控性]。

NP$_2$：①典型的与事；②V顺利进行后NP$_3$的领有者；③V进行的终点。NP$_2$的语义特征可概括为：[+有生性][+终点性]。

NP$_3$：①典型的直接受事；②被领有者（V进行前的NP$_1$的被领有者，V进行后的NP$_2$的被领有者）。NP$_3$的语义特征可概括为：[+具体性][−有生性][+可控性][−自立性]。

总之，双宾构式是一个理想的认知模式，在形式上表现为"NP$_1$+V+NP$_2$+NP$_3$"，构式义为"施事者有意地把受事转移给接受者，这个过程是在发生的现场成功地完成的"。该模式由动词及三个参与者组成，三个参与者分别是施事、与事和受事，它们由一系列的原型属性组成：

动词：[+方向性][+途径性][+终点性]

施事：[+有意识][+自主性][+可控性]

与事：[+有生性][+终点性]

受事：[+具体性][−有生性][+可控性][−自立性]

八、小结

本章通过语言学界对陆俭明提出的一个问题——为什么相同的词类序列、相同的词语、相同的构造层次，而且相同的内部语法结构关系，甚至用传统的眼光来看还是相同的语义结构关系却还会造成不同的句式，表示不同的句式意义——的答案的争论，引出对Goldberg构式语法理论的阐述，进而通过分析词汇中心主义和构式语法两个语言学流派观点的分歧，引出构式语法理论的不足之处，通过对Goldberg构式语法理论的改进，提出了新的构式义和动词义匹配和互动的模型，并运用这个模型来分析双宾构式义和动词义的匹配和互动，认为双宾构式中构式义和动词义的匹配和互动有以下三个层次：

1）双宾构式中构式论元与动词参与者的角色融合；

2）动词的上下位义（即L−意义和P−意义）分别和抽象的构式义、具体的构式义相匹配；

3）双宾构式中动词语义特征和构式语义特征的对应。

第七章　能进入双宾构式的动词类型

　　Goldberg（1995）认为，整体意义大于其组成成分意义的简单相加，句法结构本身具有某种独立于词义之外的意义。不同的构式具有不同的构式意义。构式义与构式中主要动词的意义是一种互动关系。构式能整合动词的意义，赋予该动词进入构式的条件。既然是构式赋予动词以意义，那么，是不是所有的动词进入双宾构式就会获得所谓的附加义呢？答案是否定的。本章在生成整体论范式下讨论了这一问题，这种理论认为：事物的生成过程不是一部分一部分简单地组合，而是从潜在到显现过程中相关因素的整合，整个过程往往是通过相关因素突现性的多层次耦合，生成具有新质的事物。有许多动词是不能进入双宾构式的，进入双宾构式的各要素是一个个可以进一步分化的小整体。词典义不表"领属关系转移"义的动词之所以能进入双宾构式，是因为它们蕴含"领属关系转移"义，而不蕴含"领属关系转移"义的动词是不能进入双宾构式的；"领属关系转移"义的成功释放必须经过各相关要素之间的选择和匹配，最后实现功能耦合，体现出整个构式的意义。这一生成过程是从小整体到大整体的动态生成，而不是机械组合。

　　本章首先讨论了双宾构式的句式语义特征：双宾构式都表示"领属关系转移"；双宾构式的整体意义要求三个强制性成分与动词同现；施动者对事件有较强的控制力。然后讨论了进入双宾构式的动词的语义特征，即[+转移][+双及物]，说明生成整体论范式下进入双宾构式的动词是一个小整体，与双宾构式之间是动态整合关系。在此基础上，本章分别从意义和配价两方面对进入双宾构式的动词类型的语义特征进行了讨论，旨在说明双宾动词不能等同于三价动词，并不是所有的三价动词都可以进入双宾构式，二价动词在符合条件的情况下也可以进入双宾构式，无论是三价动词还是二价动词，它们能够进入双宾构式的条件是要具备双宾构式的语义特征，动词和构式之间形成动态整合关系。

一、双宾构式的句式语义特征

所有的双宾构式都可进一步抽象为两类：外向句和内向句。假如将双宾构式的主语（一般为施事）叫作A，间接宾语（一般为与事）叫作B，直接宾语（一般为受事）叫作C，那么外向句就是C做A→B的运动，内向句就是C做B→A的运动。这两种句子是否同构？首先从语义的角度来看，不管是外向句还是内向句，它们都表示一种广义上的"领属关系转移"，只不过方向不一样，外向句是从施事到与事，而内向句却是从与事到施事。所以从高层次的语义关系来说，它们是同构的，都表示"领属关系转移"；从低层次的语义关系来说，它们又是异构的，转移的方向相反。

（一）双宾构式都表示"领属关系转移"

双宾构式表示"领属关系转移"有几个句式语义特征：

1）转移的定义。如果一个事物从甲方移到了乙方，那么这个事物发生了转移。从甲方来看，甲方失去了事物，那么这个事物对于甲方来说消失了；从乙方来看，乙方得到了事物，那么这个事物对于乙方来说，是出现了（一种现象/结果）。例如"我给了他一本书"，"一本书"从"我"这儿转移到了"他"那儿，可见"一本书"发生了转移。转移后，"我"失去了那本书，那本书对于"我"来说，可以说是消失了；而"他"得到了那本书，那么那本书对于"他"来说，可以说是出现了（一种现象/结果）。此外，转移有典型和非典型之分。

2）转移的类型/转移的对象。对于转移事件来说，转移事物的存在是转移的基础和前提，因此对于转移来说，转移的对象是最重要的因素。在双宾构式中，转移是多种多样的：可以是所有权的转移，如"我卖给他一套房子"；也可以是空间位置的转移，如"我放桌子上一本书"；也可以是使用权的转移，如"我让给她一个座位"。这三种转移都是领属权的转移。也可以是话语的转移，如"我告诉了他一个好消息"；也可以是抽象物的转移，如"复旦大学授予中文系'先进单位'的称号"；也可以是结果的产生，如"那个小孩子咬了他两道牙印"；也可以是"虚拟的转移"，如"我瞒了他10块钱"。

3）转移的起点和终点。典型的转移既有转移的起点也有转移的终点（如"我送他一本书"，"我"是转移的起点，"他"是转移的终点）。而非典型的转移有两种：第一种，有转移的起点但没有转移的终点，即某一东西消失了（如"我扔了他一件旧毛衣"，转移的起点是"我"，至于转移的终点即扔到什么地方则不得而知了）；第二种，有转移的终点但没有转移的起点，即出现了某一现象或结果（如"蚊子叮了我一个大包"，转移的终点是"我"，因为只有结果的产生，因此也就没有起点可谈）。

4）转移的方向。即动词的受事是向施事转移还是做离开施事的运动。如果受事向施事转移，那么它的语义特征记作"内向"；如果受事做离开施事的运动，那么它的语义特征记作"外向"。比如"送、分发、授予"的语义特征是"外向"，因为受事是离开施事的；"吃、拿、偷"的语义特征是"内向"，因为受事是向施事靠拢的。

（二）双宾构式的整体意义要求三个强制性成分与动词同现

双宾构式是从说话人的主观视点来考虑的，表示单一行为和单一过程，并将行为发生过程的三个必不可少的成分完整精确地表达出来的一种句式。与格构式和其他的介词引进的构式也可以有双宾构式的大部分功能，但是与格构式没有双宾构式简洁，其他介宾构式不能更好地表达双宾构式的语法结构（三个强制性成分的不可或缺性）。也就是说，"动词的论元结构中各论元角色之间的语义关系的抽象化为有关句式提供了最初的意义"[①]。三价动词的论元结构以及论元角色之间的语义关系的抽象化决定了三价动词是最易进入双宾构式的。

运用配价理论的观点来论证双宾构式的整体意义，要求三个强制性成分同时出现。配价理论的实质就是"动词中心论"，其基本观点为，动词是语言结构的核心，以它为基础联系着其他语义成分。配价理论即以深层的语义基础联系表层的句法实现、揭示动词对名词性成分的支配能力的研究。

配价属于语义层面，但配价研究应将句法形式和意义统一起来。在动词构成

---

① 袁毓林. 论元结构和句式结构互动的动因、机制和条件——表达精细化对动词配价和句式构造的影响[J]. 语言研究，2004，24（4）：3.

最小的语义自足的主谓结构时，动词强制要求出现的名词性成分的数目就是动词的"价"。配价理论将句子视为语法研究的基本单位。句子中的各项成分相互联系，处于句子核心地位的动词或动词结构支配控制着其他成分，称为动核。动核和它联系的某些语义成分构成最小的、相对独立的、意义自足的动核结构。双宾动词强制要求与三个名词性成分关联并共现，即动作发出者、动作参与者、受动的事物。

（三）施动者对事件控制力的强弱是决定动词能否进入双宾构式的重要原因

三价动词是最有可能进入双宾构式的动词，那为什么有些三价动词不能进入双宾构式呢？双宾构式是一种很复杂的句式，目前可以探索性地找出部分原因，但是还不能具体地说明所有原因。因为即使是同一语义类的动词，其内部并不是完全整齐划一的，还是存在很大的差异。施动者对事件控制力的强弱是决定三价动词能否进入双宾构式的原因之一。给予类三价动词最容易进入双宾构式，索取类动词以及称说类动词并不像给予类动词那样能够自由地进入双宾构式，这是什么原因造成的呢？给予类动词的施动者控制力强，动作是转让所有物，与事接受具体事物一般是不会有难度的，典型的给予类动词有给、递、送、卖等。也有少数给予类动词例外，如：

例（1）老蔡把小儿子过继给哥哥。→*老蔡过继给哥哥小儿子。

例（2）王福把女儿嫁给了本地一个土财主。→*王福嫁给本地土财主自己的女儿。

上面都是给予类动词不能进入双宾构式的例子，施动者对"过继"和"嫁"的控制力显然不强，过继孩子不是"老蔡"想过继就可以过继的，只有"哥哥"有"过继"孩子的想法，才会要求"老蔡"把"小儿子"过继给他，主动权主要掌握在与事手上，参与者对事件的控制力更强。同理，"王福"想嫁"女儿"，主要要看"本地土财主"想不想娶，如果"本地土财主"不满意"女儿"，"王福"是不可能想嫁"女儿"就可以嫁得了的。相反，索取类动词"娶"却可以进入双宾构式，如：

例（3）娶他家一个女儿。

如果施动者想"娶他家的女儿"，就主动上门说亲，主动权更大。古代有很多"强娶"的例子，而"强嫁"则很少见。也许有人会说索取类动词施动者控制力很强，为什么进入双宾构式的动词却很少呢？正如张国宪、周国光在《索取动词的配价研究》一文中所说的："就现代汉语的索取动词而言，三价索取动词的范围要远远大于传统语法中表示索取意义的双宾动词。"[①]就索取类动词而言，施动者对动词的支配能力很强，但是很多时候索取类三价动词的被动参与者对于施动者的反控制力也很强。

例（4）考生向传媒大学索取招生简章。→*考生索取传媒大学一份招生简章。

例（5）张三偷了李四100元钱。

例（6）张三抢了他一辆自行车。

以上例子中，动词"索取"的施动者控制力最弱，"考生"索取，传媒大学不一定会给，所以很难进入双宾构式。而"偷"和"抢"的施动者对事件的控制力很强，被偷或抢的人是无法预料和阻止的，所以这两个动词能够进入双宾构式。

二、能进入双宾构式的动词蕴含双宾构式的语义特征

（一）生成整体论范式下进入双宾构式的动词是一个小整体，与双宾构式之间是动态整合关系

生成整体论是在认知科学的新研究成果基础上形成的一种新的研究范式。这种理论认为：事物的生成过程不是一部分一部分简单地组合，而是从潜在到显现过程中相关因素的整合，整个过程往往是通过相关因素突现性的多层次耦合，生成具有新质的事物。

徐盛桓（2008）指出：生成整体论的基本点是强调系统的整体性和生成性，整体不是各相关部分的集合，而是具有生成关系；先有整体，然后才谈得上部

---

① 张国宪，周国光. 索取动词的配价研究[J]. 汉语学习，1997（2）：3.

分，没有整体就没有部分；整体和部分不再被视为简单的构成或还原的关系，而是大整体和小整体的关系，小整体的意义是不确定的，是由大整体决定的，不是部分通过相互作用构成整体，而是整体通过信息反馈、复制与转换生成部分。

徐盛桓（2007）在讨论双宾构式的生成过程时，采用反溯法（根据已知的某一构式的显性表述推测其形成的过程），从筛选、分化、整合三个认知步骤对词典义不表"给予"义的动词进入双宾构式的过程进行了推衍和论证，具有较强的说服力。

既然是构式赋予动词以意义，那么，是不是所有的动词进入双宾构式就会获得所谓的附加义呢？答案是否定的。我们知道，有许多动词是不能进入该句式的，进入双宾构式的各要素是一个个可以进一步分化的小整体，通过对相关要素的语义分解可以发现，词典义不表"领属关系转移"义的动词之所以能进入双宾句，是因为它们蕴含"领属关系转移"义，而不蕴含"领属关系转移"义的动词是不能进入双宾句的；"领属关系转移"义的成功释放必须经过各相关要素之间的选择和匹配，最后实现功能耦合，体现出整个构式的意义。这一生成过程是从小整体到大整体的动态生成，而不是机械组合。

（二）能进入双宾构式的动词的语义特征

首先需要引入的语义特征是[+转移]，就是说所处置的事物是否发生了转移。如果发生转移，则记作[+转移]，如果没有转移，则记作[-转移]。例如，"送信"的"送"这个动词，其意义为"把东西运去或拿去给人"。在主语完成这一动作后，所处置的事物在空间上从主语处转移到了收信人处，相对于主语来说发生了空间上的转移，那么"送"的语义特征就是[+转移]。再看"分西瓜"的"分"，其意义为"使整体事物变成几部分或使连在一起的事物离开"，在主语完成这一动作后，所处置的事物相对于主语来说并没有发生转移。那么"分"的语义特征就是[-转移]。

其次要引入的语义特征是[+双及物]，这就要看动词是否涉及两方，即施事和与事。也就是说，动词所引起的转移是否有起点和终点。如果动词涉及两方，如动词"给"，这一动作的进行必然涉及施事和与事：谁送（施事：转移的起点），送给谁（与事：转移的终点），就记作[+双及物]。具有[+双及物]特征的动词都是典型的三价动词。还有一部分动词则只涉及一方，这类动词有两种，第一种只涉及施事，第二种只涉及与事，如"帮""赢"等。

下面以"给"为例来说明能进入双宾构式的动词所具有的语义特征：首先，"给"本身就具有转移的意义，即动词"给"具有[+转移]的语义特征；其次，无论是在具体的句子中还是单独一个动词，它都具有转移的意义。转移这一动作的进行必然涉及施事和与事，这就要求语义上与之联结的三个论元必须在表层句法结构中强制性同现，即"给"必须具有[+双及物]的语义特征，否则"给"组成的句子将是不合法的。如：

例（7）a. 她给我一本书。

　　　　b. *她给我。

　　　　c. *她给一本书。

　　　　d. *给一本书。

不管缺少施事、受事还是与事，"给"构成的句子在句法上都是不自足的。

（三）双宾动词和三价动词并不是等价的

双宾动词和三价动词并不是等价的，这是由于二者是不同平面上的概念。前者的基点是句子成分，是从句法上讲的；后者的基点是配价成分，是从语义上谈的。二者可以重合，也可以不一致。

从配价角度分析，双宾动词属于三价动词，但并非三价动词都是双宾动词。它们的区别是：第一，二者是分属不同语法层面的概念，双宾动词是句法平面中依据动词带宾语的数量划分出的一个类别，三价动词是语义平面中依据动词配价数量的不同划分出的一个类别。第二，即使将两个平面相对照，这二者也不完全对应。三价动词不只包括双宾动词，还包括互向动词、兼语动词等；而一些非三价动词有时也可带上两个宾语，如"扔""抛"等。因此，三价动词和双宾动词是互有交叉的两个不同概念。由此可以从语义上对双宾动词加以界定：双宾动词在句子中表示广义的给予或索取，语义上强制要求与三个动元同现，三者分别实现为施事、与事和受事。双宾动词基于动核结构，为一个动核联系三个动元，具体构建的语义配价框架是：P（x，y，z），例如：奖励了（学校，他，一台笔记本电脑），表示"学校奖励了他一台笔记本电脑"。

"扔、抛、甩"等非典型的双宾动词也可以带上三个名词性成分进入双宾构式，其结构也符合一般双宾动词构成的配置式。这些动词使用时大多要带"给"，或语音形式上虽然省略了"给"，但意义上仍隐含此意。如：

例（8）他扔给我一堆方便面。

例（9）他托人捎（给）我一台冰箱。

例句中的"V给"是一个三价动词，它在此处的受事与原动词的受事相同，但"V给"还可以带入一个与事宾语，因此有了"给"的参与，结合紧密的"V给"结构便有了共带三个动元构成双宾结构的可能。实际上"V给"的三价属性是由于"给"的参与引入了一个与事动元而产生的，原来的动词本身仍是二价。还有一些动词不需要借助"给"，而本身就可以在构句时多引入一个动元成分构成双宾结构，如"吃、倒、盛、留、舀、斟、匀、骂、污蔑、夸"等。它们本身不含"给予"或"获取"义，只是单纯的二价动作动词，通过增加动元使动词的配置结构发生了变化。如：

例（10）我倒他一杯水。

例（11）我吃了他一块奶酪。

例（10）、例（11）的动词"倒"和"吃"的宾语原来只有"一杯水"和"一块奶酪"，临时引入了动作涉及的另一方，则这个动作的涉及者实现为动词的另一个宾语。但是这些动词均非三价动词，带两个宾语是临时用法，并非其主要功能，也没有发生动词的增价或兼价。这就从双宾构式上体现了语法的动态性与灵活性。所以，双宾动词和三价动词并不是等价的，并不是所有的三价动词都可以进入双宾构式，三价动词如果进入双宾构式，必须具备双宾构式的语义特征。

（四）二价动词也可以进入双宾句

前面说过，应该把双宾动词和三价动词看成是不同的东西，一个是从句式类型来划分，一个是从词法结构来划分。此外，一些二价动词也可以构成 NP₁+V+NP₂+NP₃式，虽然有学者对这种格式是不是双宾构式有所怀疑，但是又不能完全否定二价动词作为双宾动词的资格，那么又是什么原因造成其他句式向双宾构式靠拢的呢？

人们在说话的时候，往往希望用最简短的话表达尽可能多的意思，而论元结构反映的仅仅是满足最简单句法结构的自足语义。为了表达更多的语义，往往通过语义添加的方式增加语义成分，这些语义成分并不是动词在语义层面规定的必要成分，其中某些添加的语义成分又恰好能够投射到句法层面的主语和宾语位置。

那么，从理论上看，一价动词、二价动词在语义添加的帮助下也能够构成与双宾构式相同的形式。至于这些形式到底是不是双宾构式，还需要用双宾构式的定义来检验。双宾构式是形式和意义的结合体，有了"NP$_1$+V+NP$_2$+NP$_3$"的形式还不够，还必须表达"所有权转移"的意义，才能真正成为双宾构式。

二价动词通常只有一个接受者或者受事，但部分二价动词也常常会出现在双宾构式里。它们是通过增加论元的方式进入双宾构式的，有如下两种情况。

第一种：动词和接受者组合时，语义上并不必然涉及另一个受事，但通过增加受事论元的方式进入了双宾构式。如"帮、骂、照顾、赢、优待"等。

例（12）我帮你　我帮你三千块钱

例（13）大家骂　大家骂他吝啬鬼

例（14）单位照顾我　单位照顾我一套房子

例（15）他赢了我　他赢了我两百块钱

例（16）班长优待你　班长优待你一张舞会票

第二种：动词和受事单独组合时，语义上并不必然涉及另一个接受者，但通过增加对象论元的方式进入了双宾构式。如"吐、放假、进、扔"等。

例（17）那老头吐唾沫　那老头吐他一口唾沫

例（18）学校放假　学校放我们两天假

例（19）韩国队进球　韩国队进我们两个球

例（20）队长扔木头　队长扔我一块木头

构式的配价要求远远强于动词的配价要求，上述两种情况中，二价动词在进入双宾构式时，双宾构式赋予二价动词以"所有权转移"的意义，二价动词也通过论元增容的方式获得进入双宾构式的资格。这种情况不仅表现在二价动词进入双宾构式的情况中，更值得注意的是一些熟语性的说法，如"围了我个水泄不通""饶他个初次""打他一个冷不防""玩他个痛快"等。说话人是出于表达"给予"意义的需要而选择了双宾构式，而一旦选择了这个构式，就要符合构式的形式要求，所以出现了在非名词性成分前加名量词的现象，以及虚设接受者的现象。

三、能够进入双宾构式的动词分类

（一）双宾动词的指向分类

　　双宾动词表示授受、交接、传递的意义，它们所指的动作既可涉及人又可涉及事物，它们所构成的句子有一种广义的"转移"意义。句子的结构和格局要依据谓语的性质而定，双宾构式的"转移"义即与动词有直接关系。双宾动词发出的动作关涉了主语、近宾语和远宾语代表的内容，这三者从语义角度来看一般分别承担动词分配的"转移源"、"转移目的地"、"转移物"（即"转移对象"）的角色。只是不同类型的双宾构式中，"转移源""转移目的地"是由主语或近宾语中的哪个来充当并不固定而已。既然是"转移"，就必然会涉及转移的方向。双宾动词都能从句式上体现出"给予"或"获取"义，它们都带有显性或隐性的指向性，也就是说这些动词所代表的动作都是有方向的。

　　双宾动词的指向分类应将词汇意义与语法意义结合起来考虑，依照动词动作方向的不同来划分。首先可依据双宾动词构成的双宾构式能否表明"予取"的语义，将它们分为指向明确的动词与指向不明确的动词两大类。指向明确的动词叫定向动词或有向动词，指向不明确的动词叫不定向动词或兼向动词。如：

　　例（21）那张严肃的脸一定会给你非常强烈的印象。

　　例（22）他敲诈了那可怜的老人一半的财产。

　　例（23）我分你两亩地。

　　例（21）、例（22）两句要么表示"给予"意义，要么表示"获取"意义，均由有向动词构成。例（21）的主语通过实施动作将远宾语表示的内容赋予了近宾语表示的内容，在动作执行前主语对远宾语有主动权，动作完成后，主语的主动权发生转让。从主语来看，动词的动作方向是指向别处而非自身的，因此称这类动词为外向动词。例（22）的情况与例（21）相反，这个例句表示原来属于近宾语所有的远宾语转移至主语掌握，行为动作的结束伴随着近宾语主动权与所有权的转让。对主语而言，动作指向自身，因而称这类双宾动词为内向动词。例（23）中的"分"是不定向动词，它表义两可，构成的是歧义句，既能理解成"我要分给你两亩地"，也能理解成"我要分取你两亩地"。

　　动词内向与外向的区分是从主语即施事的角度而言的。施事是动作的发出者。如果施事或主动或被动地失去对受事（远宾语）的主动权，将其转让给与事（近宾语），这个动作就带有一种广义的抽象的"给予"义。从施事的视角看，这种动词给予的对象是别的成分，表示这个动作的动词就是外向的。如果与事失去（一般是被动地）对受事的主动权，而施事者通过动作享有了这种支配与所有的权利，那么对施事而言是一种广义的抽象的"获取"。这种动作是指向施事自身的，是一种内向的行为，表示这种动作的动词就是内向动词。当然内向和外向是语句深层语义结构中空间关系的体现，映射在表层的语言序列中就是转移物左向或右向的移动。因此内向动词和外向动词也可以称作"左移动词"和"右移动词"。

（二）双宾动词的意义分类

1. 外语学界的分类

　　1）Pinker的九分法与Goldberg的十分法

　　国内外很多学者从意义角度对双宾动词进行了分类，如Pinker（1989）基于Green等人的研究将双宾动词分为9类。在此基础上，Goldberg（1995）又增加了第10类：拒绝（verbs of refusal），如refuse，deny等。Goldberg还运用原型范畴理论对10类双宾动词进行了"中心–边缘式"的分析，她将Pinker的第1、2、3类视为双宾构造的中心成员，其他几类则视作范畴的边缘成分。

　　2）徐盛桓的三分法

　　徐盛桓（2001）认为Pinker与Goldberg对双宾动词的分类显得过于烦琐，因此将其大加简化，提出了"三分法"观点：

　　（1）显性给予类：动词本身有"给予"义，相当于Pinker的第1类，还可包括第2类和第3类。

（2）潜性给予类：动词本身没有显性的"给予"义，但动作必定要涉及一人一物才能完成，相当于Pinker的第4~7类。

（3）无给予义类：动词本身不含"给予"义，只有置于双宾构造中才获得"给予"义，相当于Pinker的第8类和第9类。

3）王寅的四分法

王寅（2008）认为，徐盛桓将英语双宾动词分为三类，较之Pinker的九分法更简洁明了，以"给予"为基准，按其程度性逐步减弱排列分类。但考虑到英语还有Goldberg所列举的第10类"拒绝"，同时，考虑到汉语双宾构造表示"受损"义的比例较高，若将其纳入"给予"体系中，可将其视为"负给予"。将徐盛桓和Goldberg的理论相结合，前三类可分别表示为"+给予"、"↓给予"（准给予）、"0给予"，第四类则为"-给予"，它们形成了一个以"给予"为基准的有规律的程度性递减连续体，现对照列述如下：

（1）+给予：表示动词本身具有显性"给予"义；

（2）↓给予：表示动词本身具有潜性"给予"义；

（3）0给予：表示动词本身不具有"给予"义；

（4）-给予：表示动词本身具有"拒绝"或"受损"之义。

现将上述"四分法"与Goldberg的"十分法"大致对照，见表7-1。

表7-1 "四分法"与"十分法"对照

"四分法"	"十分法"	类型	举例
一	1	给予	give, pass, hand, sell, trade, lend, serve, feed, *grant, *award, *borrow, *loan, *offer
	2	瞬时弹射	throw, toss, flip, slap, poke, fling, shoot, blast
	3	定向伴随连续使动	bring, take
二	4	发送	send, *deliver, mail, ship
	5	许诺性将给	promise, bequeath, leave, refer, forward
	6	信息交际	tell, show, ask, teach, pose, write, spin, read, quote, cite
	7	通信工具	radio, e-mail, telegraph, wire, telephone, netmail, fax
三	8	创造	bake, make, build, cook, sew, knit, toss, fix, pour
	9	获得	get, buy, find, steal, order, win, earn, grab
四	10	负给予	refuse, deny

2. 汉语学界的分类

　　汉语学界关于双宾动词分类的成果有很多，在第一章我们已经做了较为详细的介绍。值得注意的是，随着大型语料库和语言知识库的建立，人们已经不再局限于内省式的研究、例举式的论证，而是利用大型语料库和语言知识库进行穷尽式的研究，并取得了可喜的进步。如徐德宽调查了汉语的452个双宾光杆动词[①]，此处按照两个宾语（N_1和N_2）之间的关系将这些动词分为"得到"和"失去"两大类，如表7-2所示。

表7-2　N_1和N_2之间的关系

类型	举例	数量	比例
得到	送张三一本书	254	56.19%
失去	偷小李五块钱	198	43.81%
合计		452	100%

（三）双宾动词指向分类与意义分类的对应

　　双宾动词的指向分类和意义分类是根据不同的标准划分出的不同类别，它们的各个小类有整齐的对应关系。首先，内向双宾动词与索取类双宾动词、不定向双宾动词与"借"类双宾动词所包括的动词是相同的，它们只是不同角度的不同命名。其次，不定向双宾动词进入具体的句子，分化歧义后，转为外向用法的一部分与给予类双宾动词相对应，转为内向用法的一部分与索取类双宾动词相对应；同样，"借"类双宾动词也可以对应内向、外向两种用法。再次，给予类、称说类、信息传递类双宾动词在句式中都能体现出抽象的"给予"意义，因此它们所包括的动词全部是外向动词。

　　概括起来，双宾动词的指向分类与意义分类可以有以下对应关系：

---

① 徐德宽. 现代汉语双宾构造研究[M]. 上海：上海辞书出版社，2004：84.

四、能进入双宾构式的意义类型：给予类与索取类双宾动词

（一）能进入双宾构式的动词类型

根据各个双宾动词意义特点的不同，可以将它们归纳为以下几类：

1. 给予类双宾动词

给予类双宾动词是表示"给予"义的动词。给予类双宾动词数量较多，各有特点，使用上也不尽相同，但就义素分析来看都能提取"给予"这一意义。朱德熙对"给予"有这样的描述："1）存在着'与者'（A）和'受者'（B）双方。2）存在着与者所与亦即受者所受的事物（C）。3）A主动地使C由A转移至B。"①

本书也认为完整的给予事件需要施事、与事（近宾语）、受事（远宾语）三方参与者，这三者映现在语法结构中即主体、与体、客体三个语义成分的同现，它们在句法层面构成"NP₁+VP（+给）+NP₂+NP₃"的基本双宾构式，表示施事使与事得到了受事。如：

例（24）太婆对三个小学生的工作非常满意，当下就赏了他们十个熟鸡蛋。

例（25）大自然曾经给予画家们巨大灵感。

例（24）、例（25）中的"赏""给予"是给予类双宾动词，它们构成的是完整的给予类双宾句。

给予类是双宾动词中最典型的一类，根据它们构成的双宾句中施事和与事之间的关系可分为三个小类：1）传递类。这类动词的施事和与事之间关系平等，动词代表的行为动作是一般性的转移活动，如"还、送、卖、赔偿、赔、退、托"等。2）分配类。有些动词对施事和与事的充当者有语义上的要求，施事一般是与事的上级、领有者或包含与事的单位集体，在权利和主动性上占有明显优势。分配类动词大多带有命令、支配意味，如"安排、布置、分配、发、交代、

---

① 朱德熙. 与动词"给"相关的句法问题[J]. 方言，1979（2）：82.

赏、奖"等。3）上交类。上交类动词对施事、与事的要求和分配类相反，与事在级别上高于施事，如"交、缴、敬、献"等。

本书所述"给予"义包括广义和狭义两种。广义的"给予"义，是与"索取"义相对而言的一种隐含的给予意义。这种意义与全句的句式有关，在一定语境中才能显示出来，它是所有外向双宾动词构成的双宾句都具有的。狭义的"给予"义是反映授予行为动作的动词本身具有的意义。具有狭义"给予"义的动词即给予类双宾动词，它们不需要其他手段的辅助而本身就带有固定的"给予"义，是一个封闭的语义类。具有广义"给予"义的动词除一般外向动词外，还包括"扔、抛、吐、批、踢、写、丢、甩、摔、夹、捎、泼、沏"等动词。这些动词大多表示具体的身体动作行为，其施动者为有生命者，动词本身要求带上动作的承受者。它们在句中引入了关涉对象，体现出"给予"的意义，构成双宾句。这些动词动作性较强，必须进入句子才可能表示"给予"义，并且大都要在动词后加上一个"给"字，这一点恰好符合给予类双宾动词的特性，本书将它们看作非典型的双宾动词。如：

例（26）娘递给她一把大红色的伞。

例（27）老谷批给米豆腐摊子六十斤米谷。

这类动词能进入双宾句的根源就是借助了"给"的参与。它们与"给"原本表示两个前后连贯的动作，在长期使用中，动词与"给"逐渐凝固成一个复合结构，成为一个整体，虽然有时也会在形式上省略或在语音上脱落"给"，但"给"的与事宾语已经为两个动词所共用，即使形式上省去"给"字也不影响这类动词构成双宾句。从根本上说，这些动词的"给予"义就是"给"与句式的联合作用而产生的。

2. 索取类双宾动词

索取类双宾动词是与给予类双宾动词表义相反的一类动词。这类动词的施事通过实施动作从某人或某单位处索取了某事物，使与事失去了转移物，作为受事的转移物在动作开始前和与事有语义上的隐性领属关系，随着动作的完成，这种领属关系或者左移转让，或者消失。

索取类动词数量有限，但内部也有差异，有的动词入句后强调施事的"得"，如"我们缴获了敌人一批枪支"，这类动词还有"骗、抢、贪污、霸占"等。有的动词强调与事的"失"和受事成分的耗费，如"邻居的拜访占用了他一上午"，这类动词还有"花、浪费、糟蹋"等。还有的动词表示受事原本归与事所有，而施事暂时享有了与事的所有权，如"截至去年年底，我们还欠他两万块钱"，这类动词还有"少、该、缺、短"等。虽然如此，索取类动词的共同特点仍非常明显：第一，它们表示的动作使受事左移或消失，动作的方向都与给予类动词指向相逆，在指向分类上属于内向动词；第二，动词后一律不能加"给"，在侧重施事得到受事的语句中，有时可加"得""到"等表示接受、索取意义的词；第三，由于全句的语义重点侧重于表现失去或损耗的事物，因此大多不能省去受事而只出现与事；第四，一般要求施动者、受动者、受动事物与动词同现，构成"$NP_1+VP（+得/到）+NP_2+NP_3$"的基本构式。如：

例（28）他骗（得/到）了我三千块钱。

例（29）这家即将倒闭的工厂已经拖欠了工人们一年的工资。

例（28）、例（29）的"骗""拖欠"都是典型的索取类双宾动词，它们符合以上所说的各项共同特点。有一些表示消耗、损坏的动词也可以临时进入索取类双宾句，如"打碎他四个杯子""抽了他两袋烟""吃了他家好几顿饭"等。这些动词的受事是属于某人或某单位的，把这一隐含的所属者即动作行为的涉及对象实现为动词的宾语之一，该句就成了双宾句。两个宾语之间的隐性语义关系并不外现为句法关系。

3. 称说类双宾动词

称说类双宾句表示"从施事角度看，与事是受事"的意义。称说类动词大多表示言语行为或主观意识，它把受事表示的名称、职务、判断赋予给了与事，使得受事所表示的信息从施事向与事转移，体现出信息的传递性，暗含了"给予"义，从指向看是一种外向动词。但与给予类双宾动词不同的是，称说类动词在造成与事有所得时，并不同时导致施事有所损耗，因为受事所指的内容不是施事转让的，在动作发生前它与施事无领属关系。称说类双宾句的受事不是具体的事物，而是称呼、封号或施事对与事的主观判断等言语信息。如：

例（30）小王的嘴很"甜"，到了单位，见谁叫谁大哥。

例（31）玉皇大帝封了孙悟空"齐天大圣"的称号。

一些表言谈或品评意义的动词如"诋毁、污蔑、骂、夸、任命、选"等，也可以进入双宾句，例如"大家都夸他好样儿的""人们都骂他没良心"。它们使用时须有对象宾语出现，但不强制出现评论内容。在未出现评论内容时，只构成一般的动宾结构，如"人们都骂他"；当表达中需要出现评论内容时，这一部分可以实现为动词的另一个宾语。

4. 信息传递类双宾动词

信息传递类双宾动词可依据表义差别分为教示类双宾动词与询问类双宾动词两类。教示类动词将施事提供的信息（受事）转移给与事，带有明显的"给予"义，通过执行动作，与事获得了知情权，和施事共享受事的内容。教示类动词数量有限，动词后一般可以加"给"，动作的指向是外向的，它的受事宾语由表示信息或意见的抽象名词或各种短语充当。如：

例（32）我不能告诉你其中的原因。

例（33）你应当提醒他带上雨衣。

例（32）、例（33）是由教示类动词构成的双宾句，它们的受事分别是抽象名词与动词性短语。询问类动词使所询问的内容由施事转移至与事，即施事把询问内容"给予"了与事，对施事而言，该动作是外向的。如：

例（34）公安人员连夜审问了犯罪嫌疑人作案的经过。

例（35）领导盘问了我多次那笔公款的下落。

有的学者在讨论询问类动词时，考虑了动作的目的或结果，认为它们既表给予又表索取，或先给予后索取，因此否认询问类动词为外向动词。本书认为确定动词的内向或外向应就动词代表的动作行为本身而论，立足于施事，看受事的流向。如"你必须认真地请教老师这个问题"中，动作"请教"使"这个问题"由施事"你"转移向"老师"，即"你"将关于"这个问题"的信息传递给了

"老师"。虽然在这个动作完成后"你"可能会有所得，但这已超出原句的表义范围。

5. "借"类双宾动词

"借"类双宾动词和不定向动词相同，本身既含有"给予"义又含有"索取"义。它们在不同的语境中体现不同的意义和指向，若在孤立句中出现则可以表示两可的意义，导致双宾句也产生歧义。这类动词本质上都是同形异义的两个不同动词。这类动词构成的双宾句一般可以通过上下文语境消除歧义。如：

例（36）我最近手头有点紧，你能不能借我点钱？（你借给我钱。）

例（37）他喋喋不休地向我述说他生活的窘迫与艰难，言下之意就是想借我点钱。（他向我借钱。）

也可以使用变换句式的方法消除歧义。如果是表示"给予"的用法，可以用"给"突出与事为受益者，如例（37）可以改为"言下之意就是想向我借点钱"。

（二）给予类双宾动词与索取类双宾动词的区别

给予类双宾动词与索取类双宾动词是双宾动词中的两个基本类别，它们构成的双宾句是现代汉语双宾构式的主体，对这两类动词及其构成的句式的区别是十分必要的。给予类双宾句表示提供或付出某物，其中施事一方失去了受事，与事一方出现（获得）了受事；与此相反，索取类双宾句表示接受或索取某物，其中与事失去了受事，施事拥有了受事。两类双宾句都表示受事的转移，是从相反的两个角度对一件事情的不同描写。

两类句子的区别可以概括为：第一，在这两种都表示受事领有权转移的句式中，动作执行前，索取类双宾句的与事和受事隐含领属关系，给予类双宾句的施事和受事隐含领属关系。只是由于索取类双宾句中与事和受事有距离上更靠近的优势，便产生了以往关于此类是否属于双宾句的讨论。第二，索取类双宾句常表示过去已经完成的事件，且动作形成了一定的结果，如"他昨天抢了银行一大笔钱""我偷他一百元钱，没偷成"；给予类双宾句表示的动作或事件完成后则不一定产生结果，如"我送他一本书，他没要"。第三，两类双宾句可变换的句式不同。

1）被动式不同。给予类可转换为"NP$_3$ 被 NP$_1$ VP（了）NP$_2$"或"NP$_2$ 被 NP$_1$ VP（了）NP$_3$"；索取类只可转换为"NP$_2$ 被 NP$_1$ VP（了）NP$_3$"。如：

例（38）单位奖励了小王一笔奖金。→小王被单位奖励了一笔奖金。→那笔奖金被单位奖励给了小王。

例（39）他偷了我一百块钱。→我被他偷了一百块钱。→*一百块钱被他偷了我。

例（38）是给予类双宾句，可以有两种被动式，而例（39）是索取类双宾句，只能变换一种被动式。

2）给予类可转换为"NP$_1$ 把 NP$_3$ VP（了）NP$_2$"；索取类不可转换为"把"字式。如：

例（40）单位把那笔奖金奖励给了小王。

例（41）*他把我偷了一百块钱。

五、能进入双宾构式的配价类型：三价动词与二价动词

（一）三价动词与双宾构式

关于三价动词，生成语法学派只承认给予类是双宾动词。大多数学者包括结构主义学派和配价语言学派都认为给予类、告示类、称说类都是双宾动词，索取类是争议最大的一个类别。三价动词和双宾构式有着很密切的关系。从配价语法的角度看，三价动词是最有可能进入双宾句的。范晓（1996）认为三价动词指的是一个动核里联系着三个动元的动词。在主谓结构里联系三个强制性句法成分，动词和三个句法成分（其中一个是主语、一个是宾语，还有一个是宾语或其他句法成分）一起才可构成最小的意义自足的主谓结构。三价动词有三个动元成分：主体、与体、客体，这三个动元都是形成动核结构的三个强制性语义成分。也有人称三价动词为双及物动词，即一个动词可同时支配两个宾语，这两个宾语在没

有语境的情况下是不能省略的，如：

例（42）我想向你们请教一个问题：我在这个单位还能呆下去吗？

　　a. 我想请教一个问题：我在这个单位还能呆下去吗？（省略间接宾语）

　　b. 我想向你们请教：我在这个单位还能呆下去吗？（省略直接宾语）

　　c. 我想请教：我在这个单位还能呆下去吗？（直接宾语和间接宾语都省略了）

例（42）中动词"请教"支配的两个句法成分"你们"和"一个问题"都可以省略，但是"请教"这个动作必须要有三个语义成分参与，即要有施事、受事、与事参与，才能发生，所以"请教"这个动词是三价动词。二价动词"吃"发生只需要两个语义成分参与：施事、受事，如：我吃饭了。一价动词"游泳"只和一个语义成分相联系，如：他游泳了。三价动词的三个动元在语义平面上是无序的，围绕着动核，按照和动核联系的密切程度分别处于不同的轨层上。

三价动词在动词中是一个为数不少的群体，当需要用简洁的方式来表达三个动元的关系时，就经常会使用双宾构式。上文已经说过双宾构式结构很特殊，而且比与格构式紧凑得多，简洁得多，非常符合人们的认知原则。这样一来，双宾句就有很大的活力，不仅在三价动词中能够得到广泛的应用，还可以扩展到其他的动词中。移位是三价动词进入双宾句的主要方式，给予类和索取类三价动词都是由移位构成的。称说类三价动词也有三个动元，其中对象和称呼内容在没有语境的情况下都需要交代清楚，如：

例（43）程远出身国民党高级将领家庭，抗战时期在重庆上复旦大学时就参加我党领导的革命活动，操一口流利的英语，伙伴们戏称他"洋八路"。

例（44）那人一副黝黑的面孔也像美国著名跨栏运动员摩西，队友们都叫他"摩西"。

称说类动词的发生也需要有三个语义成分：施事、与事、受事。只不过与事不是直接参与者，而是间接的被动参与者，是说话人引用的参与者，而且称说类三价动词比其他三价动词如给予类、索取类特殊的是：称说类动词构成的双宾句不能单独只接一个宾语，如：

例（44）'叫他"摩西"。

a.　[?]叫他。

b.　[*]叫"摩西"。

上例中a句可以说，但和原双宾句意思不完全一样，"叫"的内容模糊。而b句则完全改变了原句的意思，因为"叫"可以作二价动词，如"叫摩西"，表示这个人名字叫摩西，和三价动词"叫"不一样，三价动词"叫"表示"喊叫"。另外，称说类三价动词除了进入双宾构式外，还有一种兼语格式的表达式，"称/叫××为/是"，如：

例（45）但他对一些烈士遗孤却无微不至地关怀，张太雷烈士的儿子就亲切地叫他为刘爸爸。

例（46）家乡的人们都习惯称他们为"夫妻中巴"。

（二）二价动词与双宾构式

1. 二价动词可以进入双宾构式吗？

汉语、英语中都有二价动词进入双宾构式的情况，这就有力地说明了双宾构式不只是双及物结构，不是专属于双及物动词的结构形式。也印证了Goldberg的观点，即动词的义项不能决定句式结构，句式结构对动词的配价也有很大影响。按照论元理论，动词的语义角色和句子成分相匹配是通过投射、透视域或凸显等原则或方法实现的。动词的配价成分在句式中能否出现或出现多少更主要地取决于动词自身的语义特征，但研究配价的目的归根到底是要解释句法结构。句法结构才是最重要的，句式为表达交际的需要，甚至可以给动词赋予临时的价，实现论元增容，这种论元增容并不是偶然的现象，而是很常见的现象。动词的论元角色即使是固定的，在句子中也并不一定全都出现，有时只出现一个，有时不出现，有时全都出现。动词不能决定多少种和什么样的从属成分（或称补足语）跟它共现，所以动词的配价要结合句式配价才能解释句法结构。也就是说，双宾构式不只是双及物结构，不是专属于双及物动词的结构形式，二价动词通过论元增容也可以进入双宾构式，是构式赋予了二价动词临时的价，使它被赋予"给予"义、"索取"义，构成双宾句。

2. 二价动词的论元增容过程

三价动词有自身的特殊性，动作的发生必须要涉及三个对象，双宾动词主要是三价动词。一部分二价动词通过句式引进了对象被赋予"给予"义、"索取"义，构成双宾句。如：

A. 例（47）a. 队长扔给我一件衣服。　　b. ᵀ队长扔我一件衣服。

　　例（48）a. 他写给我一封信。　　　b. *他写我一封信。

　　例（49）a. 他留给我一个座位。　　b. *他留我一个座位。

　　例（50）a. 踢给他一个球。　　　　b. *踢他一个球。

　　例（51）a. 倒给他一杯水。　　　　b. *倒他一杯水。

B. 例（52）他吃了我三个苹果。

　　例（53）他用了我三尺布。

　　例（54）李先生耽误了他五天时间。

　　例（55）那小孩撕了她九本书。

　　例（56）他砸了我四个杯子。

C. 例（57）帮了他一个忙。

　　例（58）放你十天假。

　　例（59）（后面司机）按了他一喇叭。

　　例（60）（学生）贴了他一张大字报。

这种二价动词增容情况不是个例，而是很常见的现象。不光是在双宾构式中，在其他句式中也很常见，比如领主属宾句"王冕八岁死了父亲"。动词本身所决定的论元结构是不能决定句式的配价语法结构的，就像袁毓林所说的："动词配价分析在方法论上是属于自底向上式的（bottom-up）还原主义（reductionism）……它不能很好地解释从动词的语义和配价上无法预测的句式构造。"[①]动词对句式影响是非常大的，所以研究双宾构式的时候一定要考虑到动词的语义。但坚持只用动词配价方式解释双宾构式的语法意义，就是犯了部分决定整体的毛病。沈家煊就是从动词的特点和句式的整体性两个方面考虑，采取

---

① 袁毓林. 汉语配价语法研究[M]. 北京：商务印书馆，2010：485.

"自上而下和自下而上"相结合的方式来研究双宾构式。

这三组例子都是通过何种途径进入双宾句，动因是什么呢？双宾句形成一种句式结构后，带动了更多的二价动词进入双宾构式。观察这三组例子，二价动词增容都是在句子表层中赋予"给予"义、"索取"义、"损耗"义等"转让"的意义而形成双宾句。论元增容的内容是受损者或受益者，即被转让或转让关系。仔细观察可以看出二价动词进入双宾句都有转让之义，转让的动作在人们的头脑中是有方向的，即外向或者内向的。这三组双宾句都表示单一行为、单一过程。

3. 可以实现论元增容的二价动词

前文A、B、C三组双宾句中的二价动词有一个共同点：动词都可以和直接宾语搭配。B、C类动词大都不能单独和间接宾语搭配，不能说"放你、撕他、贴他"。而A类光杆动词不能和间接宾语搭配，只有加上"给"后才能接间接宾语。A类光杆动词没有方向，不能直接添加与事实现论元增容，只能用"给"引进对象。A类、B类动词都有"索取"或"给予"义，而C类动词最特殊，C类动词加上直接宾语后，是隐含了一个动作对象的，可以用介词引进一个对象。通过归纳，二价动词进入双宾构式大体有两种方式：

1）动宾结构（动词和直接宾语）和三价动词一样有三个论元（包含了已有的直接宾语）。

2）动词在句式中被赋予"给予"义或"索取"义，有两种情况：动词本身有"给予"义（如：V给）或"索取"义（如：吃、收、撕）；动词本身没有"给予"义或"索取"义，但是在句式中获得了"给予"义或"索取"义，句式有通过动词使对象给予或索取直接宾语的含义。如：

例（61）小平灌李伟一杯白酒。（小平通过"灌"，使李伟喝了一杯白酒。）

例（62）小明踢小华一个斜线球。（小明通过"踢"，使小华得了一个斜线球。）

句式中隐含了"给予"义，这些二价动词使对象得到了所有物。"索取"义、"损耗"义二价动词进入双宾构式更加不受限制，歧义出现更少（虽然有单宾和双宾结构之分，但是句子含义却没分歧），原因是什么呢？"索取"义、

"损耗"义动词是不能单独接间接宾语的，施动者之后的索取、损耗动作发生后，已经获得了对直接宾语的领有权，与事在动词和直接宾语之间不会产生歧义，也交代了动作发出的对象。为什么二价动词在获得"给予"义和"索取"义的基础上最容易进入双宾构式呢？给予类和索取类三价动词动作性强，大部分都有明显的领属关系的转移，转移的过程需要有三个参与元素，而这些参与元素都可以以SVO为中心由介词引进与事或对象，但是汉语里的介词都是由动词转化而来，并没有完全虚化，不能够很好地表达动作发生的方向。而这些动词意义本身有很强的方向性，能够直接在动宾结构中间加上对象宾语。双宾构式在三价动词的基础上形成其基本构式义：更为完整地表达单一行为和单一过程。二价动词进入双宾构式，就能够被构式赋予"给予"义或"索取"义。还有一个疑问是：并不是所有的二价动词都能通过句式实现增容。如：

例（63）*我啃了他一个猪手。

例（64）*我尝了他一口汤。

例（65）*我钩给小明一个斜线球。

例（66）*我顶给小明一个斜线球。

为什么"吃、踢、撕、扔"可以出现在双宾构式中，而"啃、尝、钩、顶、煮"不行呢？袁毓林（2004）认为这是由于动词意义必须跟句式意义相协调，表达的精细化有一定的限度。具体表现是：句式只能容忍在概念层级上比典型动词低一个级别的边缘动词，而不能容忍比典型动词低两个，或更多级别的边缘动词。比如，"吃、收"可以看作是"拿"等索取类动词的下位动词，而"啃、尝"则是"吃、收"等的下位动词，表示更加具体的方式或手段。如果引入Lakoff关于基本层次范畴（basic-level categories）的概念，可以发现替换典型动词进入某种句式的边缘动词必须是表示基本层次概念的。"钩、顶"这两个动作都比"踢"这个动作更加具体，这些具体的和专门的动作动词都是不能进入双宾构式中的。越是基本层次范畴的动词，就越容易进入双宾构式。

（三）三价动词和二价动词构成的双宾构式的差异

　　三价动词和二价动词构成的双宾构式在变换上存在一定的差异：表"给予"

义的三价动词构成的双宾句，它们的直接宾语一般都可以以话题化的方式（定指的形式）提到句首。如：

例（67）我送了他一件礼物。→那件礼物我送了他。

例（68）单位分配了他一套房子。→那套房子单位分配了他。

而表"给予"义的二价动词构成的双宾句就不能这么用，如：

例（69）他掰了我一点面包。→*那点面包他掰了我。

例（70）我称了他两斤鸭梨。→*那两斤鸭梨我称了他。

表"索取"义的三价动词构成的双宾句不能这么用，表"索取"义的二价动词构成的双宾句更是不能这么用，如：

例（71）他裁了我两尺布。→*那两尺布他裁了我。

例（72）我尝了他两道菜。→*那两道菜他尝了我。

第八章　双宾构式的连续统研究

　　构式语法理论将一个个构式本身看成独立存在的对象，具有对象的特点，即有着独立的句法语义特征且存在内在联系规则。这种句法语义特征及其联系规则通过常态继承关系与其他构式发生联系，构成一个系统。而这种继承联系可以解释许多构式特征产生的动因。

　　Goldberg认为，英语中双宾构式含有一个典型语义，即"施事者有意地将受事成功地传递给接受者"。该中心语义有五个延伸义：当条件满足时传递成功；施事致使接受者不能得到受事；施事的行为意在致使接受者在未来某时索取受事；施事准许接受者索取受事；施事意在致使接受者索取受事等。能够进入这个典型构式的动词只有三类，第一类是包含"给予"义的动词，如give、pass等；第二类是"瞬间抛扔"类动词，如throw、toss等；第三类是带方向性、具有连续使动含义的动词，如bring、take等。

一、双宾构式的判定与分类

（一）双宾构式的语义判定标准

　　张伯江（1999）认为，双宾构式研究有三个关乎句式性质的大的问题还没有得到解决。首先，几乎找不到适合于所有类型的一条或几条句法特征，双宾构式除了"VNN"这个词序特点以外，几乎是个毫无内在联系的类别了。其次，在这样的范围内，似乎也无法看出能够进入这一格式的动词有什么可以概括的特点。最后，没有看到对双宾构式的概括的语义描述。基于此，本章试图对双宾构式的判定标准作一讨论，以期确定双宾构式成立的条件及双宾构式的句法语义。

1. 现代汉语双宾构式的判定标准问题

关于现代汉语双宾构式的鉴别标准和判定的问题，学者们的处理方式有很大的不同，就"双宾构式"来说，传统的研究多是从"位置"角度定义的。如马庆株（1983）的定义为"述宾结构带宾语"；李临定（1984）的定义为"谓语动词后边有两个独立的名词性成分的句式"。马庆株把动词后面出现的名词性成分都看作宾语，这样他所描述的宾语类型就既包括一般承认的受事等成分，同时也包括处所、时间、工具、数量等外围语义成分。他所描述的双宾构式有如下类型：1）给予类（送你一支笔）；2）索取类（买小王一只鸡）；3）准予取类（我问你一道题）；4）称说类（人家称他呆霸王）；5）结果类（开水烫了他好几个泡）；6）原因类（喜欢那个人大眼睛）；7）时机类（考你个没准备）；8）交换类（换它两本书）；9）使动类（急了我一身汗）；10）处所类（挂墙上一幅画）；11）度量类（他们抬了伤员好几里路）；12）动量类（给他一巴掌）；13）时量类（吃饭半天了）；14）NP2为虚指宾语的（逛他两天北京城）。

上述学者的研究是根据某个标准对双宾构式进行总体类别的构拟，这样做的后果是使双宾构式的范围过大，类与类之间出现交叉现象。

更多的研究虽然就某类句式是不是双宾句提出了自己的鉴定标准，但又只是在小范围内解决了问题，其鉴定标准不能得到推广，如徐杰（1999、2004）、张宁（2000）、徐德宽（2004）等。此外石毓智（2004）根据动作的方向性来判定的标准是一个很抽象的概念，比如以主语为参照点认为"给"是外向的，"抢"是内向的，"借"是互向的。

2. 学者们关于汉语双宾构式语义判定的观点

目前关于汉语双宾构式所形成的句式语义从句式语法角度看，主要有三种看法：

1）给予说。张伯江（1999）把双及物结构（不借助"给"字表达一个完整的给予过程）的句式定义为"施事者有意地把受事转移给接受者，这个过程是在发生的现场成功地完成的"，其核心语义是"有意的给予性转移"。他还分析了双及物式的原型特征和句法特点，汉语双及物式的引申机制（施者和受者的引申、给予物的引申、给予方式的隐喻、物质空间的转喻）。

2）索取说。张国宪（2002）认为双宾语句和与格单宾句之间存在变换关系，但并不完全对称。从句式语法出发，句法成分不可能在不发生价值变化的前提下完成移动，与事的受动性、施动者的控制力以及动词的及物性特性的概率或统计上的具备状况决定着与事成分的句位实现。他以历史的文献和共时方言为依据推演出双宾句式的原始句式语义是施动者有意识地使事物的所有权发生转移。张国宪还从古代汉语、方言和现代汉语即汉语的发展轨迹论证了"有意的索取性的转移"是由"V+NP$_2$+NP$_3$"双宾句式所负担的，是汉语双宾句的"元"句式语义；"给予性转移"句式语义的产生是"元"句式语义引申和扩展的结果。

3）整个句式具有很强的致使义（熊仲儒，2004）或者使成义（丁加勇，2003）。

从以上的归纳可以看出，在对汉语双宾构式语义的归纳上学者们主要关注以下三个要素：

1）施事的施动力，从"有意""施事有意识"等关键词就可以看出。

2）动词的致使，从"给予""使事物的所有权转移""使成"等关键词就可以看出。

3）宾语的移动，从"转移"这个关键词就可以看出。

3. 汉语双宾构式的语义判定及其产生的认知基础

汉语双宾构式语义的产生是有关的语义、语用因素语法化的结果。一个构式的语义构成与词汇的语义构成一样，都反映了人类的认知对现实世界的把握；构式结构的语法化就是将这种把握用一个构式程式化地凝固下来，作为用语言的形式来把握现实世界的一种结果。这一结果一旦形成，又成为人们用语言来反映现实世界的工具框架。这种构式体现了构式同语义的一致，所以说构式有自己的独立的构式意义。

设想，NP$_1$+V+NP$_2$+NP$_3$的雏形是因有表达"给予"义的需要而产生的。经验告诉我们，"给予"是人类自身相互交流和同大自然交流的一种最基本的方式。

现实世界的各个实体是离散地存在的，受到时间和空间的隔离。克服时空阻隔实现交流的重要方式是"给予"，包括有形物和无形物的给予、现时和非现时的给予、直接和间接的给予、自觉和非自觉的给予、物质和思维成果的给予、现实和观念上的给予等，人类生存的很多基本活动的行为模式都涉及"给予"。典型的"给予"是施事者让某生命体即"人"改变其对某物的领有状态——从未领有到领有，从而与领有物形成一个具体或抽象的统一体。动作"给予"的语义内容除与施事者有关外，必定含有另外两个事物的语义成分：接受者即领有者和授予物即被领有物；反过来，在一定语境中充当接受者和授予物的，也必定包含了在这二者身上曾发生过"给予"行为这样的语义内容。因而，"施事者NP$_1$—动作—接受者NP$_2$—领有某事物NP$_3$"就成为"给予"行为的基本模式，成为表"给予"义动词的基本语义内容。当用概念填充这一行为模式时，有关的这个概念语义包含了丰富的具体内容："给予"的行为是多种多样的，接受者和授予物也是多种多样的，有些比较典型，有些不那么典型，甚至有时非生命体也有可能成为接受者（如give the car a push）。但不管具体内容如何变化，这些概念语义所形成的语义关系和表述结构都是一样的。逐层抽象，再映射为语法形式，就成了NP$_1$+V+NP$_2$+NP$_3$构式，即双宾构式。如下所示：

　　语法形式层：NP$_1$+V+NP$_2$+NP$_3$

　　表述结构层：NP$_1$+V+ NP$_2$（接受者）+NP$_3$（给予物）

　　语义关系层：NP$_1$通过某动作给予某人（NP$_2$）以某物（NP$_3$）

　　概念语义层：NP$_1$通过给予等动作给某人以具体或抽象之某物

　　　　　　　　NP$_1$通过教的行为给某人以某方面的知识

　　　　　　　　NP$_1$通过命名给某人以某一称呼

　　　　　　　　NP$_1$通过制造（某物）给某人以某种成品

　　语法化的过程是一个从最底层的概念语义层逐层抽象而不断形式化、程式化的过程，是一个从语义具体到语法抽象的过程。层级越低，体现现实内容就越明显、越实在；到了表层，就成了形式上干巴巴的语法关系。

　　在理想的认知模式下，能够产生外力的是施事主语，产生位移的是受动性成分，位移的受动性成分是动作的终点或者起点。同时这种受动性成分和它位移的终点或者起点在句法上的位置都是以动词宾语的形式出现的，根据通常的称法，在句法上，位移的终点或者起点通常是靠近动词的，同时又考虑到它的受动性弱于发生位移的成分，所以称为间接宾语。相应的远离动词，但是受动性又比较强的位移性成分则称为直接宾语。这就是汉语双宾构式产生的认知基础。

（二）双宾构式的分类

　　双宾构式的意义具有层级性。词的意义具有上下位的关系，比如"人"是"男人"和"女人"的上位概念，"男人"和"女人"则是"人"的下位概念。同样，双宾构式所表达的意义也有上下位之分。在双宾构式的表达式 $NP_1+V+NP_2+NP_3$ 中，它的上位语法意义为：NP_3 所指的事物通过行为 V 在 NP_1 和 NP_2 之间传递，使得谓语动词后面的两个名词性成分之间的领属关系发生变化，这又可以分为两个下位语法意义：

　　1）NP_3 所指的对象通过行为 V 从 NP_1 向 NP_2 传递；

　　2）NP_3 所指的对象通过行为 V 从 NP_2 向 NP_1 传递。

　　例如：

从 NP_1 向 NP_2 传递	从 NP_2 向 NP_1 传递
他送了女朋友一束鲜花。	他拿了王教授一件衣服。
她给了我一本小说。	她买了小王一套邮票。
老王嫁了他一个女儿。	他抢了我一张年画。
他卖了我一部苹果手机。	她收了我一千块钱。

　　汉语关于物体传递的动词进入双宾构式以后往往是有歧义的，表达两个相反的意思，有关物体可以是从主语向间接宾语传递，也可以是相反的方向。例如：

我借了他一本书。	我上了他一门课。
我租了他一间房子。	我租了他一个柜台。
我贷了他一万块钱。	我分了他一碗汤。

　　双宾构式是多种语言都有的，但是所表达的意义并不一样。比如英语双宾构式的意义是单一的，一般只能表达物体从主语向间接宾语传递。汉语双宾构式自古至今都存在着两个下位意义，而且它们之间并没有主次之分。

对于具有上下位关系的结构，不同的学者如果选取意义的抽象层次不一样，那么所得出的结论也会各不相同。如果从下位意义的层次来分析，汉语的双宾构式可能被认为是两种不同的语法结构，比如张伯江（2006）认为索取类属于跟双宾构式不一样的另一类语法结构。但到底哪一种划分比较合理，要从历史和整个语言的语法系统来看。

下面以双宾动词语义特征为视点，根据双宾句句法语义之间的差别，将现代汉语中的双宾句进行如下的重新分类：

1. 广义给予类双宾句

A. 现场给予类：在这类双宾句中，动作行为通常只含有纯粹的"给予"义，例如"输、赏、献、喂、退、送、贴、误会、孝敬、支援、治疗、拨、补、补充、补助、赔、点、分配、给、还"等动词，并且动词后面所带的两个宾语的语义类型分别是"对象"和"受事"，对象论元靠近动词充当间接宾语，受事论元远离宾语充当直接宾语，这时候通过动作行为使间接宾语和直接宾语之间形成的领属关系通常是一种实物的领属。如：

例（1）孝敬爸爸一瓶酒。

例（2）支援地震灾区一些棉衣。

在"给予"动作完成之后，就会形成"爸爸有一瓶酒"或者"灾区有一些棉衣"这种领属格式，而且"酒"或者"棉衣"这类事物通常都具有比较强的实体性。它们都符合双宾构式的原型特征，尤其值得注意的一点是，由于这些动词都在语义上要求有明确的方向和目的，所以不需要特意事先规定其目的物，因此都不能变换成"NP$_1$+给+NP$_2$+V+NP$_3$"式，如：

例（3）$^?$他给老师交了一份作业。

例（4）*老王给我卖了一套旧书。

例（5）$^?$小刘给我递了一块橡皮。

B. 传达信息类：在这类双宾句中，动作行为虽然含有"给予"义，但是这时候通常是一种"信息"的"给予性传递"，所以这类动词通常具有[+言语性]的语义特征，比如"答应、答复、汇报、交代、委托、指导、指点、嘱咐、报告、辅导、告诉、鼓动、回答"等。并且在动词后面充当间接宾语和直接宾语的也分别是"对象"和"受事",只是这种情况下受事论元有很强的抽象性,通常是表示信息类的名词或者小句。如:

例(6)报告学校最新的进展。

例(7)委托侄子一件事情。

例(6)在"传达信息"的动作完成之后,在间接宾语"学校"和直接宾语"最新的进展"之间就形成了一种领属关系,即"学校知道最新的进展"这种句法格式。

虽然它们一般也具有现场性和目标性,但由于给予物不是具体的物质,所以人们一般不把这种给予看得很实,故而一般不说:

例(8)*侦察员给团长报告一件事。/*侦察员报告一件事给团长。

例(9)*老师给我回答一个问题。/*老师回答一个问题给我。

但汉语中同时存在的另外一些说法,如"老师给了我一个答复/秘书给了他几句奉承话/老人临终给了我们一个交代/到时候给我提个醒儿",从侧面证明了这类句式中"给予"义的存在。

C.置放类:在这类双宾句中,动作行为虽然含有"给予"义,但是既不是表示"实物的给予",也不是"信息的传递",而是一种"实物的转移",这类动词主要有"放、赶、搁、挂、关、登、丢、穿、存、搭、带、戴、送、加、夹、接、举、开、扣、留、搂"等,这里所说的置放类动词主要是指在这类动词后面的间接宾语通常由处所论元充当,直接宾语通常是实体事物,但是就处所论元和对象论元相比较而言,关键就在于[±生命性]的差别,而[±生命性]直接决定了间接宾语对直接宾语"控制强度"的差别,这种"控制强度"的差别就是充当间接宾语的处所论元是受事论元移动的真正意义上的终点,它不能再作为一个施事主语完成或者控制下一次领属关系的变化,但是充当间接宾语的对象论元却可以做到这一点。如:

例(10)放宿舍里一些家具。

例(11)送老王一本书。

当充当直接宾语的受事论元"家具"和充当间接宾语的处所论元"宿舍"

形成领属关系以后，"宿舍"就是真正意义上的终点了，由于其[－生命性]的特征，就不能通过动作行为进行下一次的领属关系变化的活动。但是对象论元却可以完成这个活动，如对象论元"老王"不仅仅是受事论元"书"移动的终点，同时也可以充当施事主语控制下一次间接宾语和直接宾语领属关系的变化，如：

例（12）张三送老王一本书，老王把这本书送给了李四。

例（13）*张三放桌子上一本书，桌子把这本书放椅子上了。

D. 命名类：具有"命名"义的动词后面通常带受事和结果论元构成双宾句，同时这种动词的数量相对于含"给予"义和"索取"义的动词而言是非常少的一类，如"称、评"等。如：

例（14）我们称他老六。

例（15）评他先进工作者。

这一类的给予物是一个名称，但动词本身没有明确的给予意义，给予意义是由句式带来的，所以动词不能以任何形式与"给"相伴：

例（16）*爸爸给他叫小三儿。／*爸爸叫给他小三儿。／*爸爸叫小三儿给他。

这是一种对惯常行为的描述，既非瞬时行为，也不必在现场完成，把它们认作双宾构式的依据，在于给予物（名称）有较为显著的受事属性，同时它在施事和接受者之间的转移过程是一个完整的交予过程，句式语义和结构跟典型的双宾构式有清楚的平行关系。另外，像"我给他起了个小名/外号"这样的说法的存在，虽然不能说是双宾构式的句法变换式，但也可以帮助我们理解"名称"这类受事的"给予化"过程。

这类具有"命名"义的动词在双宾语构造中也是含有"给予"义的，整个构式的语义是通过动作行为使间接宾语取得某种称号或者名分，如"评他先进工作者"可以表述为"给他一个先进工作者的称号"，当这种给予的动作完成之后，在间接宾语"他"和直接宾语"先进工作者"之间形成了一种领属关系，即可以形成"他有先进工作者称号"这种句法格式。

E. 使动类：在谓语动词后面通常带上处所论元和致使论元，通过"松、通、退、下、转、伤、停、褪"等动词使处所论元和致使论元之间形成领属关系，如"退山上一些兵"可以变换成"使一些兵退到山上"，虽然这种句式和马庆株提到的"粘老李一手泥"这种使动类双宾句不同，因为前者的间接宾语是处所论元，同时是致使论元前移，而后者的间接宾语是对象论元，同时是对象论元前移，但二者在本质上是相同的，因为马庆株提到的使动类双宾句也可以做如下变换，如"使泥粘了老王一手"。

F. 结果类：结果类双宾动词主要有"穿、登、挂、画、签、绕、生、修、栽、转、标、挂、化、踏、下"等，这些动词后面可以带结果论元和处所论元，并且处所论元通常要靠近动词位于结果论元之前。如：

例（17）泼院子里一盆水。

例（18）标书上一个记号。

例（19）化碗里一些冰。

在这类结构中，当动作行为发生以后，在处所和结果论元之间可以形成领属关系，例如"泼院子里一盆水"的结果是"院子里有一地水"，"标书上一个记号"的结果是"书上有一个记号"。这类双宾句不同于置放类双宾句的地方在于其直接宾语必须在动作行为发生之后才存在，而在置放类双宾句中，直接宾语在动作行为发生之前就已经存在了，体现在形式上是置放类双宾句的直接宾语可以前移变换成"把"字句。如：

例（20）a. 放桌子上一本书。

　　　　　b. 把一本书放桌子上。

例（21）a. 扔水里一件衣服。

　　　　　b. 把一件衣服扔水里。

但是以结果论元作为直接宾语的双宾句则不能变换成"把"字句，例如：

例（22）a. 泼院子里一盆水。

　　　　　b. *把一地水泼院子里。

例（23）a. 标书上一个记号。

　　　　　b. *把一个记号标书上。

例（24）a. 化碗里一些冰。

　　　　　b. *把一些冰化碗里。

2. 广义索取类双宾句

A. 索取类：索取类双宾句通过动作行为使其后面的两个论元之间的领属关系消失，这种句式和给予类双宾句在句式语义上是相对立的，索取类动词主要有"骗、敲、敲诈、赢、剥削"等，这类动词后面主要带对象论元和受事论元，例如"偷老王一本书"。

B. 问询类：这类句式后面虽然也主要带对象论元和受事论元，但是谓语动词通常具有[+言语义]的语义特征，动作行为完成后，领属关系的变化体现为由对象论元对受事论元单独领有变成对象论元和施事论元共同领有，受事论元主要由表示抽象信息的名词和小句充当。例如"他问老王今天谁值班"中的"今天谁值班"就是由小句充当的受事论元。

二、双宾构式是一个连续统

（一）双宾构式的原型特征

从现实语料统计中的优势分布，到儿童语言的优先习得，乃至历史语法的报告，都表明"给予"义是双宾构式的基本语义。

汉语语法系统里除双宾构式以外，其他表示给予行为的表达式都要借助于词汇形式"给"。包含"给"的形式至少可以概括为以下三种[其中A（agent）表示施事；R（recipient）表示接受者；P（patient）表示受事]：

a. A给R VP：他给我寄了一个包裹。

b. A V给R P：他寄给我一个包裹。

c. A V P给R：他寄了一个包裹给我。

沈家煊（1999）这样描述三种句式的不同意义：

a式表示对某受惠目标发生某动作；b式表示惠予事物转移并达到某终点，转移和达到是一个统一的过程；c式表示惠予事物转移并达到某终点，转移和达到是一个分离的过程。

在这里可以把典型双宾构式的特征概括为：在形式为"A+V+R+P"的构式里，施事有意地把受事转移给接受者，这个过程是在发生的现场成功地完成的。如：

例（25）刚才小张送我一把扇子。

例（26）昨天老师卖我一本旧书。

它们具有以下句法特点：

1. 一般可以在受事之前加上施事的领格形式

例（27）刚才小张送我一把他的扇子。

例（28）昨天老师卖我一本他的旧书。

这个特点反映的是，该过程是一个领属关系转移的过程：给予之前，受事为施事所领有；给予之后，受事为接受者所领有。

2. 一般不能用"给"把接受者提到动词之前

例（29）*刚才小张给我送了一把扇子。

例（30）*昨天老师给我卖了一本旧书。

这个特点表明，"送"和"卖"这样的动词本身带有明确的现场交予意义，所以不必特别指明该行为的目标。

3. 可以用"把"把受事提到动词之前

例（31）刚才小张把一把扇子送我了。

例（32）昨天老师把一本旧书卖我了。

这个特点表明受事的可处置性。

根据句式的典型范畴观，狭义的"给予"义和上述三个句法特点不是界定双宾构式的充分必要条件，相反，它们只是双及物式的原型特征。汉语里存在若干不同类型的双宾构式，它们构成一个放射性的范畴，不同方向的引申式有不同的语义和句法表现。

（二）双宾构式是一个连续统

双宾构式是一个原型范畴，从典型成员到非典型成员呈现一个连续统，可以从多个角度观察到双宾构式典型和非典型的对立，比如从主语的角度看，有生主体的句子比无生主体的句子典型。如：

例（33）a. 李明花了他妈妈两百块钱。

　　　　b. 这条裙子花了她两百块钱。

述人有生主体比非述人有生主体典型。例如：

例（34）a. 校长每天供应学生一顿午饭。

　　　　b. 学校每天供应学生一顿午饭。

三价动词构成的双宾句无疑是典型的双宾句，而二价动词构成的双宾句与之相比则是不典型的双宾句。这突出体现在频率上，三价动词构成的双宾句占了绝大多数，而二价动词构成的双宾句只是一小部分。另外，在现实句或自足句中，三价动词构成的双宾句对直接宾语的数量词要求不是那么严格，有的直接宾语没有数量词也可以成立。如：

例（35）王老师教我们语法。

其实这样的例子很多，比如给予句"给他书""赔他钱"，索取句"偷他钱""抢他皮包"等。这是因为三价动词是典型的双宾动词，它在认知上的有界性很强，因此有时不一定要用数量词来标记双宾句的有界性，句子的可接受性也很强，所以对它的限制也就少一些。但是二价动词构成的双宾句就不一样了，它们在现实句或自足句中一般很难删去数量词。如：

例（36）昨天我吃了他三个苹果→*昨天我吃了他苹果。

例（37）昨天他尝了我两道菜。→*昨天他尝了我菜。

当然，在虚拟句中，二价动词有时也可以不带数量词。如：

例（38）他回来怎么办？我背他书包的话，他会生气的。

表"给予"义的三价动词构成的双宾句，它们的直接宾语一般都可以以话题化的方式（定指的形式）移到句首。如：

例（39）我送了他一件礼物。→那件礼物我送了他。

而表"给予"义的二价动词构成的双宾句就不能这么用。如：

例（40）他掰了我一点面包。→*那点面包他掰了我。

表"索取"义的三价动词构成的双宾句也不能这么用，表"索取"义的二价动词构成的双宾句更是不能这么用：

例（41）他裁了我两尺布。→*那两尺布他裁了我。

二价动词的内部也有典型性程度的高低。一般来说，直接宾语是受事论元的双宾句比直接宾语是结果论元的双宾句的典型性高。如：

例（42）a. 他拿了小王五件衣服。

b. 那小孩拉了我一身屎。

从数量上说，直接宾语是受事论元的双宾句占了绝大多数，而直接宾语是结果论元的双宾句只是一部分。从语义上说，直接宾语是结果论元的双宾句有一种"致使"的意味，如例（42）b就有"使我有一身屎"的意味，所以顾阳（1999）就明确主张不把它们看成双宾句，张伯江（1998）则怀疑这样的句子是兼语句，这正说明了它在典型性程度上比较低。

由于二价动词构成的双宾句不那么典型，所以它与别的类型句子之间的边界比较模糊。如：

例（43）a. 他浪费了我两个小时。

b. 他说了我两个小时。

c. 他等了我两个小时。

时间一般是不可转让的，但有时可以让渡。同样表示时段，例（43）a可以问"他浪费了你什么？"但例（43）b、例（43）c却不能，所以例（43）a很可能是双宾句。例（43）c不能说"我被他等了两个小时"，所以不是双宾句。至于例（43）b就有些麻烦，它不能问"什么"，但可以说"我被他说了两个小时"，处于临界的状态。根据原型语义，更倾向于不把它看成双宾句。

因此，如果用例句的方法来表示这个连续统，它大概可以是这样的：

例（44）我送给他一件礼物。→我抢了他五百块钱。→我吃了他三碗饭。→我抹了他一脸泥。→?他浪费了我两个小时。→??他等了我两个小时。→*他打了我一下。

加"？"和"＊"号的句子的双宾句资格则有些让人怀疑了。但即便如此，它们与双宾句原型相似性的程度也有高低，打一个问号的句子可以问"他浪费了谁两个小时""他浪费了你什么"，所以相似性最高。打两个问号的句子中"两个小时"可以看作一个名词性成分，是名量，所以它和原型还有些相似。最后一个句子中的"一下"则肯定是个动量，所以它和原型就离得非常远了，因此绝大多数人都很肯定地认为它不是双宾句。

三、汉语双宾构式句式之间的典型性问题

现代汉语的双宾构式的各个类别之间存在着家族之间的相似性。"家族相似性"原则指某个类别中的成员就如同一个家族中的成员，每个成员都和其他一个或数个成员共有一项或数项特征，但几乎没有一项特征是所有成员共有的，以这样环环相扣的方式通过相似性联系起来成为一类。如果把汉语的双宾构式看作一个在形式上是一个动词后面带两个名词性成分的相对封闭的句式系统的话，那么这个句式系统内部的句式就存在着一个由典型到比较典型再到最不典型的连续统，在这个连续统中最不典型的双宾句和这个系统之外的另外一种句式之间又存在着相似性。那么典型的双宾句和不典型的双宾句虽然在表层句法形式上有比较大的一致性，但实际上不完全一致。在语义上的差别主要体现在谓语动词的词汇语义类型上。

前文的给予类双宾句之间就存在着一个从典型到比较典型到不太典型再到最不典型的连续的状态，另外，每一类双宾句根据其本身扩展能力的不同也存在着一个典型性的问题。本书将广义的给予类双宾句和广义索取类双宾句之间的典型性问题称为句式间的典型性问题，将某一类内部的典型性问题称为句式内部的典型性问题，比如给予类句式和索取类句式之间的典型性问题就是句式间的典型性问题，广义给予类句式内部的典型性问题就是句式内的典型性问题。所以本书所说的典型性问题至少包括两种情况。

可以从意义和句法两个方面来研究广义给予类和广义索取类句式之间的典型性问题。

1. 意义上的不同

下面从动词后两个名词性成分的兼容模式来分析广义给予类和广义索取类句式之间意义上的不同。

从目前掌握的不同语言中关于双宾语的材料来看，一个可以带多种论元角色的动词在结构和语义上都能兼容的前提下，后面同时可以带两种语义角色的论元，是汉语双宾句存在的结构基础。

双宾句的语义基础是通过谓语动词的作用，使"NP$_2$"和"NP$_3$"形成某种语义关系，但是不一定形成某种结构关系。如：

例（45）敬老师。（动作+对象论元）

例（46）敬一杯酒。（动作+受事论元）

其中对象论元"老师"和受事论元"一杯酒"可以组成一个构式模式和动词"敬"在结构上形成动宾关系，如：

例（47）敬老师一杯酒。

但是NP$_2$和NP$_3$的位置互换形成的句式"*敬一杯酒老师"就是不成立的，这种情况下"老师"能用与格标记"给"介引才能够成立，如：

例（48）敬一杯酒给老师。

上述情况下，"对象论元"和"受事论元"共同位于一个"二系"动词之后，可以看作是汉语双宾句形成的一种兼容模式，即"动作+对象+受事"模式。此外还有下列双宾句：

例（49）进洞里三个人。

例（50）放讲台上一本书。

上述例句中的谓语动词"进"和"放"可以分别带两种语义类型的论元，如：

例（51）a. 进洞里。（动作+处所）

    b. 进三个人。（动作+施事）

例（52）a. 放讲台上。（动作+处所）

    b. 放一本书。（动作+受事）

上述二系动词"进、放"后面也都可以同时带两个论元，并且这两个论元也可以作为一个构式模式兼容，和动词在结构上构成动宾结构，这种兼容模式分别是：

动作+处所+施事

动作+处所+受事

但是当上述兼容模式中的论元位置互换，变成下列序列的时候就不成立了，例如：

动作+施事+处所：＊进三个人洞里。

动作+受事+处所：＊放一本书讲台上。

结构中"施事+处所"和"受事+处所"这两种兼容模式如果要以一个构式模式和动词在结构上构成动宾结构，就需要在两个论元之间加上介词"到"和"在"才能成立。如：

例（53）进三个人到洞里。

例（54）放一本书在讲台上。

但是这与对汉语中的双宾句在形式上的界定不相符合，所以即使在语义上可以成立，它们也已经不是双宾语构造了。

通过考察一个动词后带两个名词性成分充当论元时的兼容模式后发现，这两个名词性成分如果可以兼容，大致有两种情况：一种是它们构成偏正结构，即定语和中心语的关系，并且这种关系的形成不受谓语动词所表示的动作行为的影响。例如：

吃小碗，吃凉粉，吃小碗凉粉。

刷白灰，刷墙，刷白灰墙。

种双行，种杨树，种双行杨树。

包肉馅，包包子，包肉馅包子。

由于在这种兼容模式中，是动词后的两个名词性论元先构成定中关系，在结构上形成一个整体，然后这个定中结构的短语再和谓语动词构成动宾关系，并且这时候宾语的语义类型是由动词和所形成的定中结构中的中心语所决定的，和充当定语的名词性论元没有任何关系，所以这时候形成的动宾结构很明显是一个单宾结构。

另一种兼容模式表现为这两个名词性论元同时位于谓语动词后面的时候可以

分别和谓语动词形成结构关系，同时两个论元之间表现为领属关系的变化，并且这种变化直接受到谓语动词的影响，主要有三种情况：

1）领属关系的形成，主要是通过谓语动词"给予"的方式实现的；

2）领属关系的消失，主要是通过谓语动词"索取"的方式实现的；

3）如果没有具体语境或者形式手段的分化，就无法判断两个论元之间的领属关系的变化，这种情况在实际的言语交际中有时归入"给予"句中，有时归入"索取"句中，在考虑这种双宾句的典型性问题时，可以忽略不计。①

其实从根本上讲，给予类双宾句主要是谓语动词后面的两个名词性成分之间形成领属关系，索取类双宾句主要是谓语动词后面两个名词性成分之间的领属关系消失，所以这两种句式语义上是相互对立的，因此在讨论双宾句典型性问题的时候，首先就要将这两种句式分开进行讨论。

2. 句法上的不同

给予类和索取类这两类双宾句式中的两个宾语在各种句法操作中的限制不完全相同。下面以给予类的"送给"和索取类的"拿走"为例说明。

第一，被动化方式不同。二者被动化的规律正好相反。给予类可转换为"NP_3被NP_1 V（了）NP_2"或"NP_2被NP_1 V（了）NP_3"；索取类只可转换为"NP_2被NP_1 V（了）NP_3"。

例（55）a. 那件衣服被我送给了妹妹。

b. *那件衣服被我拿走了妹妹。

例（56）a. *妹妹被我送给了一件衣服。

b. 妹妹被我拿走了一件衣服。

例（55）a"送给"的直接宾语可以被动化，例（55）b"拿走"的直接宾语不行；例（56）b"拿走"的间接宾语可以被动化，例（56）a"送给"的间接宾语不行。

第二，话题化方式不同。先看不同之处。

例（57）a. 那件衣服我送给了妹妹。

① 张建. 现代汉语双宾句的典型性研究[D]. 武汉：华中师范大学，2007：60.

　　b. [*]那件衣服我拿走了妹妹。

　　例（57）a"送给"的直接宾语可以话题化，例（57）b"拿走"的直接宾语不行。

　　它们在话题化上也有相同之处，即二者的间接宾语都不能直接话题化。如：

　　例（58）a. [*]妹妹我送给了一件衣服。

　　　　　　b. [*]妹妹我拿走了一件衣服。

　　如果要话题化，两类双宾句式都必须在原来位置上增加一个同指的代词作为支持。如：

　　例（59）a. 妹妹我送给了她一件衣服。

　　　　　　b. 妹妹我拿走了她一件衣服。

　　第三，宾语提升为"把"字宾语的可能性不同。不同之处在于，"送给"的直接宾语可以提升为"把"字宾语，如例（60）a；"拿走"的直接宾语不可以，如例（60）b。

　　例（60）a. 他把那件衣服送给了妹妹。

　　　　　　b. [*]他把那件衣服拿走了妹妹。

　　相同之处是，二者的间接宾语都不能提升为"把"字宾语。如：

　　例（61）a. [*]他把妹妹送给了一件衣服。

　　　　　　b. [*]他把妹妹拿走了一件衣服。

　　第四，关系化方式不同。不同之处是，"送给"的直接宾语可以关系化，如例（62）a；"拿走"的直接宾语不可以，如例（62）b。

　　例（62）a. 他送给了妹妹的那件衣服。

　　　　　　b. [*]他拿走了妹妹的那件衣服。

　　相同之处在于，"送给"和"拿走"的间接宾语都不能直接关系化，如果要关系化就必须在原来位置加上一个同指的代词作为支持。如：

　　例（63）a. 他送给了她衣服的那个人。

　　　　　　b. 他拿走了她衣服的那个人。

　　第五，省略形式不同。与事和受事的省略形式不同，索取类双宾句大多不能单独带与事；给予类双宾句则常可以单独带与事。如：

例（64）刘二爷把画放在桌上一撸衣袖："程识，这画你拿回去。我刘二不像少爷仁慈宽大，也不怕犯法，只要取你一双手来！"→*刘二爷把画放在桌上一撸衣袖："程识，这画你拿回去。我刘二不像少爷仁慈宽大，也不怕犯法，只要取你来！"

例（65）子奇心烦，很不耐烦地说："还我东西来——"→子奇心烦，很不耐烦地说："还我（来）——"

例（64）中的"取"是索取类动词，它不能省去受事单独带与事，而例（65）中的"还"是给予类动词，可以省去受事单独带与事。

第六，体标记不同。如上文所述，索取类双宾句通常表述一个已然事件，那么也就意味着动作的实现，所以在其语义结构上都隐含着一个完成体标记"了"。从语料看，索取类动词的及物性强度与"了"的隐现呈现一种镜像关系：索取类动词的及物性越弱，"了"句法实现的强制性越强；索取动词的及物性越强，"了"句法实现的强制性越弱；而索取动词的及物性处于两极之间时，"了"的隐现则依语境和说话人而不同。其共变倾向见表8-1。

表8-1　索取类动词及物性等级与"了"的显现的共变倾向

及物性等级	弱	中	强
"了"显现	必须	可	不必

依据张国宪（2001）给出的索取类动词及物性强度分类，"抢""收"和"要"分处于不同的及物性等级坐标上。因此，"了"的隐现自由度存在差异：

例（66）a. 张三抢李四100元钱。

　　　　b. 张三收（了）李四100元钱。

　　　　c. 张三要了李四100元钱。

例（66）a的"抢"是典型的索取类动词，其及物性强度最大，句法上的表现是这类动词不能出现在单宾与格句里，如不说"张三向李四抢100元钱"。高及物性意味着动作的实现即结果的达成，因此，"了"无须在句法表层显现。当然这并不是说"了"不能出现，完全可以将例（66）a说成"张三抢了李四100元钱"。不过，这儿的"了"并没增加多少语义信息，更像是一个羡余成分。例

（66）b中"收"的及物性居中，句法上的选择是可以实现为与格单宾句，也可以实现为双宾句。当事物所有权转移不成功时，人们只选择前者，即"张三向李四收100元钱（但没收成）"；而当事物所有权转移成功时，人们往往选择后者，且常常出现"了"。例（64）c中"要"的及物性强度最弱，语义上体现为施动者只能支配动作而无力控制事件的达成，因此，句法上通常不进入双宾句，而只以与格单宾形式出现。但我们发现，当"了"附于动词之后时，句子的合法度会随之变化，如：

例（67）*张三要李四一块手表。→张三要了李四一块手表。

可见，及物性强度弱的索取类动词进入双宾句时，"了"担负了修复句法合法度的功能，所以"了"必须强制性同现。

标记词"了"从例（66）a到例（66）c的隐现规律向我们传递了一个信息，它的语义功用是为了弥补索取类动词及物性强度的"缺量"。（注：索取类动词的高及物性意味着动作结果的达成。）对于"卖"等动词后面的"了"，《现代汉语八百词》认为是表示动作有了结果，跟动词后的"掉"很相似。正是从这个意义上，"了"具有弥补及物性强度"缺量"的语义功用。索取类动词的及物性强度与"了"显现的镜像关系有助于说明"了"是一个负载索取语义的信息元。这一语义阐释能够得到语言事实的支持。

四、汉语双宾构式句式内部的典型性问题

（一）广义给予类双宾构式的典型性问题

本书所定义的双宾句是广义上的，即凡是通过动作行为使间接宾语和直接宾语之间形成领属关系的句式都是双宾句，除此之外，给予类双宾句还要符合以下几个标准：

第一，动词是双及物动词，即谓语动词可以分别与间接宾语和直接宾语形成结构关系，例如：

送老王，送一本书，送老王一本书。

放桌子上，放一个茶杯，放桌子上一个茶杯。

告诉老王，告诉一件事，告诉老王一件事。

封张三，封长沙王，封张三长沙王。

打老王，打一个措手不及，打老王一个措手不及。

第二，在对给予类动词内部进行次范畴划分的时候，要以动词为中心，并且根据动词语义类型的差别进行划分，尽量始终贯彻一个标准，避免像马庆株（1983）一样在分类的时候有时以动词的语义类型作为标准，有时以直接宾语的语义类型作为标准，有时以间接宾语的语义类型作为标准。在以动词为中心的划分标准中，要避免李临定（1984）出现的谓语动词语义类型的交叉重叠现象。所以如果以动词语义特征的类型作为分类标准，可以从共时的角度将现代汉语中的广义给予类双宾句分为以下几类：1）现场给予类；2）传达信息类；3）置放类；4）命名类；5）使动类；6）结果类。

在前面所归纳的给予类双宾句中，现场给予类、传达信息类、命名类是从古至今都存在的，使动类是后来在语义和语用上都发生了变化，而置放类则是逐渐出现并增多的。但是对于现代汉语普通话而言，现场给予类、传达信息类、置放类三种双宾句在变换上存在着以下几种平行性：

1）都可以用介词"把"将充当直接宾语的受事论元提前，但是充当间接宾语的对象论元和处所论元不能用介词"把"提前。例如：

现场给予类：送老王一本书。

　　　　　　把这本书送老王。

　　　　　　*把老王送一本书。

传达信息类：告诉老王外面下雨了。

　　　　　　把外面下雨这件事告诉老王。

　　　　　　*把老王告诉外面下雨了。

置放类：种地里一棵树。

　　　　　把这棵树种地里。

　　　　　*把地里种一棵树。

2）直接宾语和间接宾语虽然都可以用介词"被"提前作整个双宾句的主语，但是可接受程度相对较低。例如：

现场给予类：送老王一本书。

           [?]那本书被送老王了。

           [?]老王被送了一本书。

传达信息类：告诉老王外面下雨了。

           [?]外面下雨这件事被告诉老王了。

           [?]老王被告诉外面下雨了。

置放类：种地里一棵树。

           [?]那棵树被种地里了。

           [?]地里被种了一棵树。

3）直接宾语都可以话题化，但是充当间接宾语的对象论元不能话题化，处所论元话题化后变成了存在句。例如：

现场给予类：送老王一本书。

        那本书送老王了。

        *老王送那本书了。

传达信息类：告诉老王外面下雨了。

        外面下雨这件事告诉老王了。

        *老王告诉外面下雨了。

置放类：种地里一棵树。

        那棵树种地里了。

        地里种了一棵树。

但是以上三种句法变换的手段对于命名类和使动类双宾句而言则又是另外一种情况：

1）直接宾语不能用介词"把"提前，但是间接宾语可以用介词"把"提前。例如：

命名类：称他呆霸王。　　　骂老王混蛋。

      把他称（为）呆霸王。　把老王骂（作）混蛋。

      *把呆霸王称他。　　　*把混蛋骂老王。

使动类：捂小孩一身痱子。　急了我一身汗。

把小孩捂了一身痱子。　　把我急了一身汗。

*把那身痱子捂小孩了。　　*把那身汗急了我。

2）间接宾语可以用介词"被"提前占据主语的位置，但是直接宾语不能。例如：

命名类：称他呆霸王。　　　　骂老王混蛋。

他被称（为）呆霸王。　　老王被骂（作）混蛋。

*呆霸王被称他。　　　　*混蛋被骂老王。

使动类：捂小孩一身痱子。　　急了我一身汗。

小孩被捂了一身痱子。　　我被急了一身汗。

*那身痱子被捂了小孩。　　*那身汗被急了我。

3）在命名类和使动类双宾句中，直接宾语和间接宾语都不能被话题化。例如：

命名类：称他呆霸王。　　　　骂老王混蛋。

*呆霸王称他。　　　　　*混蛋骂老王。

*他称呆霸王。　　　　　*老王骂混蛋。

使动类：捂小孩一身痱子。　　急了我一身汗。

*那身痱子捂小孩。　　*一身汗急了我。

小孩捂了一身痱子。　　我急了一身汗。

从上面的变换中可以看出，在使用相同变换手段和方式的条件下，现场给予类、传达信息类和置放类三种双宾句在变换上是基本平行的，命名类和使动类双宾句在变换上是基本平行的。产生这种情况主要跟直接宾语的语义类型有直接的关系，在现场给予类、传达信息类、置放类三种双宾句中，直接宾语的位置通常由受事宾语占据，但是在命名类、使动类双宾句中，直接宾语的位置通常由结果宾语充当，这种差别直接体现在能否用介词"把"将这两种直接宾语提前上，现在学者们公认的介词"把"的一项最基本的功能就是将受事宾语提前，这种情况体现在单宾结构中更加明显，如：

例（68）a. 修电视。

b. 把电视修了。

例（69）a. 修改论文。

　　　　b. 把论文修改了。

但是结果宾语就不能用介词"把"提前，如：

例（70）a. 包饺子。

　　　　b. *把饺子包了。

例（71）a. 盖房子。

　　　　b. *把房子盖了。

　　这种变换的差别主要是由"把"字句本身的"处置"义决定的，如果要实现主语通过介词"把"对宾语进行"处置"，一个基本的条件就是宾语在"处置"动作进行之前就已经存在，但是结果宾语是动作完成之后才出现的，所以不能变化成"把"字句。这种条件对于双宾句而言也同样适用，在命名类和使动类双宾句中直接宾语通常都是结果宾语，因此不能用介词"把"提前。

　　从上面的归纳中可以看出，在广义的给予类双宾句中，现场给予类、传达信息类、置放类三种句式在句法上具有同构性，从命名类到结果类双宾句，直接宾语的体词性功能在逐渐衰减，相反其谓词性功能在逐渐增强，最后需要典型的名量词"个"的修饰才能将其体词化来充当准宾语，而宾语本身的指称性和自立性在逐渐减弱，相反其陈述性和修饰性在逐渐增强，正如徐盛桓（2001）所认为的那样：

　　VNN构式做了一个句式表达的构式统一体，其中一些句子在表层表现出所谓的"双宾"的语义关系，另一些句子在表层表现出所谓"宾—补"的语义关系，其实都是在VNN构式意义的主导下构式意义同句子中各成分的意义（其中特别是V的意义）相互作用的结果，在深层都体现了VNN构式意义的语义特征，即施动者通过V的行为使N_1领有N_2，因而句子都表现出家族相似性，从而可以认定都归属于VNN这个统一的构式范畴，二者是VNN内部次类的对立。

　　徐盛桓上述的论述主要是针对英语而说的，其实这种情况在汉语中也同样是存在的。[1]

---

① 张建. 现代汉语双宾句的典型性研究[D]. 武汉：华中师范大学，2007：69.

（二）广义索取类双宾构式的典型性问题

前面主要从句法和语义的角度对典型的广义给予类双宾句进行了分类并详细地讨论了广义给予类双宾句的典型性问题，但是从现代汉语的双宾句"通过谓语动词所表示的动作行为使间接宾语和直接宾语之间的领属关系发生变化"这个基本的句法语义特点来看，广义给予类双宾句和广义索取类双宾句在内部的类别划分上并不是平行的。比如"卖老王一本书"可以有其在语义上相对的"买老王一本书"，在"老王"和"书"之间可以形成"老王有一本书"和"老王失去一本书"这两种情况。再比如有"告诉老王一件事"就应该相应地有"问老王一件事"，但是事实并不是这样的。在广义的给予类双宾句中有"放桌子上一本书"这种置放类双宾句，但是在索取类中的"拿桌子上一本书"却是一个歧义结构，既可以理解成"往桌子上拿一本书"，这时"桌子"是"书"运动的终点，也可以理解为"从桌子上拿一本书"，这时"桌子"是"书"运动的起点，而表示处所宾语是受事宾语移动的起点的双宾句是不存在的，这类句式通常用"从+处所宾语+动词+受事宾语"这种语序来实现，如：

例（72）他从衣口袋里往外掏糖果。

例（73）她从她那农民的父亲身上继承了刻苦与勤奋。

例（74）王经理猫腰从地上捡起两张钞票。

例（75）妈妈还是设法从老师那里要来了一些课本和作业。

产生这种情况是句法中的"抽象原则"和"临摹原则"相一致的结果。因为现代汉语中的介宾结构是在动词之前充当状语，不像古代汉语中的介宾结构通常后置，这样表示受事宾语移动起点的处所宾语一方面满足了介宾结构前置的总的句法规则，另一方面又符合源点在终点之前的"时间顺序"原则。也就是说，句法中的"抽象原则"和"临摹原则"在这种句式中取得了高度的一致，没有任何矛盾的地方，所以才会采用这种结构形式。但是对于命名、使动、结果这三类广义给予类双宾句而言，根本不存在与之在句式语义上相反的双宾句，例如"骂他混蛋"就不存在"抢他混蛋""剥夺他混蛋""要他混蛋"这类双宾句，这种情况同样适用于使动和结果两类双宾句。产生这种情况的原因是这种由主谓结构构成的领属关系一旦形成之后，通常是不能被破坏的。

除了由主谓结构形成的领属关系是无法被破坏的之外，下列由偏正结构构成的领属物和被领属物之间的领属关系通常不能通过动作行为而消失，也不能构成广义的索取类双宾句，例如：

小王的性格	*小王的一个性格	*小王的一种性格	*小王一种性格
妹妹的穿着	*妹妹的一个穿着	*妹妹的一种穿着	*妹妹一种穿着
衣服的布料	*衣服的一个布料	*衣服的一种布料	*衣服一种布料
张教授的水平	*张教授的一个水平	*张教授的一种水平	*张教授一种水平
小张的身后	*小张的一个身后	*小张的一种身后	*小张一种身后
小李的胃炎	*小李的一个胃炎	*小李的一种胃炎	*小李一种胃炎
九寨沟的风光	*九寨沟的一个风光	*九寨沟的一种风光	*九寨沟一种风光
郭老的研究	?郭老的一个研究	?郭老的一项研究	*郭老一项研究
他的观点	?他的一个观点	?他的一种观点	*他一种观点

所以和广义的给予类双宾句相对的广义的索取类双宾句通常包含下列两类：

1）索取类：这种类别的双宾句的句式语义通常是通过动作行为，如"买""偷"等动作使间接宾语和直接宾语之间的领属关系消失。例如："买老王一本书""偷张三一双鞋"。

2）问询类：这类双宾句在语义上和传达信息类双宾句是相对的，即通过"问询"这个动作使主语从间接宾语那里取得由小句充当的直接宾语，这个宾语通常是表示某种抽象的信息。这种问询类的双宾句和索取类双宾句的不同之处在于，在索取类双宾句中，当索取动作完成之后，直接宾语的领属权由间接宾语转向主语，并由主语独有，但是在问询类双宾句中，虽然直接宾语的领属权也会发生变化，但是由于直接宾语的特殊性，即通常是表示抽象的言语信息，不可能使间接宾语真正地失去对直接宾语的领属权，所以这时的变化是从间接宾语独有变为主语和间接宾语共同拥有。如：

例（76）我问妹妹这道题怎样做？

例（77）爸爸忙问桃花干什么去了？

例（78）他问我什么事，我说不知道。

在例（76）中主语"我"通过"问"的行为知道"这道题怎样做"这个问题的答案，而知道这个问题答案的间接宾语"妹妹"实际上也并没有失去对这个问题的答案的领有权，其领有权的变化只是由间接宾语独有变为主语和间接宾语共有，这就是索取类双宾句和问询类双宾句的区别。

典型的广义索取类双宾句要满足以下条件：

第一，动词后的两个名词性成分所形成的领属关系的强度不能过强，应该是可以让渡的领属关系。

第二，动词的语义强度不能太强，可以为下一次领属关系的形成创造条件。例如"张三偷了李四一本书，然后给了王五"这句话是可以成立的，但是"张三吃了李四三个苹果，然后给了王五"这句话就是不成立的，原因就在于"吃"这个动词破坏了下一次领属关系形成的条件。

第三，当动词后面的领属者为第三人称代词"他"的时候，"他"与人称代词异指。

如果一个广义的索取类双宾句在句法和语义上完全满足上面三个条件，就将其看作典型的双宾句，依此类推，满足的条件越少其典型性程度就越低，也就越靠近单宾结构。

五、余论：双宾构式每一小类句式内部的典型性问题

一方面六类给予类双宾句之间就存在着一个从典型到比较典型到不太典型到最不典型的连续的状态，另一方面每一小类双宾句根据其本身扩展能力的不同也存在着一个典型性问题。比如给予类句式和表称类句式之间的典型性问题就是句式间的典型性问题，而狭义给予类句式内部的典型性问题就是句式内的典型性问题。至于每一小类句式内部的典型性问题，还有待研究。

第九章 双宾构式的句法语义接口整合研究

句法与语义的接口问题一直是语言学界讨论的热点，其中能否为从语义到句法的映射规则提供合适的词汇语义表达式是问题的核心。随着认知语言学的发展，语言学家逐渐意识到：人类的认知方式为解释和分析语言现象提供了一种理论框架。认知语言学认为，语法结构同认知密切相关，人们在经验结构中所形成的语义范畴，要在语法结构中得到反映。也就是说，句法结构不是任意的，而是具有一定程度的"象似性"。所谓"象似性"就是指某一语言表达式在外形、长度、复杂性以及构成成分之间的各种相互关系上平行于这一表达式所编码的概念、经验或交际策略。双宾构式就是客观世界事物之间的及物关系通过认知和识解投射到语言中而形成的。

本章在比较词汇语义学、认知语义学、认知语法等语言学流派关于句法联接理论的基础上，重点介绍了Goldberg构式语法关于句法联接的理论，总结了她在句法联接理论上的观点：1）句法与语义的联接没有普遍规则；2）许多用转换来联系的构式并无相同的真值条件可言。在此基础上，本章提出关于句法联接理论的观点：句法联接的认知基础是事件结构。并分析了基于事件结构的双宾构式的语义关系对双宾构式论元结构整合的影响，认为双宾构式是多个事件套合的复杂事件结构，在这个复杂事件结构中，原型施事实现为主语，原型受事实现为宾语。

一、句法联接理论概述

句法联接理论主要由四个语言表征层面和一系列联接制约规则构成。

四个语言表征层面包含概念结构、语义形式、论元结构和形态/句法结构。概念结构是推理层面，包括隐性论元、限制条件、语义角色、时间结构、次事件等内容。语义形式是语法运算层面，表示词汇的常恒语义成分的谓词-论元结构表征，它编码与语法相关的语义内容，可以得到显性实现。语义形式是该联接理论的核心层面，通常被分解成基本谓词，用大写英语字母表示，如ACT、BECOME、BE。语义形式层面上的所有谓词都可以在概念结构中通过概念条件得到解释。论元结构是一个位于语义形式和形态/句法结构两个层面之间的接口层面，表现为一组具有层级结构的论元清单（如λx）。论元结构包含论元层级信息（即论元的类型及其在联接上的高低和先后信息，论元层级决定联接的方式和次序）。不同的谓词具有不同类型的论元，不同类型的论元具有不同的联接地位。联接工作由联接项（如论元、一致性、句法位置等）负责完成。

（一）词汇语义学关于句法联接理论的主要观点

词汇语义学背景下的联接理论又称映射理论。它以谓词和论元结构之间的语义句法接口作为主要研究对象，旨在发现谓词的语义和句法联接规律，探索其语义角色和句法论元之间的联接制约条件，寻求新的关于语言描写和解释的理论和方法。词汇语义学联接理论有很多流派，它们虽然在研究对象、研究视角和研究方法上彼此存在差异，但均认同特定的动词具有特定的句法行为，其论元结构的实现、表达和解释在很大程度上取决于动词的某些语义特性。词语携带大量的与句法相关的语义信息，这类语义信息（尤其是谓词的这类语义特性）在很大程度上决定了相关句法行为和论元的句法实现；反之，句法上的差异反映了谓词的不同语义特性。

语义角色与句法成分之间的配位是有规律的。研究显示，在长期的语言使用中，施事作为主语的最佳候选人，将施事性认知固化到主语位置上，这使得受事在充当主语时，受事性程度降低并具有了一定的施事性，但在不同构式里，施事性程度是不同的。

词汇语义学背景下联接理论的论元选择原则规定了原型角色和论元选择的关系：在述谓结构中，包含原型施事特征最多的论元作主语，包含原型受事特征最多的论元作直接宾语。

推论：

1）如果两个论元包含原型施事、受事特征的数量大致相等，那么其中之一或两者都可以作主语或宾语。

2）在三元述谓结构中，包含原型受事特征较多的论元作直接宾语，较少的作间接宾语或介词宾语。

3）如果两个非主语论元包含的原型受事特征大致相等，那么其中之一或两者都可以作直接宾语。

（二）认知语义学关于句法联接理论的主要观点

根据Talmy的理论，在许多语言的运动事件表达式中，动词同时表达运动本身和一个副事件，后者通常指运动的方式或原因；而另一些语言则不然，不同语言在运动事件表达上呈现出类型性差异。从事件整合的角度出发，基于运动的核心图式（即路径范畴）的典型表达形式，世界上的语言可分为两大类：动词框架语言和附目框架语言。前者通过动词词根或者主要动词来表达路径，后者通过动词前缀、小品词以及一些与动词词根相关联的附属成分来表达路径。

按照Talmy的类型区分，动词框架语言包括土耳其语、闪族语、罗曼语、日语和韩语等，其中西班牙语是典型的动词框架语言；附目框架语言包括除罗曼语之外的大多数印欧语、乌戈尔语、汉语和各种美国土著语言等，其中英语是典型的附目框架语言。路径被看作是框架中最重要的要素，行使着框架建构功能。对于同一运动事件，不同类型语言的运动路径整合方式不同，比如像"瓶子漂进去"这样一个运动事件，在西班牙语中，运动路径由动词表达；而英语和汉语的主要动词却用以表达运动的方式"漂"，表达路径"进去"的是其附属成分。简单分解如下：

1）物像+运动和路径+方式：La botella entró flotando。（西班牙语）

2）物像+运动和方式+路径：The bottle floated in。（英语）

3）物像+运动和方式+路径：瓶子漂进去了。（汉语）

Talmy的运动事件框架理论抓住了运动的词汇化模式与其他语言表达的相关性。这一类型学视角为语言与认知的关系研究打开了一扇新的窗口，引起了广泛讨论和研究。

（三）认知语法关于句法联接理论的主要观点

认知语法将及物性结构看作是一个"事件结构"，并主张用"典型事件模型"（canonical event model）来解释句法成分和结构。主要包括弹子球模型（billiard ball model）和舞台模型（stage model）两种阐释模式。

弹子球模型，即"行为链"模型（action chain model）。Langacker认为，在一个"力量–动态"（force-dynamics）事件中会发生一系列的能量交换，即从能量源（head）开始向下一个接一个传递，直至行为链尾（tail）。

显然，施事与受事之间的相互作用被人们识解为一个事件，也就是说，典型的及物性小句应该是，通过中间的实体（工具），把能量从力的启动者（施事）那里传输给力的接受者（受事），基本模式为：

$$AG \xrightarrow{\text{INSTR}} PAT$$
$$\text{SUB} \qquad\qquad \text{OBJ}$$

所以，根据模型中的能量转换模式，可以发现，正是由于在"行为链"中所凸显的部位不同，同一客观事件才会产生不同的识解方式，从而形成了不同的语言构式。如：

例（1）a.　They signed the treaty with the pen.

b.　They signed the treaty.

c.　The pen signed the treaty.

d.　The treaty signed.

它们的能量传递模式以及凸显方式如下（黑体部分为凸显部分，下同）：

a.　**AG　INSTR**　PAT

b.　AG　**INSTR**　PAT

c.　**AG**　INSTR　PAT

d.　AG　INSTR　**PAT**

其中，a和b凸显了动作的全过程，a还凸显了工具，而且都选择了施事作为小句的主语；c凸显了工具，并选择工具作为主语；d凸显了受事，并以受事作为该小句的主语。但它们都属于及物性小句。

其实，这种概念图式还可以被隐喻到人的心理或认知经历之中。如：

例（2）a.　Ted bored me by repeated phones.

b.　His repeated phones bored me.

c.　I feel bored.

它们的能量传递模式及凸显方式为：

a.　**AG**　INSTR　　EXPER

b.　AG　　**INSTR**　EXPER

c.　AG　　INSTR　　**EXPER**

其中，a描述的是施事与感觉者之间的关系，凸显的是动作的整个过程；b描述的是工具与感觉者之间的关系，凸显的是工具；c凸显的则是感觉者自身的反应。

二、Goldberg构式语法关于句法联接理论的主要观点

Goldberg构式语法认为，语义角色与句法成分之间的配位是没有规律的。其理由如下：

（一）句法与语义的联接没有普遍规则

Goldberg认为，动词与句式的关系不是一一对应的。一方面，在很多的句子中，动词的词性和意义是变化的。比如，"sneeze"在英语中是个典型的不及物动词，传统的论元结构理论将动词"sneeze"看作是一元动词，其论元结构是施事+V。它一般只能跟主语结合，如例（3）。因为在通常情况下，"sneeze"主要出现在"sb. sneeze"这样的句子中。

例（3）He sneezed.（他打了个喷嚏。）

例（4）He sneezed the napkin off the table.（他打了个喷嚏，把餐巾喷到桌下了。）

但是有时它却能带上宾语，如例（4），"sneeze"似乎又变成了一个三元动词。这里"sneeze"已经不仅仅是"打喷嚏"的意思了，还包含有"让某物

发生移动"这一动作。显然，例（4）含有使动意义，"He sneezed"是动因，"the napkin off the table"是结果。这种使动意义不能归之于动词"sneeze"，而是整个句式所表示的。

另一方面，同样一个动词经常会出现在多种论元结构框架中。如"slice"，它的原型意义是及物动词"切开"的意思，但它能出现在以下5种论元结构框架中，分别表示不同的行为动作。如：

例（5）a.　He sliced the bread.（及物）

　　　　b.　Pat sliced the carrots into the salad.（致使移动）

　　　　c.　Pat sliced Chris a piece of pie.（双及物）

　　　　d.　Emeril sliced and diced his way to stardom.（way构式）

　　　　e.　Pat sliced the box open.（结果）

在这些表达式中，"slice"都表示用尖锐的工具切或砍。然而正是论元结构提供了其表层形式与语义解读方面的直接联系，如例（5）a表示某事物作用于其他事物；例（5）b表示使其他事物移动的事物；例（5）c表示某人想使某人接受某物；例（5）d表示某人移动到某个地方；例（5）e则表示某人使某物发生状态变化。

在汉语里也有类似的现象。同为述宾结构，如果宾语的语义角色不同，所表示的语法意义就会有差异。如：

例（6）a.　吃苹果（宾语为受事）

　　　　b.　吃大碗（宾语为工具）

　　　　c.　吃食堂（宾语为处所，一说方式）

　　　　d.　吃环境（宾语为目的）

　　　　e.　吃父母（宾语为凭借）

所以，Goldberg认为，句法与语义的联接没有普遍规则，动词与句式的关系不是一一对应的。构式具有独立的意义，每一个构式里动词的语义都是构式赋予的。

（二）许多用转换来联系的构式并无相同的真值条件可言

构式语法理论认为，构式表示与人类经验有关的重要情景，是语言系统中的基本单位。语法有生成性，但是是非转换的，语法是单层的，不同的语法结构具有不同的语义值或语用功能，彼此之间不存在转换关系。一个个的语法格式，亦即构式，并不是如转换生成语法学派所说的那样由生成规则或普遍原则的操作所产生的副现象（epiphenomena）；除包含在语法格式即构式之内的组成成分以及它们之间的结构关系外，构式本身也具有意义，不同的构式有不同的构式意义；任何一个构式都是形式和意义的对应体。由于构式语法是单层面性的，结构转换后的构式意义是不同的。

例（7）a.　He sprayed the wall with paint.

b.　He sprayed paint onto the wall.

英语中的双宾结构，一般规定其直接宾语的GOAL义元具有[+有生命]特征，生成语法只能描述直接宾语和间接宾语的换位状态，却不能解释这种换位的动因，选择限制规则也不能有效地说明与例（8）d有转换关系的例（8）c的欠妥性。

例（8）a.　I brought Pat a glass of water.

b.　I brought a glass of water to Pat.

c.　*I brought the table a glass of water.

d.　I brought a glass of water to the table.

下面的例句也显示出句义上的差异：

例（9）a.　Bees are swarming in the garden.

b.　The garden is swarming with bees.

例（10）a.　I loaded the hay onto the truck.

b.　I loaded the truck with the hay（full）.

例（11）a.　I am afraid to do...（intention）

b.　I am afraid of doing...

三、本书关于句法语义问题的观点：句法联接的认知基础是事件结构

随着认知语言学的发展，语言学家逐渐意识到：人类的认知方式为解释和分析语言现象提供了一种理论框架。认知语言学认为，语法结构同认知密切相关，语法规则是现实规则通过认知投射到语言中的结果。客观世界的图景通过人类认知这一中介投射到语言中，形成语言设计的总体框架，成为语言运用的总体理据。

客观世界由事件组成，事件映射到语言中，体现为一个个句子，句子的抽象模式可以表示为V（x，y，z）<a>，动词V是事件中的"代表"，x，y，z和a则是事件的参与者。在交际过程中，根据各项参数取值的不同，可以生成变化无穷的句子。

（一）主宾语和事件角色类型的密切关系

事件角色对应着事件的参与者，所以是语义概念。但这里所说的事件角色类型是根据表示事件参与者的句子成分在造句时的活动方式确定的，它们不是纯粹的语义概念。它们跟汉语界所讲的施受关系不同，所以尽管不看句子仅仅看事件就能判断哪个事件角色是施事，哪个事件角色是受事，而一个事件角色进入A、B、C等角色的哪一类，却要看代表它的句子成分在造句时的表现属于哪一个类型才能决定。

语法规则系统中必须包括反映事件角色的规则，否则句子的形式就不能跟它的意义对应。西方语法中的主宾语概念一般地讲是反映事件角色的。如果我们想让主宾语概念跟事件角色无关，那就必须建立另外的造句规则陈述用事件角色组成句子的方式，否则就不能说明在"甲吃乙"这个事件中甲是吃者，乙是被吃者，更无法说明"甲吃乙"跟"乙吃甲"不同——因为二者的差异仅仅是甲和乙的事件角色不同。所以，不考虑事件角色而定义的主宾语实质上是另一种主宾语，它跟西方语法中的主宾语不同，也完全不能取代反映事件角色的主宾语概念。主宾语概念必须反映事件角色。

（二）用事件角色类型定义主宾语

参与者角色是一种语义角色，表示直接参与小句所标示的情境中的一个实体，如施事、受事和接受者等，其数量是开放的。语法关系是句子中一个名词词组所具有的具体的语法角色，如主语和宾语等，其数量只有有限的几个。

参与者角色的主要类型：

1）施事（agent）：典型的施事是一个起动或为动词所标示的过程提供输入能量（energy）的有生命的实体。2）工具（instrument）：典型的工具是一个施事所使用的无生命的，用来影响受事的实体。3）受事（patient）：被动词所标示的过程影响到的实体。这个实体可以经历状态的变化或位置的变化等。4）位置（place）、来源（source）、目标（goal）和路径（path）是一些主要的处所角色。5）感事（experience）：指经历认知活动和状态的有生命的实体。6）刺激（stimulus）：在感事心中导致某一认知活动或状态的实体。7）零角色（zero）：那些仅仅存在或表现出某一特征的参与者角色，这个参与者角色通常不与另一实体发生相互作用关系。

如果把主语、宾语跟上文所说的事件角色A、B、C类型结合起来，那么有两个事件角色的动词（即二元动词）就可以考虑把一个角色归入主语，把另一个角色归入宾语。仍然用"吃"事件为例，"甲吃乙"在汉语中就有以下几种表达方式需要考虑："甲吃乙""乙甲吃""甲吃""甲乙吃""乙吃"。

（三）句法结构反映的是复杂事件结构的重叠

构式是内容上有一定语义功能，形式上有一定句法特性的语言单位。任何单宾语构式都由三方面的因素组成：1）构式的整体语义；2）构式的句法特性；3）构式的题元配置。一个单宾语句中可以只有一个基本构式，即一个动词构式，也可以同时存在一个基本构式和一个或几个复杂构式。多个构式合并会相互作用、相互关联。一方面基本构式对复杂构式进行充实，另一方面复杂构式对基本构式的主要语义功能和结构进行修改和补充，并整合起来。例如，"张三吃饭（食堂）""邻居家的一只猫死了"均为基本构式，而在"一锅饭吃十个人"

中，有"吃"构式与双数量词构式的组合。在"邻居家死了一只猫"中，有一个基本构式和两个复杂构式（存现构式与遭灾构式）的整合。整合构式可以传达较密集的信息，反映出语言的节俭性。下面主要探讨构式间的整合。

基本构式与复杂构式的整合起码涉及五个方面：复杂构式及其构式义、句法特性、题元配置和基本构式。它们之间有各种互动关系，这些关系又可以分为五类：1）复杂构式内部的互动；2）复杂构式与基本构式的互动；3）复杂构式与其内部亚类的互动；4）所有构式与整体句法特性的关系；5）不同构式间的语言标志区别。

复杂构式中的三个构件具有不同的特性和功能，有不同的互动关系。首先，句法特性或结构是构式的外部区别性特征，不可改变。其次，构式义是相对稳定不变的。最后，题元配置是否可以改变取决于构式义。如果题元配置改变但构式义基本不变，则前者可以改变。例如"张三把嗓子喊哑了"中的"张三"并不是纯粹的处置施事，而是已经濒临"经事"（因为张三并不想这样），但仍可成立。如果情况相反，则题元配置不可改变。也就是说，句法特性或结构以及构式义是形义组合的关键部分，它们往往不可改变，但题元配置附属于构式义，有时可以微调。

复杂构式有其既定的语义功能，所以此种构式会对进行整合的不同基本构式产生互动作用。首先，如果基本构式的特性与复杂构式相吻合，整合可以发生，否则整合就不发生，如"桌子上撕着一本书"不能成立。其次，如果基本构式与复杂构式相关并在整体上不冲突，而凸显侧面不同，则整合可以发生，但基本构式的语义和题元配置，甚至其句法特性会被修改。在语义整合上，相对于复杂构式义，基本构式中的动词词义越详尽，与复杂构式义越不同类，就越可能被修改。在这种情况下，基本构式中的动词义逐渐成为复杂构式义的补充。也就是说，复杂构式义受到凸显，而基本构式中动词的原义转换为对复杂构式义的详述，是达成后者的手段或方式，认知上表现为概念转喻——以详喻泛。

如上所述，由于含不同动词的基本构式的语义各异，所以它们整合入复杂构式后，其句义就表现为对构式义的细化表述。当这种有差异的细化表述句形成一定数量后，复杂构式义就可能成为有概括力的上义，与细化表述句义形成上下义关系，后者因此形成亚类构式义。例如，"使成"细分为"（蓄意）处置"与"（无意）致使"，"存在"转喻为"隐（现）"，"容纳"隐喻为"抵偿"，等等。

四、基于事件结构的双宾构式的语义关系对双宾构式论元结构整合的影响

（一）双宾构式代表的是复合事件结构

双宾构式所代表的复合事件是由致使事件和运动事件这两个简单事件整合而成的及物事件，在一个及物性的复合事件结构中，致使事件必然处于运动事件之前，客观上体现了时间顺序的原则。事件结构映射到语义层面上时，就体现为语义结构，而语义结构映射到句法层面上，就体现为谓词的论元结构。这样，基本上就可以用双宾构式的论元结构来表述由双宾构式所代表的复合事件结构，双宾构式的论元及其关系就在一定程度上反映了双及物事件中的参与者及其关系，从而可以得到下面这样的映射和整合关系：

  a. 简单事件结构1+简单事件结构2→复合事件结构

    ↓   ↓   ↓

  b. 简单语义结构1+简单语义结构2→复合语义结构

    ↓   ↓   ↓

  c. 简单论元结构1+简单论元结构2→复合论元结构

从语言类型学角度考虑，各个句法成分按其活跃程度存在这样一个语法等级：主语＞直接宾语＞间接宾语＞旁语（介词宾语）。在这个语法等级中，越是靠前的句法成分在认知心理上越凸显，在句法过程中越活跃。双宾构式所支配的论元正是根据它们之间的套合关系形成论元结构并投射到句法结构中的。也就是说，双宾构式的论元结构及其句法配置的形成有其语义动因。

双宾构式的论元结构取决于运动事件和致使事件的次论元结构。一般情况下，两个事件各有的论元必须在双宾句中得到全部实现。两个次论元结构中的语义角色若有重叠，则共享同一个有语义标记的位置。分属于两个事件的不同论元

争夺同一语义角色，这时须隐藏其中一个论元，使每一个语义角色分且仅分给一个论元。

（二）原型施事实现为主语，原型受事实现为宾语

语法描写的一个基本问题是如何确认主语和宾语的特征，这也是语法研究颇有争论的问题。Langacker从概念和抽象的层次上，通过一些一般的认知能力，对主语和宾语进行了描述。他指出，主语和宾语地位最终可归结为在侧重关系（profiled relationship）中赋予在参与者上的一种焦点凸显（focal prominence）。

认知语法对主语和宾语特征的描写并没有参照语法成分，而是参照了侧重和焦点凸显这些人类的一般认知能力：一个名词词组之所以可以成为主语，是因为在侧重关系中侧重了射体。而一个名词词组之所以成为宾语，是因为在侧重关系中侧重了界标。这说明主语和宾语这些语法关系也是人的一般认知能力驱动的结果。

实际上句子中名词性成分的语义类型是多样的，可粗略地分为三大类：施事、受事、非施受事。上面这个序列可简化为：施事＞非施受事＞受事。

陈平在《试论汉语中三种句子成分与语义成分的配位原则》中提出过原型施事特征：1）自主性；2）感知性；3）使动性；4）位移性；5）自立性。[①]

名词性成分所占的以上的特征越多，施事性就越强；反之，施事性越弱。根据这一点，常见的语义成分的施事性从大到小排列，其序列可表述为：施事＞感事＞工具＞系事＞地点＞对象＞受事。

在该连续统中，靠近左端的倾向于出现在主语位置，靠近右端的倾向于出现在宾语位置。词汇映射理论中也有类似的连续统：

施事＞受益者＞接受者/经验者＞工具＞客体/涉事＞处所

两者略有不同，但大致以"工具"为界，左端主事程度较高，而右端客事程度较高。这说明，汉语的宾语位置是一个语义可容性强的句法位置，典型的宾语由受事充任，而施事、工具等也都可以进入该位置。对及物式动词来说，施事、

---

①陈平. 试论汉语中三种句子成分与语义成分的配位原则［J］. 中国语文，1994（3）：162.

经事、工具、系事等出现在宾语位置上是非典型的宾语。

施事、受事等并不是初始概念，跟动词发生种种语义关系的成分中最基本的角色只有两类，即原型施事（proto-agent）和原型受事（proto-patient）。原型施事包括自主性、感知性、使因性、位移性和自立性五项主要特征；原型受事包括变化性、渐成性、受动性、静态性和附庸性五项主要特征[关于这两组概念的详细解释可参看陈平（1994）、程工（1995）、徐烈炯和顾阳等（1999）的研究成果]。

典型的主语/宾语是较多具备上述原型施事/受事特征的成分，工具、处所、系事等成分之所以在作主语或宾语时常常表现出一定的灵活性，就是因为它们总是兼有部分原型施事特征以及部分原型受事特征，并以不同方式组合。因此各种语义角色和语法关系其实都可以用这两组特征进行较为清晰的描写。

根据原型施事和原型受事理论，所有论元成分都可以用以下特征描写：

原型施事主要特征：

1）自主性；

2）感知性；

3）使因性；

4）位移性；

5）自立性。

原型受事主要特征：

1）变化性；

2）渐成性；

3）受动性；

4）静态性；

5）附庸性。

（三）现代汉语两类双宾构式配位方式不同的解释

人们早就注意到，现代汉语两类双宾构式的配位方式是不同的。张国宪指出："'索取'义双宾结构中的近宾比'给予'义双宾结构中的近宾更有资格充当宾语。"①

例（12）我送给他一本画册。

例（13）我打碎了他四个杯子。

例（12）是给予类，间接宾语"他"是给予的对象，直接宾语"一本画册"是给予物；例（13）是索取类，间接宾语"他"是被"索取"的对象，直接宾语"四个杯子"是索取物。"送给"的基本用法就是双及物的，"打碎"的双及物用法则是派生的，其基本用法是单及物的。

张国宪用宾语被动化的可能性来分析"给予"和"索取"类两类双宾构式的差别。他指出：给予类的直接宾语更像一般宾语，可以被动化，而间接宾语不可以被动化，直接宾语"受动性"强于间接宾语；索取类正好相反，间接宾语可以被动化，直接宾语不可以，因此间接宾语"受动性"强于直接宾语。他认为宾语"受动性"的差别正是导致两类双宾构式不同的关键。他援引类型学调查的证据指出"受动性"强的作直接宾语，因此给予类以给予物为直接宾语，给予对象为间接宾语；索取类以索取对象为直接宾语，索取物为间接宾语。

宋文辉（2006）采用Talmy认知语义学的概念结构分析框架，以现代汉语"给予"和"索取"两类双及物动结式为研究对象，认为概念结构的不同是造成两类动结式配位方式不对称的根本原因。

他认为，两类双及物动结式被动化的确主要与宾语的受动性程度有关，但直接采用张国宪的看法来解释两类动结式配位方式的不对称，则必然出现循环论证的问题。即先由宾语的被动化模式来推测其受动性程度对比模式，然后又用宾语的受动性程度对比模式来解释其被动化模式及其他配位方式。因此仅用直接宾语、间接宾语和宾语的受动性程度这样的句法、语义概念还不能完全解决问题，而引进概念结构这个层面会有助于问题的解决。从动结式概念结构的分析入手，可以从语言结构之外得到两类动结式的宾语所体现的概念成分的差异，从而获得其句法表现差异的概念认知基础，由此来解释两类双及物动结式的配位方式差异就不会有循环论证的问题。

---

① 张国宪. 制约夺事成分句位实现的语义因素[J]. 中国语文，2001（6）：514.

　　两类动结式配位方式不对称的原因在于两者各自概念结构之中概念成分凸显程度的对比关系不同。索取类衬体比凸体凸显程度高，给予类凸体比衬体凸显程度高。概念成分的凸显程度与句法位置的凸显程度相匹配。句法位置的凸显程度等级是直接宾语凸显程度高于间接宾语。在双及物动结式形成的双宾句中，给予类凸体和直接宾语位置匹配，衬体和间接宾语匹配，是无标记的匹配；索取类衬体和间接宾语位置匹配，凸体和直接宾语匹配，是有标记的匹配，这是由索取类构成双宾句的条件导致的必然结果。

第十章　双宾构式的事件结构分析及其句法表达的条件

　　构式语法的基本立论是句式有独立于动词的意义，因而在实际语法分析中强调句式对具体动词的压制作用，却忽视了具体动词在概念化主体的认知诠释下对整个句式的构建作用，特别是忽视了具体动词表征的事件在整个句式的形成过程中的重要作用。Goldberg（1995）把动词和句式的互动简化为句法、语义和事件参与者角色的纵向对应关系，却忽视了动词与事件参与者之间的横向组合关系。

　　本章首先分析作为双宾构式经验基础的事件结构，认为由双宾动词记录和表达的双宾构式"领属关系转移事件"是一个复杂的事件，由"致使转移"子事件和"成功转移"子事件整合而成，其典型意义是"施事者有意地把受事转移给接受者，这个过程是在发生的现场成功地完成的"。当动作行为完成以后，在两个名词性论元（NP_2、NP_3）之间形成或失去了领属关系。动词及其参与者构成一个个事件，形成一定的模式并通过语言形式表达出来。双宾小句激活的是多个而不是一个事件结构：首先是致使结构，大致相当于构式语法的论元结构；其次，多数情况下还包含一个运动结构，强调动作本身而非动词；最后还有一个空间结构，表示客体的领属关系。在自然语言的句法语义接口层面，事件结构和句法结构之间确实存在着映射关系，语义上，汉语双宾构式是由一个"致使转移"子事件和一个"成功转移"子事件构成的复杂致使性转移事件结构，双宾构式所具有的种种限制条件正是致使性转移事件结构在句法上的投射使然。完成性是双宾构式句法限制的关键条件，可以通过多种句法手段得到满足。

一、双宾构式是由多个子事件构成的表示"领属关系转移"的复杂事件

双宾构式所表示的事件不是一个简单的事件，而是由多个子事件组合成的复杂致使性事件，即致使转移（VP₁）+成功转移（VP₂）→领属关系转移（RP）。从本质上讲，双宾构式就是复杂的致使性事件在句法上的实现。换言之，双宾构式在语义上能够分析为一个"致使转移"子事件和一个"成功转移"子事件，由这两个事件互相作用构成一个表示结果状态的领属关系转移事件，这个复杂的致使性事件是双宾构式合法的语义基础和前提。

双宾构式的事件语义结构最初形成的认知模式是：某人发出一个转移动作，使某物成功转移到其他人手中，如"他给我一个苹果"，"一个苹果"由"他"转移到"我"。这是人类对事物领属关系的一种认知模式，称为"领属关系转移图式"。

由人类的认知经验得知，领属关系转移图式涉及四个语义论元和两个事件，四个语义论元是施事（NP₁）、与事（NP₂）、转移动作（V）和受事（NP₃），两个子事件是"致使转移"和"成功转移"，"致使转移"是指施事针对受事发出一个转移动作，"成功转移"是指受事从施事那里转移到与事那里。两者之间具有前后相因的关系：前者促使后者产生，后者在前者之后而产生，这样，在双宾构式中动作行为完成以后，两个名词性论元（NP₂、NP₃）之间形成或失去了领属关系。

综上所述，由双宾动词及其论元所表达的双宾构式是一个复杂的致使性事件，双宾小句激活的是多个而不是一个事件结构：首先是致使转移结构；其次，多数情况下还包含一个成功转移结构，强调动作本身而非动词；最后形成了一个空间转移结构，表示客体的领属关系的转移。

以John nodded Mary a welcome为例：

致使转移结构：Causer（John）+Cause+Orientation（John caused Mary to receive a message）

成功转移结构：Actor（John）+Act（nod）（John nodded）

空间转移结构：Object（message）+Possessor（Mary）（Mary had a message）

二、双宾构式中多个事件结构重叠的生成机制

（一）致使事件——"致使转移"子事件

"致使"的概念来源于及物运动：主体做出一个动作，这个动作对客体产生作用，导致客体发生移动或变化。因此，致使结构的原型为及物性结构，它是使自立的转移物NP_3运动的力的来源。这个及物性结构表达一个单一的简单事件，该事件包含施事（人）和受事（物），由于人的动作而引发了物的变化。及物性结构的语义结构式是"施事（人）—动作—受事（物）"，由两个参与者论元组成，施事论元的性质是有生的，受事论元的性质是无生的，其语言表达式是"NP_1（人）—V（动作）—NP_2（事物）"，如"老王搬桌子""我吃水果"等，这个语言表达式表示施事论元通过某种动作作用于受事论元，但不能表示这个动作产生的后果。

在及物性结构原型基础上，人们逐渐形成了"致使"的概念。"致使"概念表达的是一种致使者与被使者、致使事件与被使事件之间的语义关系。它的认知模式是：［致使者］+［工具］+［致使力］+［被使者］+［致使结果］。其中，"［ ］"表示语义要素，"+"表示语义要素的语义组合，排列顺序表示发生的时间先后顺序。

通过分析致使概念的构成要素及其特征，可以得出一个重要的结论：致使力的发生、起作用及其造成的结果三个阶段是构成致使概念的关键因素。如果施事的运动或动作引起受事的状态发生变化，那么致使力的运动就存在三个阶段，比如构成"老王打碎了杯子"的致使力运动的三个阶段就是："老王打杯子"是致使力发生阶段，"杯子碎了"是致使力导致物体的状态发生变化阶段，"破碎的杯子"是致使力产生的结果状态阶段。只有存在导致物体发生变化的致使力的运动，才能表达致使概念。因此，"亮亮希望爸爸来看他""小玉生气丈夫回家晚了""妈妈怒骂了儿子一下午""我怀念祖国""老师批评王小二半小

时""我渴了"等句子都不能表达致使概念。

（二）运动事件——"成功转移"子事件

"成功转移"子事件的原型是运动事件，运动事件也是基于人类的认知经验，它的语义结构式是"主事（起点）—运动—终点"，也由两个参与者论元组成，主事论元一般是有生性的，终点论元一般表示处所。

运动事件与致使事件的关系是：运动事件是致使事件的直接后果，致使事件与运动事件有相同点，即都由起点、路径和终点三个阶段构成。但也有不同的地方：1）致使事件的起点一般都是人或物，但运动事件的起点通常是一个地点或位置；2）致使事件的起点或终点一般是有生的，而运动事件的起点和终点却是无生的；3）运动主体的性质不同，运动事件的运动主体一般是有生的，而致使事件的运动主体一般是无生的。

（三）"致使转移"子事件和"成功转移"子事件相互作用的结果——领属关系的变化

双宾构式一般表示有意识地把事物转移到某个落点，但不一定是狭义的"给予"，而是表达事物的一种领属关系的改变。这种领属关系的改变可以表现在具体物质领域表示实体事物领属关系的变化，也可以表现在心理领域或者其他抽象关系领域。

陆俭明在谈到双宾句式时说：就它们内部的语义结构关系来说，按句式语法理论，这里不宜再用一般所谓的"施事""受事"这样的概念。

双宾构式最高层次的语义结构模式可以描写为：

领有权转移的源点—转移动作—领有权转移的终点—领有权被转移的事物

可分以下两个表示转移的语义结构子模式：

1）领有权转移的源点—转移动作—领有权转移的终点—领有权被转移的事物

2）领有权转移的终点—转移动作—领有权转移的源点—领有权被转移的事物

领属关系是事物与事物之间的领有、隶属关系的总称，反映到语言中，就形成对句法起某种制约作用的领属范畴。

三、领属关系转移事件体现三种关系

双宾构式所体现的 "领属关系转移事件" 中包含三组关系：

（一）空间关系：表示受事处于接受者的手中或在其可控范围之内

双宾构式表示在双宾动词的作用下受事由主事运动到与事那里，主事（受事的原始领有者）=起点，与事（受事新的领有者）=终点，动作结束之后受事由起点运动到终点，由主事传递给与事，从而发生了领属关系的改变。语义表达为：NP_1使NP_3（事物）运动到NP_2（人）。

（二）时间关系：表示转移过程已完成

NP_1使NP_3（事物）运动到NP_2（人）意味着受事已在致使力的驱使下到达了终点，受事处于与事的手中（到达了终点），或在其可掌控的范围之内，表明了整个转移过程的完成，也就是说，这种转移动作的完成意味着一种时间关系的结束，转移动作结束后的时间关系表征时间的状态是动作的完成状态。因此，双宾构式中的传递动词必须具有完成性的语义特征。如：

例（1）我赏了他一两银子。

例（2）我给了他一点手续费。

（三）领属关系：表示接受者领有转移物

动态具体的转移事件的完成意味着一个静态抽象的领有关系事件的实现（领属关系转移）。受事的运动不是一般的物质运动，而是同时意味着"受事的领有权的转移"，通过一种隐喻的理解方式来实现：位置的转移映射领有权的转移。这是由主事发出转移动作的目的所决定的，因为主事发出转移动作的最终目的是让与事领有受事，所以受事到达终点后最终形成的关系是领属关系，而并不是空间的位移关系。

由物体位置的转移派生出物体领有权的转移，这种转移更加抽象，它是在人的主观意识之下进行的，主事是动作发出者，是有生的、自主的，因此，可以将双宾构式的语义关系表示为：主事（NP_1）使与事（NP_2/人）拥有受事（NP_3/事物）。"我给他一本书"即"我使书运动到他手上"，由此派生出"我使他拥有这本书"。"书"的所指是受事，是具体的、自立的事物。语义关系还可以表示为：主事（NP_1）使与事（NP_2/人）拥有受事（NP_3/状态）。以上两例都是一种隐喻的理解方式。

在上述转移事件中，施动者受到其目的和意图的支配，发起一个转移动作的致使链，其目的和意图是让与事领有受事，因此当受事到达终点后，最终的结果是领属关系的转移，便会产生转移的终点被接受者占据和接受者领有受事的双重结果。

四、双宾构式事件结构的句法表达的要求

学者们一般把汉语双宾构式的构式义定义为"表示领属关系的变化"，但对于双宾构式究竟在什么条件下才"表示领属关系的变化"，并没有一致的结论。本书从双宾构式所表达的语法关系内部出发，立足于句法语义的接口层面，即从双宾构式事件结构向其句法结构投射的角度，来考察双宾构式的句法特征和双宾构式成立的前提条件。

既然双宾构式的构式义是"表示领属关系的变化"，是一种"致使"句式，那么其语义结构肯定是一个复杂事件，也应该具有复杂事件的共同特点，即具有特定的内部结构。同时，反映这种复杂事件内部结构的子事件，也应该清楚地映射到句法上，而这些子事件在句法上的映射正是双宾构式合格的前提。

（一）影响双宾构式表征完成事件的要素

如果视双宾构式为致使性转移复杂事件在句法层面的投射，那么又是什么因素决定着致使性转移事件的性质，成为双宾构式成立的条件呢？

首先来看动词，从Vendler的动词分类表上来看：1）最典型的是给予类动词，由于给予类动词自身在语义上就表示复杂的致使性转移事件，已经在词汇句

法中完成了其在句法层面的投射，因此它们都可以直接用在双宾构式中。2）状态动词、活动动词这两类动词都没有自然终点，也不存在词汇内部的结构变化，所以一般都不能用于双宾构式。3）结果动词虽然具有自然终点，但由于没有延续性，无法表达整个活动过程，同样也不能用于双宾构式。4）完成动词具有上述三方面的属性（有自然终点、具有词汇内部的结构变化、具有延续性），因此可以直接用于双宾构式。以上分析的虽然是Vendler分类的动词，但实际上指的是动词短语，涉及整个句子的情状类型。

其次，致使性转移的复杂事件的性质并非单纯由动词本身决定，而是由动词、事件参与者论元、其他修饰成分等因素根据组合性的原则共同决定的，并且这种组合性也体现在句法结构中。构成双宾构式的关键条件就是看它所表达的事件是否具有完成性，动词、事件参与者论元、其他修饰成分等因素在构成致使性成功转移复杂事件中所起的作用就在于它们在多大程度上使句式具备了完成性。

另外，事件的完成性还可以从事件的量化性质来判断，完成性事件可以量化，而非完成性事件不可量化。举例来说，"老王卖给了我一套房子"是合格的双宾句，就是因为"卖给了我一套房子"同时表达了"卖给"这样一个致使性活动过程的结束和"房子的所有权从老王转移到我"这样一种状态的改变。相反，"老王用了我一套房子"不是合格的双宾句，原因就是"用一套房子"只是一个过程，并没有表达一个致使性事件的完成和状态的改变。对整个"用"的过程而言，它并没有到达一个自然的终点。正是由于给予类动词保证了事件的完成性，所以才构成合格的双宾句。

除动词本身外其他修饰性成分也能对事件的完成性有所贡献，从而构成合格的双宾句，下面举例说明：

例（3）a. 赵斌做出来了那道题。

　　　b. *赵斌做了那道题。

例（4）a. 老王挑担子到了菜市场。

　　　b. *老王挑担子了。

例（3）a使用了趋向动词"出来"，趋向动词"出来"使事件具有完成性，因此能够构成合格的双宾句；相反，例（3）b中没有"出来"，所表达的事件没有完成性，句子不合格。例（4）a中有一个表示行为终点的介词短语"到了"，所表达的事件具有完成性，句子合格；而例（4）b中的"挑担子"只是一个过程，没有自然终点，不具有完成性，句子因此不合格。

为了说明以上观点，再看下面的例子：

例（5）a. 赵斌抢走了他500元钱。

　　　b. *赵斌抢了他500元钱。

例（6）a. 赵斌批发给了他很多便宜货。

　　　b. *赵斌批发了他很多便宜货。

例（5）a使用了趋向动词"走"，趋向动词"走"使事件具有了完成性，因此能够构成合格的双宾句；相反，例（5）b中没有用"走"，所表达的事件没有完成性，句子不合格。例（6）a中有一个表示终点的"给"，所表达的事件具有完成性，句子合格；而例（6）b中的"批发"只是一个过程，没有自然终点，不具有完成性，句子因此不合格。

宾语的性质是另一个促使事件具有完成性的重要因素。宾语若要保证事件的完成性，就必须具有可量化性。所谓宾语的可量化性，是指宾语的所指在动词所构成的事件中可以计量，整个事件可以分割，有边界，正是这种边界性保证了事件的完成性。举例来说，由于"老王吃饭"中的"饭"是不可数的，"老王吃饭"就是一个没有自然终点的过程。而在"老王卖给我一套房子"中，宾语"一套房子"是可数的，整个事件是可以计量的。如果再加上表明事件结束的助词"了"的作用，整个事件就具有了完成性，可以构成双宾句"老王卖给了我一套房子"。

如果宾语是有定的，那么大部分也就是可量化的，于是人们通常认为双宾构式的宾语应该是"有定的"。宾语的有定性当然能够促使整个致使性事件是有边界的，具有完成性，但这并不等于说只有有定性才能保证完成性。除了有定宾语外，无定宾语同样也可使事件具有完成性，也就是说，"老王打碎了他那个杯子"和"老王打碎了他（一）个杯子"都是合格的双宾构式。

朱德熙（1982）指出，如果直接宾语指物，具有排斥单独的名词性词语的倾向，最占优势的形式是数量词+名词。陆俭明补充道："当近宾语（即与事宾语）为非人称代词时，远宾语（即受事宾语）得是个'数·量·（名）'结构，否则所形成的双宾语结构是粘着的，不能独立成句。"①如：

例（7）把书给他→给他书

例（8）把皮箱给我→给我皮箱

例（9）把挂历给隔壁奶奶→给隔壁奶奶挂历

例（10）把皮箱给张老师→给张老师皮箱

例（11）把信给司令员→给司令员信

例（12）把糖给钱玉萍→给钱玉萍糖

陆俭明对上面句子合格度的解释是：例（7）、例（8）"给"的与事宾语是人称代词，"给"的受事（即"把"的宾语）不是数量名结构，相应的变换式（双宾构式）能成立，而且能单说，是自由的；例（9）—例（12）"给"的与事宾语为非人称代词的名词性成分，"给"的受事（即"把"的宾语）不是数量名结构，相应的变换式（双宾构式）虽能成立，但不能单说，是粘着的。换言之，数量名结构制约着"NP$_1$+给+NP$_2$+NP$_3$"合格度的高低，宾语的可量化性是双宾句合法的前提。

需要指出，可量化性是完成性的必要条件，但不是充分条件。有了可量化的宾语，事件是可量化的，但并不能保证事件就具有了完成性。

下面例子的合法性的对立说明了动态助词对致使性转移事件是否具有完成性的贡献，也是双宾句合格与否的关键因素。

例（13）a. 赵斌批发给了他很多便宜货。

　　　　 b. *赵斌批发他很多便宜货。

　　　　 c. *赵斌批发过他很多便宜货。

例（13）a是合格的双宾句，例（13）b不是合格的双宾句，这种对立表明，有了表示事件完成的"了"才能构成合格的双宾句，原因就在于"了"表达了事件具有完成性。例（13）a是合格的双宾句，例（13）c不是合格的双宾句，这种对立表明，动态助词"过"不能像"了"那样对事件的完成性有所贡献。尽管在例（13）c中"批发货"的事件已成为过去，已经完成，但"了"蕴含了事件

---

① 陆俭明. 变换分析在汉语语法研究中的运用[J]. 湖北大学学报（哲学社会科学版），1990（3）：70.

具有完成性，"过"不蕴含事件具有完成性，原因就在于，"V了"总是和"现在"相联系，"V过"不一定和"现在"相联系。"了"和"现在"的这种联系说明过去发生的事件对现在造成了一定影响，才蕴含了一个领属关系转移子事件的存在，使事件具备了完成性。因此，即使有"V过"的句子，如果有其他成分保证了事件的完成性，同样也可以构成合格的双宾句，如"赵斌批发给过他很多便宜货"。

（二）完成性是双宾句句法限制的关键条件

双宾句表征完成事件可分为两类：原型双宾句与非原型双宾句。原型双宾句中的动词是完成动词，句法结构简单，具有跨语言普遍性；非原型双宾句中的动词是"活动/达成/状态"动词，通过在主要动词后添加补语"给/走"或者在宾语名词前添加"数量结构"实现句子情状类型的转变，句法结构相对复杂，是语言使用者把具有因果关系、顺时关系的两个简单事件建构为一个复杂事件的句法手段。

双宾句合法的关键在于所表达的事件是否具有完成性，双宾动词、事件参与者论元、其他修饰成分等因素对事件性质的作用就在于它们对完成性的贡献上。

在语言的句法语义接口层面，事件结构和句法结构之间的关系到底如何？本书认为，二者存在着映射关系。语义上，双宾动词及其论元表达的双宾构式是一个复杂的致使性事件，由"致使转移"和"成功转移"两个子事件构成，它们相互作用，最后形成了一个空间转移结构，表示客体的领属关系的转移。句法上，双宾句成立的必要条件就是所表达的事件是否具有完成性，动词、论元、修饰成分等因素在构成双宾构式过程中所发挥的作用就在于它们对完成性的贡献上。

第十一章　湖南邵阳方言双宾构式的语义地图研究

　　湖南境内方言众多，差异较大，且21世纪以来，湘方言的语法研究较为充分，为本书的研究提供了广泛翔实的资料。本章运用语义地图这一工具，结合经典的构式语法理论，承认句式的多义性，强调动词和句式的互动，以湘方言中的邵阳方言为研究材料，勾画其双宾构式的语义地图，考察同一句式下多种功能语法形式之间的亲疏远近关系，比较邵阳方言中的多功能语法形式之间以及它们与普通话的异同，并对例外现象作出解释。

　　本章调查了湘方言中的邵阳方言，发现其不管是句法形式还是句法功能都与现代普通话存在较大的差异，因此勾画了邵阳方言的语义地图，并尝试对这些现象作出解释。同时，也再次验证了MHC（2007）语义地图的合理性，并对丁加勇、张敏（2015）对该语义地图的修订进行了验证。

一、邵阳方言的双宾构式

　　根据Goldberg对构式的定义，一个构式不仅展现其组成部分与句式整体意义的联系，同时还表达了独立于各组成部分的额外意义，这些额外意义是构式本身所具有的语义内容，超过各组成部分的总和。

　　通过对语料的考察可以得知，邵阳方言中存在两种双宾语序：双宾A式（V+O$_{间}$+O$_{直}$）和双宾B式（V+O$_{直}$+O$_{间}$）。现代汉语普通话中，仅有双宾A式这一种语序，但在邵阳方言中双宾B式大量存在，甚至在同一句义下成为优势句式。

　　给予类动词是进入双宾构式最典型的动词，邵阳方言中相当于普通话"给"的动词是"把"，它更常用的是双宾B式，如：

　　例（1）a. 你们把（给）点东西他者。＝b. 你们把（给）他点东西者。

　　其他给予类动词，例如"奖、补、卖、送、赔"也可用双宾B式，但因为受普通话的影响，更常用双宾A式，如：

例（2）a. 小李补咖你两块钱。＝b. 小李补咖两块钱你。

例（3）a. 卖他们两斤鱼者。＝b. 卖两斤鱼他们者。

例（4）a. 你送我本书者。＝b. 你送本书我者。

例（5）a. 学校赔咖他两百块钱。＝b. 学校赔咖两百块钱他。

索取类动词与前两类动词有所不同，该类动词能够进入两种句式，但是表达的语义截然不同。该类动词进入双宾A式表达的是"索取"义，O_间既是提供者也是受损者，如：

例（6）我今天忘记带执照，被交警抓到，罚咖我两百块。

例（7）今天上街，一只高个子男的抢咖我一把雨伞。

例（8）a. 其撕咖我一页纸。

例（9）a. 他□（扯）咖我两根头发。

索取类动词进入双宾B式则表达"给予"义，O_间是得者，如：

例（8）b. 其撕咖一页纸我。

例（9）b. 他□（扯）两根头发我。

例（10）你拿本书我。

例（11）今天走得太急，不记得带伞哩，借把（量程）伞我者。

"喷吐"类动词在邵阳方言中一般构成双宾A式，O_直都带有"一身""一脸""一脚"等表示周遍的"一+量"词，O_间是消极被迫接受者，如：

例（12）妹妹不小心踩起咖我一鞋子的泥巴水。

例（13）他讲话讲倒讲倒就得意忘形，喷起我一脸的口水。

"寄递"类动词则只能进入双宾B式，构成双宾A式必须在O_间前加上介词"把"，从而构成介宾补语式"V+把+O_间+O_直"，如：

双宾B式：

例（14）你踢只球我者。

例（15）甩滴东西我者。

例（16）他寄一本书我者。

介宾补语式"V+把+O_间+O_直"：

例（17）他寄把我一本书。

例（18）他踢把我一只好球。

而"抄写"类动词，比如"抄、炒、捡、联（缝）"等在普通话中是不能进入双宾句的，但在邵阳方言中却能够进入双宾B式，也可在O间前加介词"把"，如：

双宾B式：

例（19）你赶快炒碗菜我者。

例（20）要煮饭哩，去提桶水我者。

例（21）我们看到他家屋蛮困难，就斗（凑）滴（点）钱他。

例（22）你快点子抄份表我。

介宾补语式"V+O直+把+O间"：

例（23）要煮饭哩，去提桶水把我。

例（24）我们看到他家屋蛮困难，就斗滴钱把他。

例（25）你快点子抄份表把我。

其他动词，例如"叙说"类、"差欠"类、"吃用"类动词等构成的双宾句都是双宾A式，这点与普通话一致：

例（26）我请教你只问题，看你晓不晓得。

例（27）我问你只问题者。

例（28）我告你只好办法。

例（29）出门个时候，妈妈交代我一件事，我不记得了。

例（30）小李上次还差我五块钱没把，今天就把它抵咖哩。

例（31）昨天买肉少咖他滴钱，现在我去还把他。

综上所述，给予类动词能够进入邵阳方言双宾构式的两种语序，最典型的给予动词"把"以双宾B式（V+O直+O间）为优势句式，其他给予类动词因受普通话影响则更多地选用双宾A式（V+O间+O直），但是无论是哪种语序，表达的都是"给予"的语义；而索取类动词所进入的两种语序则表达的是不同的语义：进入双宾A式表示"索取"，进入双宾B式表示"给予"；"寄递"类、"抄写"类动词在邵阳方言中只能进入双宾B式，或者在O间前加上介词"把"，但二者仍有差异："寄递"类动词进入"V+把+O_间+O_直"句式，而"抄写"类则进入"V+O_直+（把）+O_间"；其他一些动词，例如"叙说"类、"差欠"类、"吃用"类动词等构成的都是双宾A式，这点与普通话一致。

二、邵阳方言双宾构式的语义地图

从以上例句可以看出，两种语序在邵阳方言中都大量使用，但是表达的语义却不相同，所以本书分别勾画了两种语序的语义地图。

（一）MHC（2007）语义地图上的节点及邵阳方言双宾构式例句

1. 客体—接受者结构

双宾A式：

例（32）你们把（给）他点东西者。

例（33）你送我本书者。

例（34）妹妹不小心踩起咖我一鞋子的泥巴水。

例（35）他讲话讲倒讲倒就得意忘形，喷起我一脸的口水。

双宾B式：

例（36）你们把（给）点东西他者。

例（37）你送本书我者。

例（38）其撕咖一页纸我。

例（39）他□（扯）两根头发我。

例（40）你拿本书我。

例（41）今天走得太急，不记得带伞哩，借把（量程）伞我者。

2. 受损来源—客体结构

双宾A式：

例（42）我今天忘记带执照，被交警抓到，罚咖我两百块。

例（43）今天上街，一只高个子男的抢咖我一把雨伞。

例（44）其撕咖我一页书。

3. 外位领有者—受事结构

双宾A式：

例（45）他□（扯）咖我两根头发。

4. 受事—受益者结构

双宾B式：

例（46）你赶快炒碗菜我者。

例（47）要煮饭哩，去提桶水我者。

例（48）我们看到他家屋蛮困难，就斗（凑）滴（点）钱他。

例（49）你快点子抄份表我。

5. "扔踢"类动词

双宾B式：

例（50）你踢只球我者。

例（51）甩滴东西我者。

6. "寄送"类动词

双宾B式：

例（52）他寄一本书我者。

7. "卖"类动词

双宾A式：

例（53）卖他们两斤鱼者。

双宾B式：

例（54）卖两斤鱼他们者。

8. "告诉"类动词

双宾A式：

例（55）我请教你只问题，看你晓不晓得。

例（56）我问你只问题者。

例（57）我告你只好办法。

例（58）出门个时候，妈妈交代我一件事，我不记得了。

（二）邵阳方言双宾构式语义地图（图11-1）

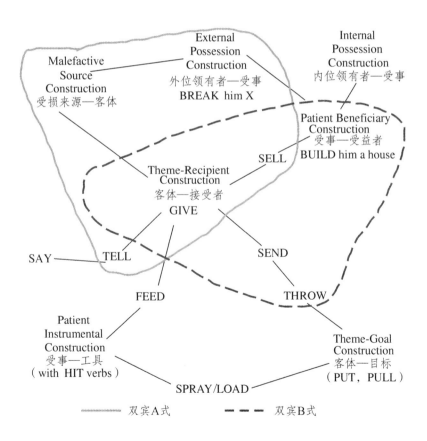

图11-1　邵阳方言双宾构式语义地图

1．邵阳方言双宾构式语义地图解读

　　邵阳方言双宾构式语义地图如图11-1所示，没有出现断链的现象，基本符合MHC（2007）语义地图的预测，再次证明了该语义地图是一张反映世界语言双宾构式的蕴含共性的语义地图。

　　邵阳方言双宾构式在"客体—接受者""SELL"（卖）这两个概念上是重合的，也就是说"V+O_间+O_直"和"V+O_直+O_间"这两种语序都能表达这两种语义。双宾A式还表达了"TELL"（告诉）、"受损来源—客体"、"外位领有者—受事"语义，而双宾B式表达了"受事—受益者"、"SEND"（寄送）、"THROW"（扔）语义。

　　有些"索取"义动词，例如"撕""□（扯）""拿""借"等进入双宾A式表达的是"受损来源—客体"或"外位领有者—受事"语义，而进入双宾B式表达的是"客体—接受者"语义。所以像"租""借"这样双向义的动词在邵阳方言中是进入双宾B式不会产生歧义，只表示"给予"；进入双宾A式后，既可以表"索取"，也可以表示"给予"，但是这种歧义与普通话又有所不同：如果V后用了表完成的动态助词"咖""起"，句子一般表"索取"义，如果不用，一般会理解为"给予"，如：

　　　　例（59）其撕咖一页纸我。

　　　　例（60）其撕咖我一页书。

　　　　例（59）"撕"构成的是双宾B式，整个句式语义为"给予"；而在例（60）中，"撕"进入的是双宾A式，因为用了动态助词"咖"，所以表示"索取"义。

2．邵阳方言双宾构式特例及其解释

　　通过对语料的大量考察，本书认为丁加勇、张敏（2015）对MHC（2007）语义地图左上角的修订是合理的，即在"客体—接受者"和"受损来源—客体"之间增加"客体—接受者（来源）"节点，如：

　　　　例（61）a．小李补咖你两块钱。＝b．小李补咖两块钱你。

　　　　例（62）a．学校赔咖他两百块钱。＝b．学校赔咖两百块钱他。

与事（O_间）"你""他"既是现在的接受者，又是曾经的提供者，从"接受者"到"受损来源"，二者转变太大，所以非常有必要在两个节点中间增加一个过渡节点，并且无论是隆回湘语还是邵阳方言，都有充足的语料证明该点存在的合理性。并且，修订后的底图仍然能够勾画出连续的语义地图，如图11-2所示。

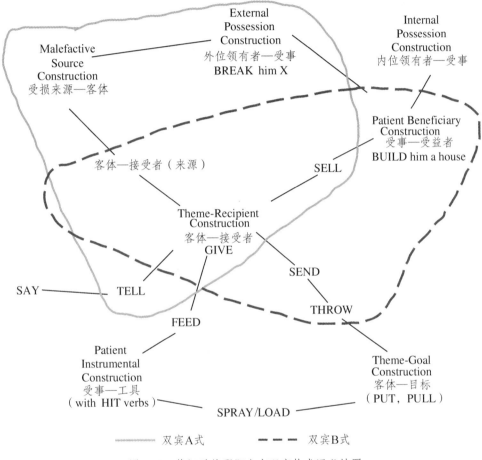

图11-2　修订后的邵阳方言双宾构式语义地图

增加该节点后，邵阳方言双宾A式语义地图是连续的，因为这是一个过渡节点，并且有例句证明该节点的合理性；而双宾B式不能表达"受损来源—客体"概念，但是却包含了这个过渡节点，那由此猜想，邵阳方言双宾B式的语义存在由"客体—接受者"向"受损来源—客体"扩展的可能。但是这似乎又与现代语言演变方向不符，因为现代汉语普通话只有双宾A式没有双宾B式，后者普遍存在于南方方言中，并且随着普通话的推广和普及，双宾A式在南方方言中生命力越来越强，所以还需要扩大语料搜索范围去检验这个猜想。

与隆回湘语不同的是，在邵阳方言中，信息传递类动词都只能进入双宾A式，这和普通话是一致的，所以例（27）"我问你只问题者"也应该属于"TELL"（告诉）节点，不用另选"ASK"（询问）节点，这符合MHC（2007）语义地图的预测。

（三）邵阳方言双宾构式与普通话双宾构式语义地图的异同（图11-3）

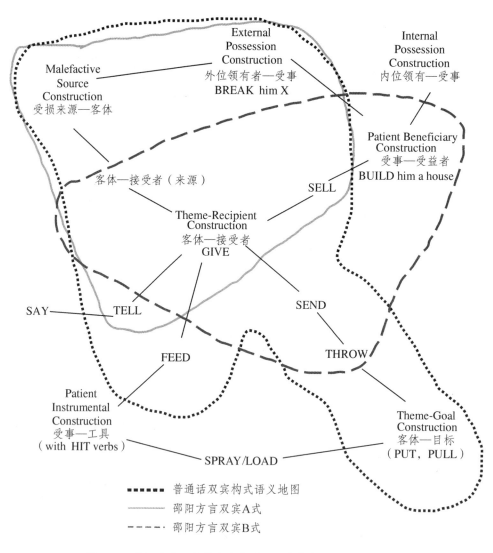

图11-3　邵阳方言双宾构式与普通话双宾构式语义地图的异同

从图11-3中不难看出，现代汉语普通话双宾构式语义最为丰富。"SEND"（寄送）、"THROW"（扔）两个节点的语义在邵阳方言中由双宾B式承担。邵阳方言双宾B式还承载了"受事——受益者"语义，这在普通话中是没有的，并且在隆回湘语中，该语义也是由介宾状语式承担的。

从历时角度看，"V+O$_直$+O$_间$"表受益事件可能是上古汉语"于"字句式"V+O$_直$+于+O$_间$"的存留，在《左传》中就有大量"于"字句式表达受益事件的例子，用介词"于"引进受益者，如：

例（63）平戎于王。

一般地，邵阳方言双宾B式"V+O$_直$+O$_间$"表达受益事件时可以自由地在O$_间$前加上"把"，构成"V+O$_直$+把+O$_间$"，而且以加"把"为常态。如：

例（64）要煮饭哩，去提桶水（把）我。

例（65）我们看到他家屋蛮困难，就斗（凑）滴（点）钱（把）他。

例（66）你快点子抄份表（把）我。

上古汉语"于"字句式表受益事件一般是"下对上"的施益，但因为时代观念等的转变，等级观念消失了，所以现在施益者和受益者的身份不存在这种限制了。

三、小结

本章对湖南邵阳方言双宾构式的两种语序进行了考察，以MHC（2007）语义地图为底图绘制了这两种句式的语义地图，并与普通话进行了比较。本章验证了丁加勇、张敏（2015）对MHC（2007）语义地图的修订，认为应该增加"客体—接受者（来源）"这一过渡节点，由此发现邵阳方言双宾B式的语义存在由"客体—接受者"向"受损来源—客体"扩展的可能。但是这似乎又与现代语言演变方向不符，所以还需要扩大语料搜索范围去检验这一猜想。此外，邵阳方言双宾B式表达了受益事件，这在普通话中是不存在的，该句式表达受益事件可能是古代汉语"于"字句式的存留。

第十二章　湖南隆回湘语双宾构式的语义地图研究

　　语义地图以多功能语法形式为对象，对不同地区、不同时代均以一种形式匹配多种表意功能的语言进行比较和归纳，揭示这些表意功能之间的语义关联，并借助这种语义关联进一步揭示一种语法形式按怎样的顺序跟一组语法意义有序匹配的蕴含共性。类型学研究所必需的差异性资料可以在单个汉语变体（如普通话、某个方言或某个历史变体如上古汉语）里求得，而不同汉语变体之间的比较自然会带来更为丰富的差异性数据。汉语方言之间差异甚大，以至于海外语言学界往往将汉语方言称为"汉语族语言"（sinitic language）。对汉语的时间变体（历代汉语）和空间变体（方言）里的差异进行比较，其实已无异于跨语言比较，这也是语义地图模型这一跨语言比较研究工具适宜于在汉语研究中运用的一个重要原因。换言之，在汉语研究中通过语义地图模型"从一粒沙看世界"之所以可行，是因为这粒沙虽小犹大，在一定程度上具有"全息"的性质。

　　双宾构式是人类语言的普遍现象，根据语法意义的不同，双宾构式主要有两类："给予"义双宾构式和非"给予"义即"索取"义双宾构式，语法意义不同，双宾构式间接宾语的语义角色也就不同，有的学者把前者归为与事，把后者归为夺事。不同的语言对这两种意义和这两类语义角色可能会采用不同的语法形式。隆回湘语采用不同的格式（主要是词序和介标）来表达这两种意义,主要是以下两种句式：

　　A式：S+V+O$_直$+介标+O$_间$

　　B式：S+V+O$_间$+O$_直$

　　其中A式采用与格形式（介宾补语式），受事在前，与事在后，并且一定要使用介标；B式采用双宾式，与事在前，受事在后，不使用介标。如：

　　例（1）a. 你递那只鸡把（给）其（他）者。

　　　　　　b. 其偷过（了）学校两只树。

例（1）a为与格形式，表示给予；例（1）b为双宾构式，主要表索取。

隆回湘语没有"S+V+O$_直$+O$_间$"形式的双宾构式，不说"把一杯茶其、把书其、递书其"，尽管这是南方或靠南方言的说法。湘语中如长沙、衡山、韶山、祁阳、娄底、益阳、邵阳等地方言均有此格式。可见隆回湘语双宾结构，既有不同于周边湘语方言的地方，也有不同于普通话和其他方言的地方。

本章讨论的双宾构式记作"S+V+N$_1$+N$_2$"，其中S表示施事主语，V表示谓语动词，N$_1$表示做间接宾语的与事名词，N$_2$表示做直接宾语的受事名词。

本章立足于经典的构式语法理论，承认句式多义性，以双及物结构中的双宾构式为研究对象，通过对隆回湘语方言双宾构式进行分析，以MHC（2007）语义地图为底图勾画了隆回湘语双宾构式的语义地图，以期发现隆回湘语方言与普通话乃至世界语言双宾构式的共性，并尝试对该图的细节进行增补，进一步利用该图解释隆回湘语双宾构式的特异之处。

一、隆回湘语双宾构式的构式义

隆回湘语双宾构式的构式义要结合语言的实际情况进行具体的分析。以下情况值得注意：

1）双宾构式动词主要是非"给予"义动词，构式义大都表示"索取"而不是"给予"。

2）要解释为什么只有一部分"给予"义动词和一部分"损失"义动词进入双宾构式。

3）部分不可控动作也可以进入双宾构式，如"倒、着丢、打烂、踩死"，所以要对"主动转移""有意转移"做具体的分析。这涉及句子所表达的动作是可控的还是不可控的，因为可控的动作才能"主动转移""有意转移"，不可控的动作就不能"主动转移""有意转移"了。所以"主动转移""有意转移"不完全适合方言的情况。

4）下面一类双宾构式不涉及转移，无所谓接受者和提供者：

例（2）咯个钉子挂烂我好多衣衫啊。/咯个鼎关烧过吾（我家）好多饭啊。

"好多衣衫""好多饭"没有发生转移，"我""吾"无所谓是起点还是终点，是受损者。

基于这些情况，隆回湘语双宾构式的构式义大致可以概括为：在形式为
"$S+V+N_1+N_2$" 的句式里，S通过某个动作使得N_2发生转移，并导致S或N_2有所得
或有所失。核心语义可以概括为"因为转移而导致有所得失"，即"转移性得
失"。其中动词由索取类动词充当，N_1为提供者，N_2为数量名形式的三价双宾
句，为典型的双宾构式。

二、隆回湘语双宾构式的语义类型

普通话双宾构式的动词一般只分为两类：给予类动词和索取类动词，隆回湘
语的双宾构式中动词的小类非常复杂。此节详细描写了动词的小类，然后以进入
双宾构式的动词小类为基础，分析双宾构式的语义类型。

（一）进入双宾构式的动词小类

进入双宾构式的动词大致分为以下几类：

1）侧重于"获取"义或"夺取"义的动词，如"偷、捉、扯、夹、抢、
骗、罚、分、赚、钓、沉、买、捡、占、摘"等。这类动词的成员较多，动词的
"获得"义是显性的、固有的，无"给予"义，但是含有"受损"义。其中与事
是提供者。如：

例（3）a. 其抢过眯个司机蛮多钱。

b. 其扯过你（你们）一滴百合。

2）侧重于"消耗"义的动词，如"吃、用、浪费"等，这类动词的"获
得"义是隐性的、非固有的，同时含有"受损"义。其中的与事是提供者，也是
未来的受损者。如：

例（4）那个人用过吾（我家）一缸子水，还吃过吾（我家）一餐饭。

3）侧重于"去除"义的动词，如"撕、剁、甩、拆、倒、空（倒）、剪、打"
等，这类动词的"获得"义也是隐性的、非固有的，同时含有"受损"义。如：

例（5）a. 其撕过你一本书。

b. 其将刚子（刚才）打过你屋底（你们家）一只碗。

以上几类动词通常称为"索取"义动词或非"给予"义动词。

4）侧重于"给予"义的动词，如"把、退、找、该、还、赔"等，这类动词的"给予"义是显性的、固有的，但隐含有"获得"义。其中的与事是接受者，但又是曾经的提供者。如：

例（6）a. 其该过我五块钱。

　　　b. 其退过我一样东西。

　　　c. 其赔过吾一升米。

信息传递类动词也是一种"给予"义动词，如"告诉、问、考"等。但是另一类"给予"义动词，如"乞（给）、递、送、捐、交、付、租、卖"等，就不能进入双宾构式。如：

例（7）a. *我乞其一本书。

　　　b. *我递其一只碗。

　　　c. *我交其一块钱。

　　　d. *其付你一百块钱。

主要原因是这一类"给予"义动词只有"给予"义，没有"获得"义。可见"给予"义动词有两类，一类能够进入双宾构式，一类不能。

值得注意的是，通常所说的"给予"义动词，在隆回湘语中一般不能进入双宾构式：

A. 部分现场给予类动词，如"乞（给）、递、送、交、卖"等，见上面例（7）。

B. 远程给予类动词，如"付、寄、带"等。

例（8）a. *其付你一百块钱。

　　　b. *我寄其一身衣衫。

上述两类动词要表达"给予"义，只能用"S+V+N$_2$+介标+N$_1$"即与格形式去说。

C. 命名类动词，相当于马庆株提到的"表称类"动词，如"喊、骂"等。

例（9）a. *我喊其舅舅。

　　　b. *我骂其坏癞子（坏小子）。

地道的说法是采用重动式或连动式。

例（10）a. 我喊其喊舅舅。（或：我喊其做舅舅。）

　　　　b. 我骂其骂坏癞子（坏小子）。

瞬时抛物类动词通常被认为是"给予"义动词，但是进入双宾构式后表示"索取"义，不表给予义，如"甩、扔"。

例（11）我将刚子甩过其一个衣衫。

5）取予两可的动词，如"借、赊、得、拨、担、捡、差、欠"等。这类动词的"给予"义是隐性的、非固有的，同时含有明显的"获得"义，通常把它们归为索取和给予两可的动词，但是进入双宾构式后表示"索取"义，不表"给予"义。其中的与事是提供者，也是曾经的给予者、未来的接受者。如：

例（12）a.我借起其三把镰子。

b.其拨借起我五块钱。

c.其担起明明一本书。

d.我将刚子空过其一鼎开水。

如果要表达"给予"义，也只能用"S+V+N$_2$+介标+N$_1$"即与格形式去说。

6）侧重于"受损"义的动词，动词的"受损"义是显性的，"获得"义则是隐性的、非固有的。其中的与事是提供者或受损者。这类动词包括部分不可控动词[如燃、烧、倒、着（丢）、折]和动结式复合词（如弄死、开坏、洗坏、踢倒、踩死、打烂、改坏），后者的动词可能是可控的、有意的，也可能是不可控的、无意的。如：

例（13）a.我昨夜间燃过其一双鞋。

b.其将刚子倒过别个一桶油。

c.其着（丢）过我一本书。

例（14）a.其洗坏我一身衣衫。

b.其将刚子踩死别个一只鸡。

还有一类"损失"义动词不含有"获得"义，只有"损失"义，不能进入三价双宾构式，只能进入二价单宾句。如"死、过（死）、烂、坏、臭、霉、酸、馊"等。

例（15）a.其三岁就死过娘哩。

b.七队过过一个老人家。

c.其翁屋底走过一只鸡。

d.我昨夜坏过一只鸡。

e.我去年子烂过五双鞋。

　　f. 我昨夜间馊过一鼎饭。

　　可见"损失"义动词也有两类，一类能够进入双宾构式，一类不能。

（二）隆回湘语双宾构式的语义类型：构式义对动词义的制约和限制作用

　　如果单纯从动词本身去看构式的意义，就会发现许多问题：

　　1）动词的固有意义与非固有意义不好确定，显性意义与隐性意义不好确定。

　　2）同样是"受损"义动词，受损对象因构式不同而不同。如：

　　例（16）a. 我昨夜燃过其一双鞋。（与事受损）

　　　　　　b. 我昨夜燃过一双鞋。（施事受损）

　　3）通常提到的"给予"义动词是表示"给予"义的，但是进入双宾构式却表示"索取"义，进入与格构式表示"给予"义。动词意义不好把握。

　　4）一些动词不好归类，但它们照样可以进入双宾构式。如：

　　例（17）a. 其待过我三餐饭。

　　　　　　b. 我讲过其几句重话。

　　　　　　c. 其弄起我一身灰。

　　　　　　d. 其发过我一顿火。

　　面对隆回湘语双宾构式的复杂情况，根据构式的多义性，构式义与动词义互动和整合的理论基础，转而寻求构式的帮助，寻求双宾构式对双宾动词的控制作用，寻求构式义对动词义的制约和限制，以便更好地确定动词的意义。事实证明，凭借构式义的制约和限制作用，可以很好地把握动词意义。从构式角度看，双宾构式中动词义与构式义之间的关系大致是：

　　1）就"获取"义动词而言，它本身含有较明显的"获得"义，似乎能够推导出构式的"索取"义，但是这类动词往往是二价动词（如偷、捉、扯），它不能推导出三价双宾构式，三价双宾构式的许多特点无法从动词本身体现出来。比如构式的"索取"义往往还与"受损"义关联，构式中的与事还是提供者或受损者。确切地说，动词的"获得"义与构式的"索取"义不是一回事。

　　2）消耗类动词和去除类动词是典型的二价动作动词，"获取"义只有在构式中才会显现出来。

3）就"给予"义动词而言，只有那部分已经隐含有"获得"义的"给予"义动词，才能进入双宾构式。就"损失"义动词而言，只有那部分已经隐含有"获得"义的"损失"义动词，才可以进入双宾构式。在动词语义不太明确的情况下，构式成了确定意义的手段。取予两可的动词更是如此，使用双宾结构表达的是"索取"义，使用与格结构表示"给予"义。

也就是说，构式的"索取"义不能或者很难从动词本身推导出来，而是从构式中获得的。比如"吃饭""撕书"表示一类动作，无所谓获得不获得，但是"那个人吃过吾（我家）好多饭""其撕过我一本书"除了表示"吃饭""撕书"的动作之外，更强调"那个人""其"有所获，而"吾""我"就有所损。这种意义是双宾构式带来的，可以采用后续句的方法，使这种获得—受损义显现出来：

例（18）那个人今日用过吾（我家）一缸子水，还吃过吾（我家）一餐饭，亏个死。

"亏个死"的主语省略了，受损的自然是"吾"。如果去掉与事，变成单宾句，则句子不成立。如：

例（19）*那个人今日用过一缸子水，还吃过一餐饭，亏个死。

尽管"那个人用过一缸子水、吃过一餐饭"是合法的结构，但它不再是双宾构式。

动词小类不同，构式的句法特征也就不同。最典型的一点就是双宾构式的与事能否被动化。事实表明，获取类、消耗类、去除类、损失类动词构成的双宾构式，与事一般能被动化（被动标记为"吃"），如：

例（20）a.其偷过学校两只树。→学校吃其偷过两只树。

　　　　b.其撕过我一本书。→我吃其撕过一本书。

　　　　c.其将刚子改坏我一个衣衫。→我将刚子吃其改坏一个衣衫。

而取予两可类动词和给予类动词构成的双宾句，与事一般不能被动化，如：

例（21）a.我借起其翁三把镰子。→*其翁吃我借起三把镰子。

　　　　b.其退过我五块钱。→*我吃其退过五块钱。

如果结合动词和构式来考察动词内部的典型性，会看到，获取类、消耗类、去除类、损失类动词形成的双宾构式是双宾构式中的典型成员，取予两可类动词构成的双宾构式是双宾构式中不太典型的成员，给予类动词形成的双宾构式是双宾构式中的一个很不典型的成员。动词小类与句式的典型性等级为：获取类动词、消耗类动词、去除类动词、损失类动词＞取予两可类动词＞给予类动词。

（三）隆回湘语双宾构式的语义类型在MHC（2007）语义地图上的节点及隆回湘语的实例

1. 受损来源—客体结构

主要是侧重于"获取"义或"夺取"义的动词，如"偷、捉、扯、夹、抢、骗、罚、分、赚、钓、沉、买、捡、占、摘"等，可以进入该结构。

例（22）a. 其抢过眯个司机蛮多钱。

b. 其偷过学校两只树。

c. 其扯过你一滴百合。

2. 外位领有者—受事结构

主要是侧重于"消耗"义的动词，如"吃、用、浪费"等，以及侧重于"受损"义的动词，包括部分不可控动词，如"燃、烧、倒、着（丢）、折"，以及动结式复合词，如"弄死、开坏、洗坏、踢倒、踩死、打烂、改坏"等进入该结构。

例（23）a. 那个人用过吾（我家）一缸子水，还吃过吾（我家）一餐饭。

b. 我昨夜间燃过其一双鞋。

c. 其洗坏我一身衣衫。

3. 内位领有者—受事结构

主要是侧重于"去除"义的动词，如"撕、剁、甩、拆、空倒、剪、打"等进入该结构。

例（24）a. 其撕过你一本书。

b. 其将刚子（刚才）打过你屋底（你们家）一只碗。

4. 客体—接受者结构

主要是侧重于"给予"义的动词，如"把、退、找、该、还、赔"等进入该结构。

例（25）a. 其该过我五块钱。

b. 其退过我一样东西。

c. 其赔过吾一升米。

信息传递类动词也是一种给予，如"告诉、问、考"等。

例（26）a. 我告诉你一滴事子（一些事）。

b. 我问你一句话着。

c. 我考你一个字。

三、隆回湘语双宾构式的语义地图

基于以上分析，以MHC（2007）语义地图为底图勾画出隆回湘语双宾构式的语义地图（图12-1）。

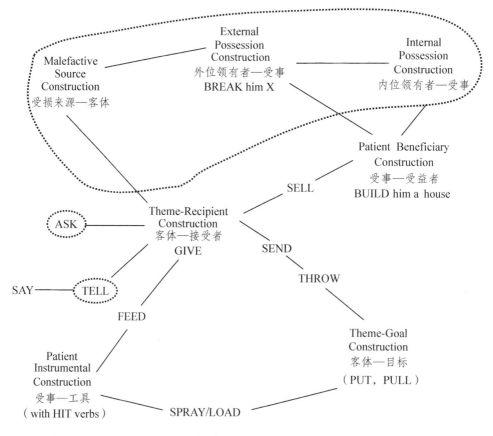

图12-1 隆回湘语双宾构式语义地图

（一）隆回湘语双宾构式语义地图的解读

隆回湘语双宾构式的一个特点是，典型的"给予"义动词，如"乞（给）、递、送、交、分"，不能进入双宾构式，而要用与格式。如：

例（27）a. *我乞其一本书。

　　　　b. *我递其一只碗。

　　　　c. *我交其一块钱。

　　　　d. *其付你一百块钱。

但是侧重于"给予"义、隐含有"获得"义的动词，如"赔、退、找、还"，可以进入双宾构式，其中的与事是接受者，但又是曾经的提供者。如：

例（28）a. 我赔过其一部新车子。

　　　　b. 其找过我五块钱。

　　　　c. 其退过我五块钱。

换言之，"给予"义动词并非完全不能进入双宾构式。隆回湘语进入双宾构式的"给予"义动词显示，MHC（2007）的语义地图或有漏链：一是典型的"给予"义动词give（给）向左上角延伸时，存在过渡性动词，二是接受者题元角色向左上角延伸至受损来源—客体时，存在过渡性的语义角色，因为接受者延伸至受损来源角色在语义上为非连续性的*。

其他能进入双宾构式的动词是边缘性给予类动词，如信息传递类动词"问、告诉"：

例（29）我问你一句话者。

其他边缘性给予类动词，如称呼、命名类动词，不能进入双宾构式。如"喊叫、骂"一般不能直接进入双宾构式。如

例（30）a. *我喊其舅舅。

　　　　b. *我骂其坏癞子（坏小子）。

（二）隆回湘语双宾构式语义地图对MHC（2007）语义地图左上端的修改

MHC（2007）语义地图最上端的两个节点是"受损来源—客体"节点和

"外位领有者—受事"节点，见图12-2。

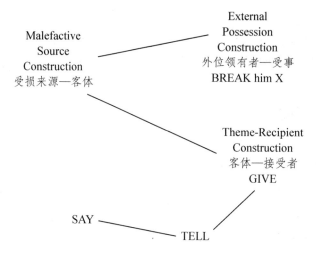

图12-2　MHC（2007）语义地图左上端局部图（一）

　　这两个节点，"抢、偷、骗、赚、买、借（借入）"等三价"夺取"义动词均能进入双宾构式，位于"受损来源—客体"节点。"外位领有者—受事"节点的双宾构式可容纳各种含"受损"义的二价动词及动结式复合词，如"燃、烧、倒、着（丢）、吃、弄死、踢倒、打烂、踩死"等，但不能容纳含有"损失"义、有"使动—起始交替"义的所谓作格动词，如"死、烂、坏、臭、酸"等动词。由此可见，"外位领有者—受事"节点因止于二价而应看作是该地图的终端节点（图12-3）。

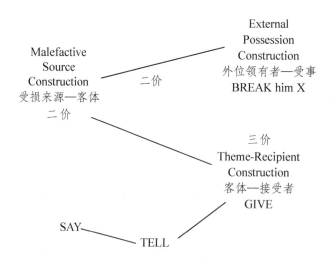

图12-3　MHC（2007）语义地图左上端局部图（二）

但"客体—接受者"节点有重大问题。"客体—接受者"节点的典型动词（如"给"）在隆回湘语中仅用与格式，不能用双宾构式。而以下例句按一般理解都符合"客体—接受者"的概括。

例（31）a. 我赔过其一部新车子。

　　　　b. 其找过我五块钱。

　　　　c. 其退过我五块钱。

如前所述，这些动词的特点是侧重于"给予"义，但隐含有"获得"义，其中的与事是接受者，但又是曾经的提供者，亦即兼具接受者、来源双重身份，或曰给予事件蕴含了获得事件。因此应在二者间增加"客体—接受者（来源）"节点。这是绝好的中间环节，否则从概念分析的角度看，很难理解为什么接受者能直接与完全相反的来源相通。细节性的增补还可以包括从"客体—接受者"直接分别引出"ask"和"call（name）"（图12-4）。

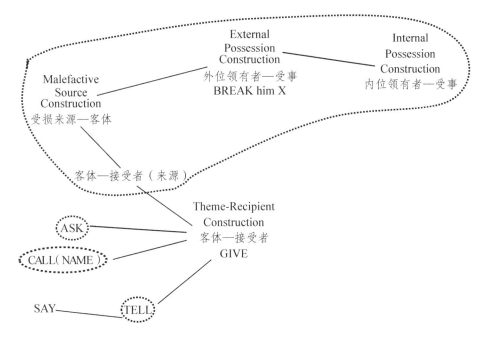

图12-4　经过修补的隆回湘语双宾构式的语义地图

隆回湘语的信息传递类动词也能进入双宾构式，但不能进入与格式。

例（32）a. 我告诉你一滴事子（一些事）。

　　　b. 我问你一句话者。

　　　c. 我考你一个字。

　　另外，隆回湘语含信息传递类动词的双宾构式和表达"受损来源—客体""外位领有者—受事"的双宾构式在图上构成了断链。但这种断链普遍存在于一大批"客体—接受者"不用双宾构式负载的南方方言里，并非隆回湘语独有。张敏（2011）已另作解释，即这一现象是汉语史上特殊演变的结果：通用给予动词的消失加上南方方言介宾补语式的发达，使得南方方言用迂回方式表达典型的"客体—接受者"义，而其他类双宾构式未受影响。

四、小结

　　本章立足于经典的构式语法理论，承认句式多义性，在构式义和动词义互动和整合理论的基础上，以双及物结构中的双宾构式为研究对象，在前人研究的基础上，确定了隆回湘语双宾构式的格式，继而研究双宾构式的构式义和进入双宾构式的动词类型，以及双宾构式对动词意义的制约和限制。双宾构式的核心语义是"转移性得失"，进入双宾构式的动词类型丰富，主要以"获得"义动词为主，双宾构式的构式义对动词意义具有制约和限制作用，构式义不是由动词义单独决定的，双宾构式中的动词小类受到构式义的制约和限制。在此基础上，以MHC（2007）语义地图为底图，勾画了隆回湘语双宾构式的语义地图，并对MHC（2007）语义地图的左上端进行了增补，证明了隆回湘语双宾构式的特异之处是典型的"给予"义动词不能进入双宾构式，另外，隆回湘语含信息传递类动词的双宾构式和表达"受损来源—客体"和"外位领有者—受事"的双宾构式在图上构成了断链。但这种断链普遍存在于一大批"客体—接受者"不用双宾构式负载的南方方言里，并非隆回湘语独有。

第十三章　湖北赤壁方言双宾构式的语义地图研究

本章运用语义地图这一工具，以湖北方言中的赤壁方言为研究材料，勾画其双宾构式的语义地图，考察同一句式下多种功能语法形式之间的亲疏远近关系，比较赤壁方言中双宾构式的语义地图同现代汉语双宾构式语义地图之间的异同，解读赤壁方言双宾构式的特异之处。同时结合古代汉语、其他南方方言双宾构式的研究成果，探索赤壁方言双宾B式的历史源流及其发展趋势，以此来解释赤壁方言双宾构式语义地图中的例外现象。

一、赤壁方言的双宾动词

（一）赤壁方言概况

赤壁方言是鄂南方言的一部分，但它不等同于鄂南方言，具有自身的特殊性。关于赤壁方言，詹伯慧、李元授对其进行深入研究并发表了《鄂南蒲圻话的语音特点（蒲圻方言研究之一）》和《鄂南蒲圻话的词汇语法特点》两文。

本章立足于经典的构式语法理论，承认句式多义性，以双及物结构中的双宾构式为研究对象，通过对湖北赤壁方言双宾构式的事实进行分析，以MHC（2007）语义地图为底图勾画湖北赤壁方言双宾构式的语义地图，以期发现湖北赤壁方言与古代汉语乃至其他南方方言双宾构式的共性，进一步利用该图解释湖北赤壁方言双宾构式的特异之处。

本章基于语义地图研究中"从一粒沙也能看世界"的理念，主要依靠单个汉语方言点，即湖北赤壁方言的资料，适量涉及汉语普通话的语料。湖北赤壁方言双宾构式的描写和例句主要来自陈莉琴（2009）。

（二）赤壁方言双宾动词的语义类型及其构成的双宾构式

研究方言双宾构式，一般都是从考察动词入手的。一方面是因为能进入双宾构式的动词是有限的，对双宾动词的翔实考察有助于全面了解双宾构式；另一方面，对双宾动词的类型划分实际上也是对双宾构式次类的划分，这是因为动词的语义特征同两个宾语的语义搭配关系影响着这两个宾语的次序。

普通话双宾构式的动词一般只分为两类：给予类动词和索取类动词，但湖北赤壁方言双宾构式中动词的小类非常复杂。此节详细介绍了动词的小类，然后以进入双宾构式的动词小类为基础，分析赤壁方言双宾构式的语义类型。

1. 给予类动词

1）"送把"类动词

"送把"类动词主要有"送、把、还、奖、赔、输、分、传、递、塞、发、找（找零）、陪（陪嫁）"等。这些动词都是强"给予"义动词，动词自身包含着十分明显的"给予"义，动作实现的过程也就是"给予"过程的实现，事物的领属关系发生了转变。

"送把"类动词可以构成双宾A式和双宾B式，都表示"给予"义。

双宾A式：

例（1）上次去他罗儿，他把了我来不少东西（上次去他那儿，他给了我们很多东西）。

例（2）她赔了图书馆一本新书。

双宾B式：

例（3）走咖时节，他阴了把了个红包他侄儿（走的时候，他偷偷地给了他侄儿一个红包）。

例（4）你有有得零钱，我还要找七块钱他（你有没有零钱，我还要找给他七块钱）。

2）"卖"类动词

构成双宾A式和双宾B式，表示"给予"义。

双宾A式：

例（5）他卖了熟客不少水货烟。

双宾B式：

例（6）他卖了不少水货烟熟客。

3）"寄写"类动词

这类动词弱于一般的"给予"义动词，动词表"给予"义的成分是临时性或是非显性的。与"送把"类相似，"寄写"类在意义上一般也表示受事从某处转移至与事，或是动作行为隐含着接受一方的存在（"写"不预设接受的一方，但是在某些搭配如"写信"时就临时预设了与事的存在），即这类动词都暗含着三个语义要素：施事、受事、与事（或是动作关涉的对象、接受者）。

虽然是二价动词，但在赤壁方言中，这类动词都可以进入双宾构式，构成双宾B式，表示"给予"义：

例（7）我寄了好几封信她，她都没回（信）（我给她寄了好几封信，她都没有回信）。

例（8）莫只顾自己吃，夹点菜你同学（别光顾自己吃，给你同学夹点菜）。

4）"扔踢"类动词

构成双宾B式，表示"给予"义，如：

例（9）踢一个球他。

例（10）扔一根烟他。

2. 索取类动词

在赤壁方言中，包含"索取"义的动词不多，主要有"拿、要、偷、弄、占、袭（偷）、抢、收、黑、占、扣、罚、赢、抽（取）、买、呼（骗）、赚、讨、落（获得）、得、搞、敲（敲诈）"等，这些动词都是三价动词，包含着三个强制性语义成分。

1）双宾A式，表示"索取"义。

例（11）在他嘀买东西，他不晓得黑了我好多钱（在他家买东西，他多赚了我很多钱）。

例（12）昨日晚强盗偷了他嘀一台电脑（昨天晚上小偷偷了他家一台电脑）。

2）双宾B式，表示"给予"义。

例（13）装不下了，再去拿个袋子我（装不下了，再去拿个袋子给我）。

例（14）你就买点水果他嘀咖小孩（你就卖点水果给他家的小孩）。

3. 予夺不明义动词

在"给予"义和"索取"义动词之间，有一些很特殊的动词，它既包含着"给予"义，也包含着"索取"义，它们是异义同形动词。这类动词不多，是个封闭的类，如"借、租、赊、换、支"等。它们都有V进和V出两个义项。普通话中双宾句只有间接宾语在前，直接宾语在后这一种语序，当这类动词进入普通话双宾句时，句子就会产生歧义，如：

例（15）张三借了李四一台数码相机。

例（16）张三租了李四一台数码相机。

前一句可以理解为张三从李四那借来一台数码相机，也可以理解为李四从张三这里借去了一台数码相机。后一句同样可以如此理解。

在赤壁方言中，它们构成双宾A式和双宾B式两种双宾句。

构成双宾A式时，表示"索取"义；构成双宾B式时，表示"给予"义。

双宾A式：　　　　　　　　　　　　　　双宾B式：

例（17）上次出事，他借了我两千块钱。　　上次出事，他借了两千块钱我。

例（18）村委会租了他嘀一间屋。　　　　村委会租了一间屋他嘀。

4. "告诉"类动词

"告诉"类动词包括"叙说"类和"称呼"类两种。它们都是言语行为动词，可以归为一类。在赤壁方言中，"叙说"类动词有"问、讲、教、求、提（问）、辅导、托、告（告状）、说、答应、答复、请教、支（支招）、交代、唱、吩咐、麻烦、通知、搭（搭话）、嘱咐"等，"称呼"类动词有"喊、叫、称、骂、嚷（叫）"等。

在赤壁方言中，这类动词形成的双宾句除了"说、讲、唱"以外，都只能构成间接宾语在前，直接宾语在后的双宾A式。如：

例（19）我问你一个问题。

例（20）王老师教我们数学。

"告诉"类动词只能形成双宾A式，但有几个比较特殊的动词"说、讲、唱"，它们不能进入双宾A式，只能进入双宾B式，如：

例（21）等下，我说个事你哦。

例（22）我讲个笑话搭你。

5. "该欠"类动词

"该欠"是指一方A欠缺另一方B某个事物C。在赤壁方言中，包含"该欠"义的动词不多，是个封闭的类，这类动词有"该、欠、差、少、短、缺"等。这类动词与人们的生活密切相关，在交际中用得比较多。"该欠"类动词能构成双宾A式：

例（23）昨天还了两千你叔，还该他三千。

例（24）达个卖肉咖真黑，买一斤肉短我二两秤（这个卖肉的人真宰人，我买一斤肉他少了我二两）。

6. "花用"类动词

"花用"类动词一般都包含明显的"消费、耗费"的词汇意义。在赤壁方言中，"花用"类动词有"吃、花、用、喝、落（丢失）、耗、烧、败、消费、耗费、糟蹋、浪费"等。"花用"类动词只能构成双宾A式。如：

例（25）随随便便吃咖一餐饭，就花了我半个月咖工资。

例（26）他真是个败家子，都不晓得败了他屋里好多钱了。

7. "撕摘"类动词

这是一个开放的类，它们并无相同的词汇意义，都是施事对受事实施某个具体的动作行为，从而对受事产生某种影响，使受事被分解或是脱离原来的整体。常见的"撕摘"类动词有"撕、扯、剪、剁、称、摘、切、挖、拣（挑选）、割、砍、宰、劈、斫（砍树）、掰"等。在赤壁方言中，"撕摘"类的动词都能构成双宾B式，表示"给予"义。如：

例（27）有没有稿纸，撕张我。

例（28）等会儿跟我一起去地里，我斫颗白菜你。

例（29）快去扯几根葱我，等了用[快去扯几根葱给我，（我）等着用]。

在赤壁方言中，"撕摘"类的动词也能构成双宾A式，表示"索取"义：

例（30）不晓得谁达么缺德，昨日夜里斫了老王嘀那么多白菜（不知道谁这么缺德，昨晚从老王地里砍去了那么多白菜）。

例（31）还好，只扯了我几棵秧苗，不碍事。

8."喷洒"类动词

赤壁方言中，"喷洒"类双宾动词主要有"喷、洒、淋、溅、泼、糊、染、吐、踩"等，由这些动词形成的双宾句，只有双宾A式一种：

例（32）将才落硕雨，淋了我一身雨（刚才下大雨，淋了我一身雨）。

例（33）你看你，走路不好好走，踩了我一脚咖泥巴。

9."制作"类动词

包含"制作"义的动词有"炒、做、打（编织）、画、开（开具）、盖、煮、熬（熬煮）、煎、搓、印、冲、煨、炖"等，这是个开放的类。在词汇意义上，它们都有"创造"的语义特征，受事是创造的结果。"制作"类动词都是典型的二价动词，它的两个必有论元中一个是施事论元，一个是结果论元。在赤壁方言中，这类二价动词也可以构成双宾句，但只能构成双宾B式，表示"给予"义。如：

例（34）没菜了，你去炒个青菜我者（没菜了，你去给我们炒个青菜）。

例（35）我在学校打了件毛衣搭爸（我在学校给爸爸织了件毛衣）。

例（36）画幅画我（给我画幅画）！

10."放置"类动词

在赤壁方言中，"放置"类动词构成方所双宾句，这是一类比较特别的双宾句，它的间接宾语不是由指人或组织机构的名词充当，而是由表方所的名词充当的，这类带方所名词的双宾句在语义上都带有"位移"的语义特征，位移的终点是间接宾语所表示的方所。在赤壁方言中，这类动词有"放、搁、搬、提、拎、抽、倒、挑、接"等。这类动词构成的句子表达的是将受事放置于某处，因而称这类动词为"放置"类动词。由"放置"类动词构成的双宾句，只能是双宾B式。如：

例（37）去拎桶水缸里。

例（38）你搁有搁盐锅里？

例（39）我过刻儿去抽点水田里。

综上所述，赤壁方言给予类动词可以进入双宾A式和双宾B式，表示"给予"义；索取类动词、予夺不明义动词和"撕摘"类动词可以进入双宾A式和双宾B式，进入A式表示"索取"义，进入B式表示"给予"义；"喷洒"类动词、"告诉"类动词除了"说、讲、唱"以外，可以进入双宾A式，表示"给予"义，"说、讲、唱"进入双宾B式，表示"给予"义；"该欠"类动词、"花用"类动词进入双宾A式，表示"索取"义；"制作"类动词、"放置"类动词进入双宾B式，表示"给予"义。

二、赤壁方言双宾构式的语义地图

（一）赤壁方言双宾构式的语义类型在MHC（2007）语义地图上的节点及赤壁方言的实例

1.客体—接受者结构

构成这类结构的主要有"送把"类动词（构成双宾A式和双宾B式）、索取类动词（构成双宾B式）、予夺不明义动词（构成双宾A式和双宾B式）、"该欠"类动词（构成双宾A式）、"撕摘"类动词（构成双宾B式）、"喷洒"类动词（构成双宾A式）和"放置"类动词（构成双宾B式）。

双宾A式：

例（40）她赔了图书馆一本新书。

例（41）上次出事，他借了我两千块钱。

双宾B式：

例（42）走咖时节，他阴了把了个红包他侄儿（走的时候，他偷偷地给了他侄儿一个红包）。

例（43）装不下了，再去拿个袋子我（装不下了，再去拿个袋子给我）。

2. 受损来源—客体结构

构成这类结构的主要有索取类动词（构成双宾A式）、"撕摘"类动词（构成双宾A式）。

例（44）在他嘀买东西，他不晓得黑了我好多钱（在他家买东西，他多赚了我很多钱）。

例（45）还好，只扯了我几棵秧苗，不碍事。

3. 外位领有者—受事结构

构成这类结构的主要有"花用"类动词（构成双宾A式）。

例（46）随随便便吃咖一餐饭，就花了我半个月咖工资。

例（47）他真是个败家子，都不晓得败了他屋里好多钱了。

4. 受事—受益者结构

构成这类结构的主要有"制作"类动词（构成双宾B式）。

例（48）没菜了，你去炒个青菜我者（没菜了，你去给我们炒个青菜）。

例（49）我在学校打了件毛衣搭爸（我在学校给爸爸织了件毛衣）。

例（50）画幅画我（给我画幅画）！

5. "卖"类动词

构成双宾A式和双宾B式，表示"给予"义。

双宾A式：

例（51）他卖了熟客不少水货烟。

双宾B式：

例（52）他卖了不少水货烟熟客。

6. "寄写"类动词

构成双宾B式，表示"给予"义。

例（53）我寄了好几封信她，她都没回（信）（我给她寄了好几封信，她都没有回信）。

例（54）莫只顾自己吃，夹点菜你同学（别光顾自己吃，给你同学夹点菜）。

7. "扔踢"类动词

构成双宾B式，表示"给予"义：

例（55）踢一个球他。

例（56）扔一根烟他。

8. "告诉"类动词

除了"说、讲、唱"，构成双宾A式，"说、讲、唱"只能进入双宾B式。

双宾A式：

例（57）我问你一个问题。

例（58）王老师教我们数学。

双宾B式：

例（59）等下，我说个事你哦。

例（60）我讲个笑话搭你。

（二）赤壁方言双宾构式的语义地图（图13-1）

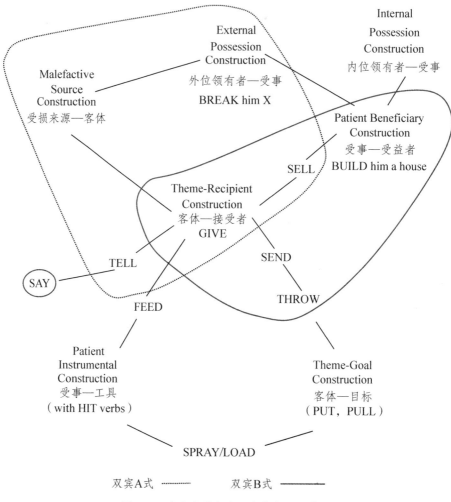

图13-1 湖北赤壁方言双宾构式语义地图

1. 赤壁方言双宾构式语义地图解读

1）赤壁方言双宾构式的语义地图如上图所示，除了"说、讲、唱"外，没有出现断链现象，基本符合MHC（2007）语义地图的预测，再次证明了该语义地图是一张反映世界语言双宾构式的蕴含共性的语义地图。

2）赤壁方言双宾构式在"客体—接受者""SELL"（卖）这两个概念上是重合的，也就是说"V+O$_间$+O$_直$"和"V+O$_直$+O$_间$"这两种语序都能表达这两种概念。双宾A式还表达了"TELL"（告诉）、"受损来源—客体"、"外位领有者—受事"语义，而双宾B式表达了"受事—受益者"、"SEND"（寄送）、"THROW"（扔）语义。

3）"送把"类动词、"卖"类动词都可以构成双宾A式、B式两种句式，这两种句式之间可以自由转换，它们表达的基本意义相同，都是表示"给予"义。如：

例（61）他卖了不少水货烟熟客。/他卖了熟客不少水货烟。

例（62）年底，单位奖了几千块钱他者。/年底，单位奖了他者几千块钱。

4）在赤壁方言中，"告诉"类的动词除了"说、讲、唱"以外，都只能构成双宾A式，如：

例（63）我问你一个问题。

例（64）我答应你达个事（我答应你这件事情）。

但是"说、讲、唱"这几个动词不能构成双宾A式，只能构成双宾B式，例如：

例（65）等下，我说个事你哦。

例（66）我讲个笑话搭你。

例（67）你唱个歌儿我者，好不好？

原因是在这几个句子中，除了包含言语信息传递这个过程，事实上还包含着另外一个过程——"给予"，它们分别表示"我说给你一件事情""我讲给你一个笑话""你唱个歌给我们"，且"给予"过程是伴随着言语信息传递过程的，并强调了"给予"的意味，这类句式只存留在老派方言者的口中，与赤壁方言的双宾B式源于古代汉语有很大关系（下文将详细阐述这个原因），因此，这几个句子只能进入双宾B式表达"给予"义。

2. 赤壁方言双宾构式与普通话双宾构式语义地图的异同（图13-2）

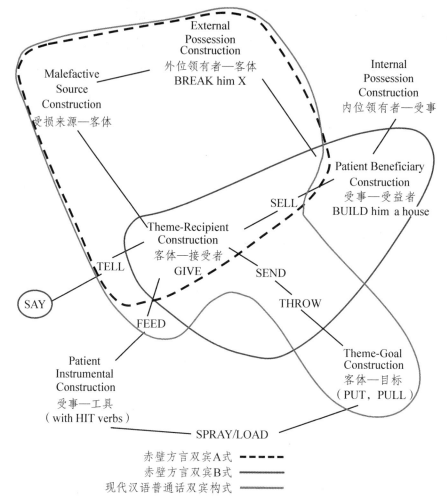

图13-2　赤壁方言双宾构式与普通话双宾构式语义地图的异同

从图中不难看出，现代汉语普通话双宾构式语义最为丰富，"SEND"（寄送）、"THROW"（扔）两个节点的语义在赤壁方言中由双宾B式承担。并且，赤壁方言双宾B式承载了"受事—受益者"语义，由"制作"类动词构成，这在普通话中是没有的，在隆回湘语中，该语义也是由介宾状语式承担的。

在赤壁方言中，"制作"类动词构成的双宾句都可以转换为"S+跟+O$_同$+V+O$_直$"式句子，其中的"跟"与"替"的意义相同，用"跟"引进受益者。如：

例（68）我跟爸打了件毛衣。

例（69）跟我盖个章来！

例（70）中午你就跟他煨个藕汤。

（三）从古代汉语和现代南方方言看赤壁方言双宾B式存在的基础及其发展趋势

从上文的研究可以看出，赤壁方言双宾A式和双宾B式在语言使用中的分布是势均力敌的，现代汉语普通话中只有双宾A式，没有双宾B式。那么，双宾B式在赤壁方言中的存在有历史源流吗？它的发展趋势又是如何呢？

方言是语言的活化石，汉语南方方言中普遍存在的"S+V+$O_直$+$O_间$"式双宾构式并不是偶然出现的，在古代汉语中就已经存在这种双宾构式了。

双宾B式在上古时期就存在，贝罗贝指出"动+直+间"是战国时期（即公元前5世纪至公元前3世纪的上古后期）的古代汉语中双宾构式的四个基本形式之一。到了中古时期，双宾句有了发展，"从唐起，上古汉语的基本结构继续维持：'动+间+直''动+直+于+间''以+直+动+间'。但其中最后两种自此之后只用于文言文。只有第一种在白话中亦可以运用。汉代与魏晋时代的另外两种结构'$动_1$+$动_2$+间+直'及'$动_1$+直+$动_2$+间'继续存在，并在白话的文献里相当普遍"[1]。从魏晋到唐宋及以后的发展演变情况可以看出，双宾B式在文献中越来越少见了。

双宾B式不仅存在于赤壁方言中，在湖北省以及其他地区也广泛存在。从几大方言区的情况来看，双宾B式分布范围广泛，基本覆盖了粤语、客家话、闽语、赣语、吴语、湘语以及官话方言区的西南官话、江淮官话。也可以简单地说，双宾B式是南方方言区普遍存在的一种双宾构式。

那么，双宾B式的发展趋势如何呢？

戴昭铭在《天台方言初探》一书中指出：在天台方言的双宾语结构类型中，A式已成为使用频率较高的强式结构，其次是C式（V+$O_直$+V+$O_间$）。B式的地位

---

① 贝罗贝. 双宾语结构从汉代至唐代的历史发展[J]. 中国语文，1986（3）：210.

已趋于式微，且多限于$O_间$和$O_直$都较简短的日常语句中。[①]

戴昭铭不仅描述了天台方言以及吴语33个地点的发展趋势，其实也基本描述了整个南方方言中双宾B式的发展趋势。随着普通话的渗透，双宾B式在各方言中的使用越来越式微，趋于从属地位。在有的方言中，双宾B式的用法已经消失，究其原因，主要有两点：一是双宾B式自身使用条件的限制；二是普通话的渗透影响。

首先，受双宾B式自身使用条件的限制，该句式的使用范围比较窄，难以成为优势语序。在赤壁方言（陈莉琴，2009）、邵阳方言（孙叶林，2004）、大冶方言（汪国胜，2000）等方言中该句式都具有部分能产性，不仅给予类动词可以进入该句式，索取类动词也可以进入，甚至是不能进入普通话双宾构式的动词如"抄写"类也可以进入，并固定地表达一种意义。在这些方言中，当A式、B式可以并存使用且表达同一个意义的情况下，当地人都倾向于使用双宾B式。在其他方言中也存在双宾B式，但该句式的使用，要么受限于动词的类型，即只有给予类动词才能进入该句式；要么受限于句类，只有在祈使句中采用该句式，或受宾语长短的影响。也就是说，在这些方言中，双宾B式的使用是不自由的。

其次，普通话的渗透影响。普通话对方言双宾B式的影响体现在多个方面。第一，从双宾B式的使用群体来说，它的使用与否与说话人的年龄、受教育程度以及普通话的使用情况有关。这也可以解释为什么前文所讨论的"说、讲、唱"几个动词只能进入双宾B式，因为这几个词构成的双宾B式都是方言古语的保留，只存在于年纪较大的人口中，比如：我讲个笑话搭你。第二，从句式的发展来说，在某些方言区，双宾A式已经经历了从无到有的迅猛发展过程，出现了三式并存、相互竞争的状态，在有的地区，双宾B式的说法已经被排挤出去，不再使用了。孙叶林（2004）在对邵阳方言双宾B式使用趋势的分析中提到，根据一些方言资料，长沙遗存有双宾B式，而在孙叶林对四名当地人（年龄较大者）的调查中却表明他们都不曾说该句式，在衡阳只有文化程度较低的老年人才偶尔使用该句式。

总的来说，由于受到普通话的影响，方言双宾B式在南方方言区的使用越来

[①] 戴昭铭. 天台方言初探[M]. 北京：中国社会科学出版社，2003：155.

越受限制，其使用范围在逐步缩小。

三、小结

本章对湖北赤壁方言双宾构式的两种语序进行了考察，以MHC（2007）语义地图为底图绘制了双宾A、B句式的语义地图，并与普通话进行了比较。予夺不明义动词，如"借、租、赊、换、支"等，既包含着"给予"义，也包含着"索取"义。普通话中双宾句只有间接宾语在前，直接宾语在后这一种语序，即只有双宾A式，当这类动词进入普通话双宾句时，句子就会产生歧义。在赤壁方言中，这几个动词构成双宾A式和双宾B式两种双宾句。构成双宾A式时，表示"索取"义；构成双宾B式时，表示"给予"义。两种双宾句式的语义都属于客体—接受者结构，因此不会产生歧义。此外，赤壁方言双宾B式表达了受益事件，这在普通话中是不存在的，该句式表达受益事件可能是古代汉语"于"字句式的存留。最后考察了赤壁方言双宾B式在古代汉语及现代南方方言中的使用情况及其发展趋势，得出结论：由于双宾B式自身使用条件的限制和普通话的渗透，双宾B式在湖北赤壁方言及其他南方方言中的使用趋于式微。这也可以解释为什么"说、讲、唱"这几个动词只能进入双宾B式，在语义地图上形成了断链，因为由这几个动词构成的双宾句都是古语的存留，只存在于年纪较大的方言者的话语中，而其他"告诉"类动词受到普通话的影响，早就进入双宾A式，活跃于年轻人的语言里。

第十四章　湖北黄孝、大冶方言双宾构式的语义地图研究

一、汉语方言内部差异很大，可以运用语义地图模型来研究湖北方言双宾构式

　　中国自古幅员辽阔，地理山川的阻隔、历史上的人口迁徙和不同的风土人情等原因使得中国的方言差异极大。虽然中华人民共和国成立以来普通话推广工作取得了极大成功，但是大部分地区的方言内部差异依然存在，尤其在语音和语法方面。以双宾构式为例，其形式和意义在普通话和方言中有不同的表现，是一个多功能语法形式。如：

　　1）普通话

　　例（1）a. 我送了她一本书。（给予）

　　　　　 b. 我偷了他一块表。（获取）

　　　　　 c. 我告诉你一件事。（告知）

　　　　　 d. 我叫她祥林嫂。（称叫）

　　　　　 e. 打断他一条腿。（外位领有者受损）

　　2）湖南益阳方言

　　例（2）a. 赔部新单车你。（给予）

　　　　　 b. 收你五块钱。（获取）

　　　　　 c. 告诉你一只好消息。（告知）

　　　　　 d. 叫她胖大嫂。（称叫）

　　3）江苏溧阳方言

　　例（3）a. 厂里前夜子（前天）送箱牛奶他。（给予）

　　　　　 b. 娘娘（姑姑）今朝买则（了）件棉毛衫萍萍。（获取）

　　　　　 c. 等我有空就打件线衫姆妈。（制作）

　　d.妈妈讲只要我听讲话，就告诉一个秘密我。（告知）

　　普通话的双宾构式语序为"V+O$_{间}$+O$_{直}$"，例（1）四个句子分别表达给予、获取、告知、称叫和外位领有者受损五种语义。而湖南益阳方言的双宾构式有两种语序。当语序为"V+O$_{直}$+O$_{间}$"时表示给予；当语序为"V+O$_{间}$+O$_{直}$"时，表达称呼、获取、告知的语义。江苏溧阳方言双宾构式的语序为"V+O$_{直}$+O$_{间}$"，分别表示给予、获取、制作和告知义。有些方言，如兰州方言则排斥双宾句，当句中要出现两个宾语时，一般用介词"把/给"将宾语提前来进行表达。这些都说明汉语方言内部的差异很大，这为利用语义地图这一工具分析方言提供了可能性。

二、构建语义地图：以湖北黄孝、大冶方言为例

　　湖北境内的方言有很多，包括西南官话、江淮官话、赣语、湘语等。丰富的方言语料提供了差异足够大的多功能语言形式以进行跨语言比较。一方面，湖北地处我国中部，处于汉语南北方言（官话和非官话）的过渡地带，语言状况相当复杂，既有官话，也有非官话。而江淮官话作为官话又不是很典型，境内赣语也是处于赣语区的边缘。另一方面，近几年关于湖北方言的研究性著作并不多，而且大部分都是"突显有别于普通话的方言特点"和"举例说明"式的材料。因此，研究湖北方言的语义地图大有价值，而语义地图研究方法在彰显湖北方言个性的同时，也能体现汉语方言与世界其他语言的共性。

　　通过方言资料的搜集整理，笔者发现湖北境内的西南官话（如恩施、十堰、荆门等地方言）的双宾构式和普通话差异不大，基本上都是"V+O$_{间}$+O$_{直}$"的语序，表达给予、获取、称呼、告知等语义。如：

1）恩施方言

例（4）a.老林把哒他一包烟。（给予）

　　　　b.我拿哒他十块钱。（获取）

　　　　c.我们都喊他老大哥。（称呼）

　　　　d.我问你个事情。（告知）

2）十堰方言

例（5）a. 你还我钱。（给予）

b. 我拿唠他好几本书。（获取）

c. 谁告诉我咋搞的？（告知）

d. 老师夸小明好娃子。（称呼）

3）荆门方言

例（6）a. 他送（给）小王一个手机。（给予）

b. 张三拿哒李四一本小说。（获取）

c. 我请教你一个问题。（告知）

d. 人们称他活神仙。（称呼）

由此可知，湖北地区西南官话方言点的双宾构式和普通话以及大多数北方方言都没有太大差异，在MHC（2007）的语义地图上都能得到连续的区域（图14-1），符合语义地图的预测，再一次印证了该图的准确性。

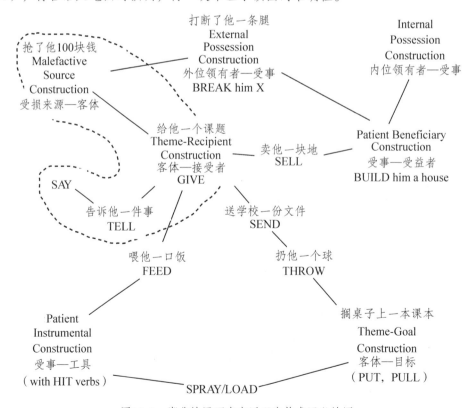

图14-1　湖北地区西南官话双宾构式语义地图

但是黄州、孝感、大冶三地方言中的双宾构式和普通话存在较大差异。大冶方言属于鄂东赣语，黄州、孝感方言（以下称"黄孝方言"）则属于江淮官话里的黄孝片，带有下江土语风味。因此本章主要选取这三个代表性的方言点来研究湖北境内的方言，但不排除使用其他地区的方言语料。

（一）黄孝方言双宾构式

黄孝方言中除了"V+O$_间$+O$_直$"（双宾A式）和"V+O$_直$+O$_间$"（双宾B式）外，还普遍存在用介宾补语式（"V+O$_直$+得+O$_间$"）来表达"给予"义的双宾构式，如：

例（7）你挖五十斤苕、十斤花生得镇中的那个校长（你挖五十斤红薯、十斤花生给镇中的那个校长）。

其中"得"是一个带"给予"义的介词，当直接宾语过长，从而使得间接宾语和动词距离过远时就必须加上"得"，这样句子的结构才能更加紧凑。也就是说，介宾补语式其实是双宾B式在满足一定条件时的变式，因此，二者可以看作一种句式，即双宾B式"V+O$_直$（+得）+O$_间$"。表14-1是所调查的安陆、黄州方言双宾构式语料。

表14-1　安陆、黄州方言双宾构式语料

方言	双宾构式	构式义	例句	参考文献
安陆方言	V+O$_直$（+得）+O$_间$（双宾B式）	给予	借十块钱（得）我	王求是（2014）
	V+O$_间$+O$_直$（双宾A式）	给予	我给他一本书	
		获取	我赢了他两盘棋	
		告知	小张请教过我几个问题	
		称呼	你莫喊我老师	
黄州方言	V+O$_直$（+得）+O$_间$（双宾B式）	给予	你送点儿肉他 你煮点儿粥他 我赚两个钱你 二爷教了个手艺（得）三毛	汪化云（2004）
	V+O$_间$+O$_直$（双宾A式）	给予	二爷教了三毛一个手艺	
		获取	我抢了他十块钱	
		告知	告诉他一件事	
		称呼	我喊他大哥	

从表格中可知黄孝方言有双宾A式和双宾B式。以黄州方言为例，不少学者称黄州方言双宾B式为"类双宾句"，原因就在于其除本身含有"给予"义的动词之外，制作类、告知类、索取类动词也可以进入该式，但最终的构式义都为"给予"。与之对应的双宾A式也能表达"给予"义且语序与普通话一致。同属于黄孝方言的安陆方言也存在类似的情形。根据语言的经济原则，一种语言中表达同一语义的两种不同语序不可能是在该语言系统中自然滋生的。那么同样是表达"给予"义的双宾构式，为什么黄孝方言会有A、B两种不同的语序呢？

关于两序并存的原因，汪化云（2004）从二者的使用中发现了它们的差异。从共时的角度来看，黄州人在非正式场合脱口而出的是B式，而在书面或正式的口语中一般使用A式；地道的黄州口语动词"把（给）"一般只能构成B式，构成A式比较别扭。如：

例（8）双宾A式：[?]我把隔壁二爹十块钱。

　　　　双宾B式：　我把十块钱隔壁二爹。

这些都反映了双宾B式的口语色彩和双宾A式比较正式的书面语色彩。

从历时的角度来看，正如桥本万太郎所言，亚洲大陆各语言有一个特点，就是它们突破了20世纪所谓"语系"的差异，形成了一个完整的结构连续体，连结"南"（南亚语言）"北"（阿尔泰语）的汉语的语言结构决不是等质的，句法上古代语向现代语的"纵"的演变，和句法类型上南方方言向北方方言的"横"的推移，正好相对，互为验证，这种对应不只是在南北或古今的两极，连接古代和现代之所谓"纵"（时间）的变化的中间阶段，也和处于南方方言北部、北方方言南部所谓"横"（区域）的中段相对，从而可以把这些区域性推移当作历史演变的反映来考察。黄州地区正处于南北之交的长江流域，其方言也兼具北方方言和南方方言特定结构的特点，应当认为黄州方言中这类两序并存的现象，正是句法结构古今演变、南北推移的产物。

首先，黄州方言双宾A式与古代汉语、宋元白话双宾句的一般语序相同；其双宾B式在古代汉语中也有用例，但是不多。如：

例（9）a. 先自度其足而置之其坐。（《韩非子·外储说左上》）

      b. 又献玉斗范增。（《汉书·高帝纪》）

      c. 吾闻秦军围赵王巨鹿。（《史记·项羽本纪》）

这样的语序在普通话中是不存在的。事实上，在今天的南方方言中，双宾句语序一般也是B式。如：

例（10）a. 湖南汝城：拿块钱我。

        b. 浙江金华：我约点儿饭鸡吃吃哦 _{（我拿点饭给鸡吃吧）}？

        c. 江苏宜兴：我倒杯茶你喝。

        d. 宁夏固原：拿块肥皂我。

        e. 下江官话某方言点：厂长要点纪念品小王了吧。

由于记录古代汉语口语的资料极少，不能准确地判断黄州方言双宾B式是否完全是古汉语遗留的产物，但是按照大致的时间推测，"东南各省诸方言大多是唐宋之前形成并定了型的。1000年前，北方汉人先后陆续入住这些'蛮荒'之地，由于山川阻绝……造成了东南各省方言保留古代语言成分多"[①]。现今的北方方言一般认为是元以后形成的，一度入主中原的蒙古族、满族所操的阿尔泰语系语言对其面貌不可能不产生影响。而北方方言晚近以来又影响了南方方言，其中主要是湘、赣、吴、徽诸地方言。这些都说明了北方方言对黄州方言的影响。双宾B式与黄州方言语法系统中的很多语法现象也是协调的，应是黄州方言中固有的语序，而给予类双宾A式不是黄州方言中原生的语序，其可能是在允许的范围内出现的北方方言、普通话语序在该方言中的叠置。理由是黄州方言中存在着大量的与双宾A式一致的结构，比如"问告"类（我问你一句话）、"该欠"类（我该他十块钱），从而使得叠置成为可能。因此，黄州方言双宾A、B式都有表示"给予"义的现象是黄州方言中存在的文言文语序与现代汉语普通话语序叠置的结果。

据此将给予类双宾A式排除在外，又因为双宾B式只有"给予"一种功能，在语义地图上只是一个单一的点，无法形成连续区域，因此只绘制非给予类双宾A式的语义地图。

---

① 李如龙. 论汉语方言语音的演变[J]. 语文研究，1999（1）：109.

以MHC（2007）语义地图作为底图，在湖北西南官话双宾构式语义地图基础上勾画出了黄州方言非给予类双宾A式的语义地图（图14-2）。

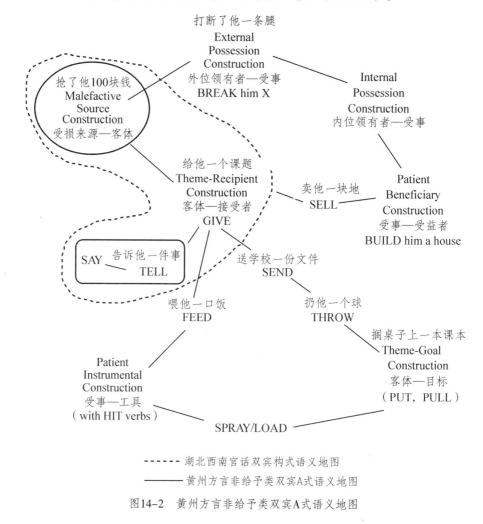

图14-2　黄州方言非给予类双宾A式语义地图

（二）大冶方言双宾构式

大冶方言属于赣语区，其双宾句和普通话有较大差异，主要表现在将给予对象置后、给予物置前的"V+O$_直$+O$_间$"这一结构。典型的给予类动词"把、送、卖、交"自不必说，但是不含"给予"义的"制作/移动"类动词"搬、煮、抄、写"以及索取类动词都可以进入该构式，表达"给予"的构式义。具体例句见表14-2。

表14-2 大冶方言双宾构式语料

方言点	双宾构式语序	构式义		例句
大冶方言	V+O_间+O_直（双宾A式）	给予		我把你件旧衣裳
		获取		交警罚了我两百
		告知		我告你个好法子
		称叫		我也叫你细老子（我也叫你幺叔）
		其他	泼洒	我时错踩了渠一脚个泥巴（我不小心踩了他一脚的泥巴）
			差欠	我还差你三百块钱
			学帮	我帮你损牛，你替我插田（我帮你使牛，你替我插秧）
	V+O_直+O_间（双宾B式）	给予		我把件旧衣裳你 你抄份名单我（你抄一份名单给我）

从表14-2可知，大冶方言和黄州方言的双宾构式没有太大差异，除了受普通话影响而产生的非本土的给予类双宾A式以外，基本上都是用双宾B式表达给予事件，双宾A式表达非给予类的其他事件，其非给予类双宾A式的语义地图也和黄州方言相同（见图14-2），都出现了不连续的区域。为什么其他语言，包括汉语北方方言和湖北西南官话方言点都能形成连续区域，而单单东南角的方言成了例外呢？

语义地图上各概念点之所以能建立关联，纯粹来自概念上的考虑：它们在概念上有天然的、普遍的联系，因此呈现于连续的区域。但是又不完全是概念相关性这一内因，还有偶然性因素。例如完全无关的概念碰巧使用了同音形式，或本不同形，因历史音变而同形；也有可能是历史演变中词项更替、淘汰的结果，例如连续区域中间的某个功能，后来为另一新形式所取代，原本的形式不再负载该项功能，导致不连续的例外情形。而黄孝、大冶方言中非给予类双宾A式的不连续正是这些偶然因素干扰的结果。具体来说，词项的更替以及新双宾构式的取代造成了语义地图的不连续性。

这个时候，不能仅观察双宾构式，必须扩大研究范围。通过语料搜索发现，与双宾构式同属双及物结构的介宾补语式在这些方言中也广泛存在。

于是就有这样一个问题：为什么双宾B式仅限于给予类，而非给予类双及物事件若用双宾结构表达，一般也是用双宾A式？张敏（2011）认为这两种双宾构式语序差异的一个明显的关联项就是"给予动词"。不同于以往学者按照动词语义将双宾动词划分为多个小类的方法，张敏将"给、畀（粤语）"或者英语"give"等这些意义比较概括的动词称为"通用给予动词"（简称"V给"），而"寄、交、送"这类包含了方式特征的动词称为"给予类动词"。在几乎所有的北方官话和云贵川西南官话以及大部分晋语里，通用的给予动词是"给"；而长江中下游地区的中间地段，尤其是江西境内及毗邻的湖北东南地区，不少赣方言点根本就没有双及物给予动词。没有动词"给"，自然就不可能有"给他一本书"这样的双宾结构。但给予事件在生活中又是必须要表达的事件之一，因此只能采用迂回的方式来表达，即用持拿义动词作主要动词引出客体论元，用介词引出方所/与事论元。换言之，这些方言如果要表达"给某人某物"，就要用"拿某物到某处/某人"这一结构义来表达。从黄州、大冶方言的语料可知，进入到双宾B式的动词（"煮、赚、教、抄"）都是二价的单宾动词，只能给一个宾语赋元，即受事宾语，因此在双及物的给予事件表达式中，与事宾语必须由另一形式赋元，即用一个方所介词"得"充任与格标记引出与事成分，就形成了介宾补语式。在没有通用给予动词、因而也没有给予类双宾A式的南方方言中，介宾补语式用来表达给予类双及物事件的负荷是100%，而高频的使用势必会导致语言成分的磨损或缩减。经过历时的衍变，介宾补语式中的与格介词逐渐脱落，最终衍变为双宾B式。

这一现象与汉语史上一个重大事件有关，即原有给予动词的衰微与消失。上古至中古时期，当"予、遗"消失之后，主要的"V给"就是"与"，可是自宋元以来"给"正在取代"与"，而且这一替换过程在南北方呈现出不同的速度和情形。张敏认为新兴的"给"开始在中原地区散播之时，今天东南方言的前身已非形成中的早期中原官话的一部分，甚至有一部分已经脱离了中原官话母体。当北方大部分地区的方言中旧的"V给"衰亡之际，北方人口大量迁徙至南方，因此当北方方言"给"替换"与"的时候，南方方言就躲过了这一塑造官话整体格局的演变，也就没有受到"给"的波及，于是造成南方方言中普遍缺少"V给"。不同于通用给予动词"V给"，称呼类、索取类、告知类等动词在南北方言中并没有受到这一演变的影响，因此这些动词表达的非给予类事件都是用双宾A式表达的，最终造成长江中下游地区的赣方言和以黄孝方言为代表的江淮官话中给予类事件用双宾B式，而非给予类事件用双宾A式的格局。

三、小结

结构主义语言学和转换生成语法都过于强调结构的分解，因此没有很好地把握双宾构式形式和意义的平衡点，而构式语法从动词义和构式义的互动关系出发，将双宾构式作为一个整体，与语义地图分析同一形式的多种功能的用途不谋而合，因而本章采用构式语法和语义地图相结合的方法研究汉语方言的特殊性。在黄孝、大冶方言中，非给予类事件是用与普通话语序相同的双宾A式表达，而给予类事件则是用普通言和大多数北方方言所没有的双宾B式表达。经过调查研究，这一差异被发现与历史上通用给予动词"V$_{给}$"的衰亡、新兴给予动词"给"的兴起以及自宋元开始的北方人口南下有关，最终造成了南北双宾构式语序的差异。这些偶然性因素虽然对形成连续性区域造成了干扰，但是也推进了汉语方言的比较研究和历时研究，证明了MHC（2007）语义地图的准确性和针对大多数语言/方言的普适性。

第十五章   结语

本书的研究对象是现代汉语普通话及方言的双宾构式，研究的目的是在前人研究的基础上，运用当代语言学理论，如事件结构理论、句法联接理论等，特别是构式语法理论，对现代汉语的双宾构式进行梳理和详尽的语义、认知分析，在此基础上，重点研究双宾构式的句法语义接口整合问题，力争使双宾构式的研究能够更进一步，同时在一些理论性问题上也提出自己的看法，进而促进当代语言学理论的发展。最后运用语义地图理论研究现代汉语方言的双宾构式，勾画各个方言双宾构式的语义地图，并对各个方言语义地图中双宾构式的特异现象作出解释。

一、本书的研究特点

1）本书所进行的研究全面运用构式语法理论。现有的一些研究文章或论著在运用构式语法分析同一语言现象时有实用主义倾向，认为同一语言现象有的部分是由构式决定的，有的部分是由动词决定的，有的部分是由构式和动词共同决定的。用动词解释得通的就说是由动词决定的，用构式解释得通的就说是由构式决定的，单用动词或用构式解释不通的就说是由动词和构式共同决定的，但对动词和构式到底是如何起作用的论述不详。构式语法理论似乎成了"任人打扮的小姑娘"，研究和运用构式语法的态度极其不严肃，这既有悖于构式语法理论的原义，也不符合汉语的实际。本书十四个章节的全部内容都是在构式语法理论指导下进行的，研究主旨是运用构式语法理论以及语义地图理论来分析汉语的双宾构式。

2）本书所进行的研究是侧重于解释性的，构建了一个构式语法分析框架，并运用双宾构式来验证这个分析框架和模型。如针对Goldberg构式语法理论在解释语言现象时的不足，吸收其他类型的构式语法理论的合理内核，对Goldberg构式语法分析框架进行改进，建立了新的构式义和动词义的整合和互动分析模型，并以此来分析双宾构式义和动词义的整合和互动、双宾构式的语义特征和动词语义特征的整合和互动。最后从构式与动词关系的角度研究进入双宾构式的动词类型，双宾构式的句法联接规则等。

3）本书所进行的研究对构式语法进行了改进。构式语法作为认知语言学旗帜下新兴的语法理论，Goldberg认为其有如下的优越性：

（1）避免动词的不合理义项。动词的很多用法是由结构赋予的，而不是自身固有的。

（2）避免循环论证。乔姆斯基的"管辖和约束"（GB）理论存在着循环论证问题，比如认为一个句子的论元结构是句中动词可带论元数目的投射，而该理论在确定动词的论元数目时，又是以动词在句子中带论元的多少为依据。构式语法则认为，动词实际上只有一个，它的多种用法是由不同的句式决定的。

（3）保证动词语义的经济简单。

（4）保留语言结构的复合性。

（5）具有关于句子理解试验的基础。

但Goldberg构式语法在解释语言现象时也存在诸多不足，其他语言学家对Goldberg构式语法的几个最集中的批评意见是：

（1）构式义是从哪里来的？Goldberg构式语法认为，整体意义大于部分意义之和，句子意义不能只根据组成句子的词汇意义推知出来，构式本身具有独立于词的意义，那么构式义是从哪里来的？

（2）动词进入构式的条件是什么？什么样的动词类型能进入相应的构式？构式语法预测一个什么样的特定动词出现在某种句式中是极其困难的。

（3）构式与动词的关系是什么样的？构式义与构式中主要动词的意义可能相同、补充或否定，是一种互动关系。动词义与构式义有时一致，有时不一致。两者一致时，语义合格，两者不一致时，则通过压制，要么生成合格语句，要么生成不合格语句。这样就提出了汉语语法研究中的一个重要问题：语言中一形多义现象的成因到底是由动词的多义性还是由构式的多义性所决定的？

（4）构式中句法语义接口是如何实现的？Goldberg构式语法认为，语义角色与句法成分之间的配位是没有规律的。句法与语义的联接没有普遍规则,同样一个动词经常会出现在多种论元结构框架中,每一个构式有着不同的句法语义联接,这样构式语法只能在一个个具体的构式中来研究句法语义接口问题,而构式语法认为用转换来联系的构式并无相同的真值条件可言,导致构式数量的不断扩大,自然构式中句法语义接口问题也就无任何规律可言了。

而一般语法理论认为,语言中句法与语义的联接是有规则的。

(5)论元结构是最适宜的分析单位吗?Goldberg构式语法以论元结构作为分析构式的分析单位,但其他语言学家认为论元结构有循环论证之嫌,最适宜的分析单位应该是事件结构。

(6)语法结构的多义性问题是如何形成的?语法结构的类型是非常有限的,然而表达的语义类型则是多种多样的。构式语法的一个基本观念是,语法结构跟词汇一样具有"本义",通过引申机制可以表达多种相关的意义,形成一个语法结构的语义网络。

由于Goldberg构式语法理论在解释语言现象时存在着的一些缺陷和不足,本书在分析双宾构式时对构式语法进行了改进,表现在以下几个方面:

(1)在语言哲学观上,引入生成整体论,本书回答了构式的生成过程和机制问题。我们认为,构式的生成过程是:客观存在的事件通过感官感知而形成认知图式—认知图式投射到人类语言层面形成意义框架—意义框架投射到一个具体语言—根据构式意义的需要在词库中物色具体词语而构成具体的句子。

(2)在分析路径上,采用生成学派的事件结构理论、认知学派Talmy的概念结构模式来解释语言现象。在此基础上,提出双宾构式是多个事件结构的重叠,是由致使事件和运动事件整合而成。

(3)分析构式与动词的匹配和互动关系。本书对Goldberg的分析模型进行了改进和完善,建立了自己的构式义和动词义的匹配和互动模型。

(4)利用事件结构理论、句法联接理论来解释句法语义接口问题。

(5)利用认知隐喻、转喻理论来研究构式的多义现象,认为构式是一个有着"家族象似性"的连续统。

4)吸收其他语言学流派的理论,如生成学派的事件结构理论、句法联接理论，认知学派Talmy的概念结构理论来完善分析框架，还利用传统学派的语义特征分析方法来分别分析构式和动词的语义特征。

5）运用语义地图理论来研究现代汉语方言的双宾构式，勾画现代汉语方言的语义地图，并对特异之处作出解释。本书在构式语法理论框架之下，承认构式的多义性，构式义和动词义互动和整合，分析了进入各个方言双宾构式的双宾动词的语义类型，确定了构式义，明确了构式义对动词义的制约和限制作用。

二、本书的研究结论

1）双宾构式的界定：要想对双宾构式的句法语义整合接口及其相关问题进行全面深入的研究，首先就要对双宾构式的语义和范围进行界定。为了从不同侧面厘清这个问题，本书讨论了传统双宾语的定义，双宾语范围的扩大，句法上鉴别双宾语真伪的有效途径，确定了双宾句的范围，分析了索取类双宾句的合法性问题。

2）双宾构式对双宾动词及构式论元的语义制约：本书运用构式语法理论和隐喻理论来分析双宾构式的语义构成和语义特征，旨在归纳与发现双宾构式诸多语义之间的关联性，以及这些语义特征之间的兼容和匹配。在此理论框架之下，本书首先确定了双宾构式的句式语义，分析了双宾构式的语义特征，双宾动词的原型语义特征，研究了制约双宾构式成立的因素——进入双宾构式的动词特点，双宾构式论元的语义特征，以及双宾构式三个参与者论元之间的关系。

3）构式义与动词义的互动和整合：本部分首先讨论了基于认知框架的动词义、构式义，然后引用Goldberg关于动词义与构式义的相互作用的观点，指出词汇中心主义与Goldberg的观点的分歧，在此基础上，阐述了构式义和动词义的关系，进而提出构式义和动词义的整合模型，最后利用构式义与动词义匹配和互动的模型来解释双宾构式中动词和构式之间互动关系的三个层次。

4）能进入双宾构式的动词类型：在这一部分中，本书首先讨论了双宾构式的句式语义特征。双宾构式都表示"领属关系转移"；双宾构式的整体意义要求三个强制性成分与动词同现；施动者对事件有较强的控制力。然后讨论了进入双宾构式的动词的语义特征：[+转移][+双及物]，说明生成整体论范式下进入双宾构式的动词是一个小整体，与双宾构式之间是动态整合关系。在此基础上，本书分别从意义和配价两方面对进入双宾构式的动词类型的语义特征进行了讨论，旨在说明双宾动词不能等同于三价动词，并不是所有的三价动词都可以进入双宾构式，二价动词在符合条件的情况下也可以进入双宾构式，无论是三价动词还是二价动词，它们能够进入双宾构式的条件是要蕴含双宾构式的语义特征，动词和构式之间形成动态整合关系。

5）双宾构式的连续统研究：本部分讨论了双宾构式的连续统问题。首先确定了双宾构式的语义判定标准及分类，然后分析了双宾构式的原型特征，确定了双宾构式是一个连续统，在此基础上，讨论了双宾构式句式之间的典型性问题和双宾构式句式内部的典型性问题。

6）双宾构式的句法语义接口整合研究：本部分在比较词汇语义学、认知语义学、认知语法等语言学流派关于句法联接理论的基础上，重点介绍了Goldberg构式语法关于句法联接的理论，总结了她在句法联接理论上的观点。第一，句法与语义的联接没有普遍规则；第二，许多用转换来联系的构式并无相同的真值条件可言。在此基础上，本书提出自己的关于句法联接理论的观点：句法联接的认知基础是事件结构。本书还分析了基于事件结构的双宾构式的语义关系对双宾构式论元结构整合的影响，认为双宾构式是多个事件套合的复杂事件结构，在这个复杂事件结构中，原型施事实现为主语，原型受事实现为宾语。

7）双宾构式的事件结构分析及其句法表达的条件：本部分首先分析了作为双宾构式经验基础的事件结构，认为由双宾动词记录和表达的双宾构式"领属关系转移事件"是一个复杂的事件，由"致使转移"子事件和"成功转移"子事件整合而成，其典型意义是"施事者有意地把受事转移给接受者，这个过程是在发生的现场成功地完成的"。当动作行为完成以后，在两个名词性论元（NP_2、NP_3）之间形成或失去了领属关系。动词及其参与者构成一个个事件，形成一定的模式并通过语言形式表达出来。双宾小句激活的是多个而不是一个事件结构：首先是致使结构，大致相当于构式语法的论元结构；其次，多数情况下还包含一个运动结构，强调动作本身而非动词；最后还有一个空间结构，表示客体的领属关系。研究表明，在自然语言的句法语义接口层面，事件结构和句法结构之间确实存在着映射关系，在语义上，汉语双宾构式是由一个"致使转移"子事件和一个"成功转移"子事件构成的复杂致使性转移事件结构，双宾句所具有的种种限制条件正是致使性转移事件结构在句法上的投射使然。完成性是双宾句句法限制的关键条件，可以通过多种句法手段得到满足。

8）运用语义地图理论分析现代汉语方言的双宾构式，勾画汉语四种方言双宾构式的语义地图。

三、本书的实用价值

1. 构式语法在语言教学中的运用

语言教学中理论与实践是相辅相成的，结构主义语言学理论使替换练习风行一时，言语行为理论指导外语教学大纲的制定。每一种新的语言理论的出现都会伴随对其理论的应用，同样，构式语法在语言教学领域也具有广泛的运用前景。

构式语法在理论上支持了语法教学。语言能力是认知能力的一部分，言语活动是一种认知活动，语法现实也可能体现人类认知的基本原则：一个句式是一个"完形"，即一个整体结构，句式整体意义的把握跟心理上的"完形"感知一致，受到一些认知原则如顺序原则、包容原则、相邻原则、数量原则等的支配。在实际教学过程中，教师应当抛弃过去通过分小类和分析词类序列来区分和教授不同句式的教学方法，而应向学生强调句式整体意义的把握。例如在教授双宾构式时，教师可不再通过给动词分小类，分析主语、谓语、间接宾语、直接宾语，或是施事、与事和受事来使学生理解、掌握这一结构，而可告知学生这一句式的构式义是"有意的给予性转移"，进入构式的任何实例都是对构式的整体意义的例示，一个表达式的意义等于句式语义和词汇语义的综合。由此从过去强调句式形式的教学法过渡到强调意义的教学法。

2. 为自然语言处理提供学术支持

多数计算语言学研究工作者已经认识到，计算机仅仅掌握语法知识，只能得到语言形式、结构方面的判别依据，难以达到理解语言的真正目的，而自然语言的理解，归根结底是语义理解，在语义知识中语义分析占有很重要的位置，是整个语义系统的基础。

从自然语言处理研究的现状看，该领域的研究已经从词法分析、句法分析深入到了语义分析。近年来计算语言学和语言信息处理在研究方法上有两种思路：理性主义和经验主义。前者是先依据某种语言理论建立语言模型，再从语言模型构造规则系统，所以也叫基于规则的方法。后者是在调查和分析大规模语料的基础上，用统计学的方法处理自然语言，也叫作基于统计的方法。二者相辅相成，相互吸收，取长补短。

本书构建了一个构式语法分析框架，既可以用于分析双宾构式，也可以用于分析其他构式，还可以用于分析复合词。本书的构式语法分析框架同样也可以用于语言知识库的建设，既可以应用于基于规则的语言知识库的建设，也可以应用于基于统计的语言知识库的建设。

在应用于基于规则的语言知识库的建设时，不仅要分析构式和动词的关系，还要研究构式义与动词义的关系，更要研究构式语义特征和动词语义特征的关系，探讨语义与句法之间的组合规律，为自然语言处理提供学术支持。在应用于基于统计的语言知识库的建设时，要划定封闭域，对一定量的构式进行分析，借助现代科学手段，在计算机中实现数据库的构建，再结合语料库的成果，综合分析构式与动词的匹配和互动关系，为自然语言处理提供学术支持。

四、本书研究的不足

本书的研究是侧重于解释性的，主要是在认知语言学相关理论指导下，对构式语法进行详尽的梳理和分析，建立了构式与动词匹配和互动的分析框架和模型，并运用双宾构式来验证这个模型。本书在写作过程中，由于时间限制，没有展开对大规模语料库的详尽分析，这是今后需要深入研究的地方。

本书研究的初衷是基于构式的三个平面的研究，但在研究过程中，重点放在了双宾构式的语义和句法联接规则的探讨上，对双宾构式的语用研究着力不多，这也是本书的一个不足。

参考文献

［1］贝罗贝．双宾语结构从汉代至唐代的历史发展[J]．中国语文，1986（3）：204-216．

［2］巢宗祺．吴语里与普通话"给"相对应的词[J]．华东师范大学学报（哲学社会科学版），1999（5）：78-82．

［3］巢宗祺．粤闽湘赣客家等方言及书面材料中和普通话"给""和"相对应的词[J]．华东师范大学学报（哲学社会科学版），2000，32（4）：111-116+128．

［4］陈昌来．现代汉语动词的句法语义属性研究[M]．上海：学林出版社，2002．

［5］陈昌来．"给予"类三价动词构成的句式及其论元缺省的认知解释[J]．汉语学习，2007（3）：3-12．

［6］陈莉琴．赤壁方言双宾句及相关问题研究[D]．北京：首都师范大学，2009．

［7］陈平．试论汉语中三种句子成分与语义成分的配位原则[J]．中国语文，1994（3）：161-168．

［8］陈淑梅．鄂东方言的"数+量+O"的结构[J]．方言，2003（2）：165-170．

［9］程工．评《题元原型角色与论元选择》[J]．国外语言学，1995（3）：29-33+39．

［10］程杰，温宾利．动词补语并移：基于自然词序的假设[J]．天津外国语学院学报，2008，15（6）：8-15．

［11］程琪龙．双宾结构及其相关概念网络[J]．外国语（上海外国语大学学报），2004（3）：20-25．

［12］崔振华．益阳方言研究[M]．长沙：湖南教育出版社，1998．

［13］大河内康宪．量词的个体化功能[J]．汉语学习，1988（6）：8-13．

［14］戴昭铭．天台方言初探[M]．北京：中国社会科学出版社，2003．

［15］邓思颖. 汉语被动句的三个句法问题[M]//邢福义. 汉语被动表述问题研究新拓展. 武汉：华中师范大学出版社，2006.

［16］邓思颖. 汉语方言语法的参数理论[M]. 北京：北京大学出版社，2003.

［17］丁加勇. 隆回湘语动词句式及其配价研究[D]. 长沙：湖南师范大学，2003.

［18］丁加勇，张敏. 从湘方言动词句式看双及物结构语义地图[M]//李小凡，张敏，郭锐，等. 汉语多功能语法形式的语义地图研究. 北京：商务印书馆，2015.

［19］丁加勇. 湘方言动词句式的配价研究——以隆回方言为例[M]. 长沙：湖南师范大学出版社，2006.

［20］丁建新. 英语双宾及物结构的句法和语义分析[J]. 外国语（上海外国语大学学报），2001（1）：54–59.

［21］董燕萍，梁君英. 走近构式语法[J]. 现代外语，2002，25（2）：142–152.

［22］范晓. 交接动词及其构成的句式[J]. 语言教学与研究，1986（3）：19–34.

［23］范晓. 三个平面的语法观[M]. 北京：北京语言文化大学出版社，1996.

［24］冯胜利. "写毛笔"与韵律促发的动词并入[J]. 语言教学与研究，2000（1）：25–31.

［25］耿智. 从认知-功能视角看英语双宾语结构及其翻译[J]. 外语教学，2002，23（3）：48–52.

［26］古川裕. <起点>指向和<终点>指向的不对称性及其认知解释[J]. 世界汉语教学，2002（3）：49–58.

［27］古川裕. 谈现象句与双宾语句的认知特点[J]. 汉语学习，1997（1）：20–23.

［28］古川裕. 外界事物的"显著性"与句中名词的"有标性"——"出现、存在、消失"与"有界、无界"[J]. 当代语言学，2001，3（4）：264–274+317.

［29］古川裕. 有关"为"类词的认知解释[M]//中国语文杂志社. 语法研究和探索（十）. 北京：商务印书馆，2000.

［30］顾阳. 试论汉语双宾语结构的语义和句法特征[M]//中国语文杂志社. 语法研究和探索（十）. 北京：商务印书馆，2000.

［31］郭锐．现代汉语词类研究[M]．北京：商务印书馆，2002．

［32］郭锐．语法的动态性和动态语法观[M]//商务印书馆编辑部．21世纪的中国语言学（一）．北京：商务印书馆，2004．

［33］郭锐．概念空间和语义地图：语言变异和演变的限制和路径[J]．对外汉语研究，2012（0）：96–130.

［34］郭曙纶．谈动词的逻辑配价[J]．语言研究，2003，23（1）：107–111．

［35］何晓炜．双宾语结构和与格结构的关系分析[J]．外国语（上海外国语大学学报），2003（2）：25–31．

［36］何晓炜．双及物结构的语义表达研究[J]．外语教学与研究（外国语文双月刊），2009，41（1）：20–24+80．

［37］何晓炜．双宾语结构的生成语法研究[J]．当代语言学，2009，11（3）：216–223+285．

［38］何晓炜．最简方案框架下的英汉双宾语结构生成研究[J]．现代外语，2008，31（1）：1–12+108.

［39］胡建华，石定栩．完句条件与指称特征的允准[J]．语言科学，2005，4（5）：42–49．

［40］胡裕树，范晓．动词研究[M]．开封：河南大学出版社，1995．

［41］胡裕树．现代汉语[M]．增订本．上海：上海教育出版社，1981．

［42］黄伯荣．汉语方言语法类编[M]．青岛：青岛出版社，1996.

［43］姜望琪．Zipf与省力原则[J]．同济大学学报（社会科学版），2005，16（1）：87–95．

［44］金立鑫．语法的多视角研究（A multi-dimensional study of grammar）[M]．上海：上海外语教育出版社，2000．

［45］亢世勇．双宾动词语法特点分析[J]．延安大学学报（社会科学版），1997，19（3）：80–84．

［46.]莱考夫．乔治·莱考夫认知语言学十讲（Ten lectures on congnitive linguistics by George Lakoff）[M]．北京：外语教学与研究出版社，2007.

［47］黎锦熙，刘世儒．汉语语法教材：第1编　基本规律[M]．北京：商务印书

馆，1957.

[48] 黎锦熙. 新著国语文法[M]. 北京：商务印书馆，1992.

[49] 李临定. 双宾句类型分析[M]// 中国语文杂志社. 语法研究和探索（二）北京：北京大学出版社，1984.

[50] 李敏. 试论二价动词构成的双宾句[D]. 上海：上海师范大学，2003.

[51] 李如龙. 论汉语方言语音的演变[J]. 语言研究，1999（1）：102-113.

[52] 李曙华. 当代科学的规范转换——从还原论到生成整体论[J]. 哲学研究，2006（11）：89-94.

[53] 李永. 配价语法理论框架下的汉语双宾结构[J]. 宁夏大学学报（人文社会科学版），2003，25（4）：52-55.

[54] 李勇忠. 构式义、转喻与句式压制[J]. 解放军外国语学院学报，2004，27（2）：10-14.

[55] 李勇忠. 祈使句语法构式的转喻阐释[J]. 外语教学，2005，26（2）：1-5.

[56] 李勇忠. 语义压制的转喻理据[J]. 外语教学与研究（外国语文双月刊），2004，36（6）：433-437.

[57] 李宇明. 领属关系与双宾句分析[J]. 语言教学与研究，1996（3）：62-73.

[58] 连琪. 溧阳（社渚镇）方言倒置双宾句[M]//陈忠敏. 吴语研究：第八届国际吴方言学术研讨会论文集. 上海：上海教育出版社，2016.

[59] 梁君英. 构式语法的新发展：语言的概括特质——Goldberg《工作中的构式》介绍[J]. 外语教学与研究（外国语文双月刊），2007，39（1）：72-75.

[60] 梁战军. 系统科学对思维范式引起的变化[J]. 系统科学学报，2006，14（4）：81-83.

[61] 林素娥. 汉语南方方言倒置双宾结构初探[J]. 语言科学，2008，7（3）：308-319.

[62] 林艳. 汉语双宾构式句法语义研究[M]. 北京：北京语言大学出版社，2013.

[63] 刘辰诞. 论元结构：认知模型向句法结构投射的中介[J]. 外国语（上海外国语大学学报），2005（2）：62-69.

［64］刘丹青.汉语给予类双及物结构的类型学考察[J].中国语文，2001（5）：387–398+479.

［65］刘乃仲.关于《"打碎了他四个杯子"与约束原则》一文的几点疑问[J].中国语文，2001（6）：555–557.

［66］刘海章.荆门方言研究[M].武汉：华中师范大学出版社，2017.

［67］卢建.影响予夺不明双宾句语义理解的因素[J].中国语文，2003（5）：399–409+479.

［68］陆丙甫.核心推导语法[M].2版.上海：上海教育出版社，2015.

［69］陆俭明.再谈"吃了他三个苹果"一类结构的性质[J].中国语文，2002（4）：317–325+382.

［70］陆俭明.八十年代中国语法研究[M].北京：商务印书馆，1993.

［71］陆俭明.词语句法、语义的多功能性：对"构式语法"理论的解释[J].外国语（上海外国语大学学报），2004（2）：15–20.

［72］陆俭明.关于语义指向分析[M]//黄正德.汉语语言学论丛：第一辑.北京：北京语言文化大学出版社，1997.

［73］陆俭明.汉语句法研究的新思考[M]//北京大学汉语语言学研究中心《语言学论丛》编委会.语言学论丛：第26辑.北京：商务印书馆，2002.

［74］陆俭明.双宾结构补议[J].烟台大学学报（哲学社会科学版），1988（2）：31–35.

［75］陆俭明.现代汉语语法研究教程[M].北京：北京大学出版社，2003.

［76］陆俭明.变换分析在汉语语法研究中的运用[J].湖北大学学报（哲学社会科学版），1990（3）：64–72.

［77］陆俭明.现代汉语中数量词的作用[M]//中国语文杂志社.语法研究和探索（四）.北京：北京大学出版社，1988.

［78］吕叔湘，朱德熙.语法修辞讲话[M].沈阳：辽宁教育出版社，2005.

［79］吕叔湘.吕叔湘文集：第1卷 中国文法要略[M].北京：商务印书馆，1990.

［80］吕叔湘.语法学习[M].北京：中国青年出版社，1953.

［81］马庆株．现代汉语的双宾语构造[M]//北京大学中文系《语言学论丛》编委会．语言学论丛：第10辑．北京：商务印书馆，1983．

［82］马庆株．汉语动词和动词性结构[M]．北京：北京语言学院出版社，1992．

［83］马庆株．汉语语义语法范畴问题[M]．北京：北京语言文化大学出版社，1998．

［84］满在江．生成语法理论与汉语双宾语结构[J]．现代外语，2003，26（3）：232–240．

［85］满在江．与双宾语结构形同质异的两类结构[J]．语言科学，2004，3（3）：79–88．

［86］满在江．汉语双宾语结构句法研究述评[J]．泰安教育学院学报岱宗学刊，2005，9（4）：95–97．

［87］孟琮，郑怀德，孟庆海，等．动词用法词典[M]．上海：上海辞书出版社，1987．

［88］潘秋平．从语义地图看上古汉语的双及物结构[J]．历史语言学研究，2011（1）：129–159．

［89］潘秋平．语义地图和句式多义性[M]//李小凡，张敏，郭锐，等．汉语多功能语法形式的语义地图研究．北京：商务印书馆，2015．

［90］潘秋平，张敏．语义地图模型与汉语多功能语法形式研究[J]．当代语言学，2017，19（4）：510–545．

［91］齐沪扬．现代汉语空间问题研究[M]．上海：学林出版社，1998．

［92］桥本万太郎．语言地理类型学[M]．余志鸿，译．北京：北京大学出版社，1985．

［93］饶长溶．动宾组合带宾语[J]．语法研究和探索，1985（1）：78–87．

［94］任鹰．现代汉语非受事宾语句研究[M]．北京：社会科学文献出版社，2000．

［95］沈家煊．现代汉语"动补结构"的类型学考察[J]．世界汉语教学，2003（3）：17–23+2．

［96］沈家煊．"有界"与"无界"[J]．中国语文，1995（5）：367–380．

［97］沈家煊．"在"字句和"给"字句[J]．中国语文，1999（2）：94-102．

［98］沈家煊．句式和配价[J]．中国语文，2000（4）：291-297+381．

［99］沈家煊．说"偷"和"抢"[J]．语言教学与研究，2000（1）：19-24．

［100］沈家煊．现代汉语语法的功能、语用、认知研究[M]．北京：商务印书馆，2005．

［101］沈家煊．转指和转喻[J]．当代语言学，1999，1（1）：3-15．

［102］沈家煊．如何处置"处置式"？——论把字句的主观性[J]．中国语文，2002（5）：387-399+478．

［103］沈家煊．不对称和标记论[M]．南昌：江西教育出版社，1999．

［104］沈阳，何元建，顾阳．生成语法理论与汉语语法研究[M]．哈尔滨：黑龙江教育出版社，2001．

［105］沈阳，郑定欧．现代汉语配价语法研究[M]．北京：北京大学出版社，1995．

［106］沈阳．动词的句位和句位变体结构中的空语类[J]．中国语文，1994（2）：139-148．

［107］沈阳．汉语双宾结构分析的不同理论和方法[M]//北京市语言学会．历届语言学前沿论坛精选文集．北京：北京语言大学出版社，2015．

［108］沈阳．领属范畴及领属性名词短语的句法作用[M]//邵敬敏．句法结构中的语义研究．北京：北京语言文化大学出版社，1998．

［109］沈阳．配价理论与汉语语法研究[M]．北京：语文出版社，2000．

［110］沈阳．现代汉语空语类研究[M]．济南：山东教育出版社，1994．

［111］沈园．句法-语义界面研究[M]．上海：上海教育出版社，2007．

［112］施关淦．"给"的词性及与此相关的某些语法现象[J]．语文研究，1981（2）：31-38．

［113］石毓智，李讷．汉语语法化的历程——形态句法发展的动因和机制[M]．北京：北京大学出版社，2001．

［114］石毓智．现代汉语语法系统的建立：动补结构的产生及其影响[M]．北京：北京语言大学出版社，2003．

［115］石毓智．汉英双宾结构差别的概念化原因[J]．外语教学与研究（外国语文双月刊），2004，36（2）：83-89+161．

［116］石毓智．兼表被动和处置的"给"的语法化[J]．世界汉语教学，2004（3）：15-26+2．

［117］石毓智．结构与意义的匹配类型[J]．解放军外国语学院学报，2007，30（5）：1-6．

［118］石毓智．乔姆斯基语言学的哲学基础及其缺陷——兼论语言能力的合成观[J]．外国语（上海外国语大学学报），2005（3）：2-13．

［119］石毓智．语法的认知语义基础[M]．南昌：江西教育出版社，2000．

［120］时兵．古汉语双宾结构研究——殷商至西汉年代相关地下语料的描写[D]．合肥：安徽大学，2002．

［121］宋文辉．现代汉语两类双及物动结式的配位方式[J]．世界汉语教学，2006（4）：42-54+147．

［122］宋文辉．现代汉语动结式配价的认知研究[D]．北京：中国社会科学院研究生院，2003．

［123］苏俊波．郧县方言研究[M]．武汉：华中师范大学出版社，2016．

［124］孙朝奋，GIVÓN T．论汉语普通话的所谓"主宾动"词序——语篇定量研究及其意义[M]//戴浩一，薛凤生．功能主义与汉语语法．北京：北京语言学院出版社，1994．

［125］孙叶林．邵阳方言双宾句研究[D]．长沙：湖南师范大学，2004．

［126］唐世民．结果/使役结构和双宾语结构的事体结构分析[D]．北京：北京外国语大学，2004．

［127］汪国胜．大冶方言句法研究[D]．武汉：华中师范大学，2000．

［128］汪国胜．大冶方言的双宾句[J]．语义研究，2003（3）：88-98．

［129］汪化云．鄂东方言研究[M]．成都：巴蜀书社，2004．

［130］汪化云．黄冈方言中的类双宾句[J]．黄冈师范学院学报，2003，23（1）：72-74+85．

［131］汪化云．黄孝方言语法研究[M]．北京：语文出版社，2016．

［132］王葆华．动词的语义及论元配置——句法语义接口研究[D]．上海：复旦大学，2003．

［133］王纯清．汉语动宾结构的理解因素[J]．世界汉语教学，2000（3）：34-43．

［134］王广成，王秀卿．事件结构的句法映射——以"把"字句为例[J]．现代外语，2006，29（4）：354-361+436-437．

［135］王红斌．后时时间副词作状语的事件句和非事件句[J]．山西师大学报（社会科学版），2004，31（2）：127-131．

［136］王惠．从及物性系统看现代汉语的句式[D]．北京：北京大学，1992．

［137］王惠．从构式语法理论看汉语词义研究[J]．中文计算语言学期刊，2005（4）：495-507．

［138］王黎．关于构式和词语的多功能性[J]．外国语（上海外国语大学学报），2005（4）：2-5．

［139］王力．中国现代语法[M]．北京：商务印书馆，1985．

［140］王立弟．论元结构新论（英文本）[M]．北京：外语教学与研究出版社，2003．

［141］王求是．孝感方言研究[M]．武汉：华中师范大学出版社，2014．

［142］王树瑛．恩施方言研究[M]．武汉：华中师范大学出版社，2017．

［143］王兴才，王艳芳．"动宾动词+宾语"结构及现象探略[J]．青岛科技大学学报（社会科学版），2006，22（3）：116-120．

［144］王寅．英语双宾构造的概念结构分析——双宾动词与构造的分类及"三段式"认知解读[J]．外语与外语教学，2008（8）：1-7．

［145］王玉海，喻国华．论复杂性研究[J]．系统科学学报，2006，14（2）：18-23．

［146］吴福祥．多功能语素与语义图模型[J]．语言研究，2011，31（1）：25-42．

［147］吴福祥．语义图与语法化[J]．世界汉语教学，2014，28（1）：3-17．

［148］向熹．简明汉语史[M]．北京：高等教育出版社，1993．

［149］邢福义．汉语里宾语代入现象之观察[J]．世界汉语教学，1991（2）：76–84.

［150］邢福义．从研究成果看方言学者笔下双宾语的描写[J]．语言研究，2008，28（3）：1–8.

［151］邢福义．邢福义自选集[M]．2版．郑州：河南教育出版社，1993.

［152］邢公畹．一种似乎要流行开来的可疑句式——动宾式动词+宾语[J]．语文建设，1997（4）：21–23.

［153］熊学亮．语言使用中的推理[M]．上海：上海外语教育出版社，2007.

［154］熊志军．论超越还原论[J]．系统科学学报，2006，14（3）：36–39.

［155］熊仲儒．现代汉语中的致使句式[M]．合肥：安徽大学出版社，2004.

［156］徐德宽．现代汉语双宾构造研究[M]．上海：上海辞书出版社，2004.

［157］徐峰．汉语配价分析与实践：现代汉语三价动词探索[M]．上海：学林出版社，2004.

［158］徐杰．"打碎了他四个杯子"与约束原则[J]．中国语文，1999（3）：185–191.

［159］徐杰．普遍语法原则与汉语语法现象[M]．北京：北京大学出版社，2001.

［160］徐杰．语义上的同指关系与句法上的双宾语句式——兼复刘乃仲先生[J]．中国语文，2004（4）：302–313+383.

［161］徐烈炯，顾阳，石定栩，等．共性与个性：汉语语言学中的争议[M]．北京：北京语言文化大学出版社，1999.

［162］徐盛桓．试论英语双及物构块式[J]．外语教学与研究（外国语文双月刊），2001，33（2）：81–87+160.

［163］徐盛桓．相邻和相似——汉语成语形成的认知研究之二[J]．暨南大学华文学院学报，2006（3）：33–41.

［164］徐盛桓．基于模型的语用推理[J]．外国语（上海外国语大学学报），2007（3）：2–9.

［165］徐盛桓．语言的认知维度——生成整体论与认知语言学研究[J]．外语学刊，2008（3）：23–25.

［166］徐盛桓. 相邻关系视角下的双及物句再研究[J]. 外语教学与研究（外国语文双月刊），2007，39（4）：253–260+321.

［167］徐盛桓. 常规关系与句式结构研究——以汉语不及物动词带宾语句式为例[J]. 外国语（上海外国语大学学报），2003（2）：8–16.

［168］徐枢. 宾语和补语[M]. 哈尔滨：黑龙江人民出版社，1985.

［169］延俊荣. "给"与"V给"不对称的实证研究[J]. 语言研究，2005，25（1）：26–33.

［170］延俊荣，江华. "给予"双宾式和与格式共存的动因[J]. 语文研究，2005（4）：11–14+26.

［171］延俊荣. 给予句研究[D]. 上海：复旦大学，2003.

［172］延俊荣，潘文. 论"给予"的非典型参与者之建构[J]. 汉语学习，2006（1）：28–37.

［173］延俊荣. 双宾句研究述评[J]. 语文研究，2002（4）：38–41.

［174］严辰松. 构式语法论要[J]. 解放军外国语学院学报，2006，29（4）：6–11.

［175］杨成凯. 汉语语法理论研究[M]. 沈阳：辽宁教育出版社，1996.

［176］杨玲. 汉语动宾式动词与宾语的相容性[J]. 自贡师范高等专科学校学报，2001，16（1）：48–51.

［177］杨宁. 三价动词及其句型[D]. 上海：复旦大学，1986.

［178］杨树达. 高等国文法[M]. 上海：商务印书馆，1934.

［179］姚振武. 关于自指和转指[J]. 古汉语研究，1994（3）：10–15.

［180］姚振武. 汉语谓词性成分名词化的原因及规律[J]. 中国语文，1996（1）：31–39.

［181］应晨锦. 构式语法评介[J]. 中文自学指导，2004（3）：46–49.

［182］袁野. 动词意义、构式与体验式理解[J]. 外语教学，2007，28（3）：36–40.

［183］袁野. 语篇理解的体验观：认知心理学的新阐释[J]. 解放军外国语学院学报，2007，30（1）：10–14.

［184］袁毓林.词类范畴的家族相似性[J].中国社会科学，1995（1）：154-170.

［185］袁毓林.汉语动词的配价研究[M].南昌：江西教育出版社，1998.

［186］袁毓林.话题化及相关的语法过程[J].中国语文，1996（4）：241-254.

［187］袁毓林.论元角色的层级关系和语义特征[J].世界汉语教学，2002（3）：10-22+2.

［188］袁毓林.汉语配价语法研究[M].北京：商务印书馆，2010.

［189］袁毓林.论元结构和句式结构互动的动因、机制和条件——表达精细化对动词配价和句式构造的影响[J].语言研究，2004，24（4）：1-10.

［190］袁毓林.著名中年语言学家自选集·袁毓林卷[M].上海：上海教育出版社，2013.

［191］袁毓林.无指代词"他"的句法语义功能——从韵律句法和焦点理论的角度看[M]∥中国语文杂志社.语法研究和探索（十二）.北京：商务印书馆，2003.

［192］苑春法，黄昌宁.基于语素数据库的汉语语素及构词研究[J].世界汉语教学，1998（2）：7-12.

［193］曾莉."获取"类双宾语句研究[J].深圳大学学报（人文社会科学版），2004，21（5）：107-110.

［194］曾莉.基于事件语义学的汉语双宾语句分析[J].南昌大学学报（人文社会科学版），2010，41（3）：128-131.

［195］詹卫东.论元结构与句式变换[J].中国语文，2004（3）：209-221+286.

［196］张斌.新编现代汉语[M].上海：复旦大学出版社，2002.

［197］张伯江，方梅.汉语功能语法研究[M].南昌：江西教育出版社，1996.

［198］张伯江.关于"索取类双宾语"[M]∥北京大学汉语语言学研究中心《语言学论丛》编委会.语言学论丛：第33辑.北京：商务印书馆，2006.

［199］张伯江.被字句和把字句的对称与不对称[J].中国语文，2001（6）：519-524+575-576.

［200］张伯江.汉语连动式的及物性解释[M]∥中国语文杂志社.语法研究和探索（九）.北京：商务印书馆，2000.

［201］张伯江. 论"把"字句的句式语义[J]. 语言研究，2000（1）：28-40.

［202］张伯江. 名词的指称性质对动词配价的影响[M]//袁毓林，郭锐. 现代汉语配价语法研究：第2辑. 北京：北京大学出版社，1998.

［203］张伯江. 施事角色的语用属性[J]. 中国语文，2002（6）：483-494+574.

［204］张伯江. 现代汉语的双及物结构式[J]. 中国语文，1999（3）：175-184.

［205］张国宪，周国光. 索取动词的配价研究[J]. 汉语学习，1997（2）：3-9.

［206］张国宪. "V双+N双"短语的理解因素[J]. 中国语文，1997（3）：176-186.

［207］张国宪. 三价形容词的配价分析与方法思考[J]. 世界汉语教学，2002（1）：28-33+114-115.

［208］张国宪. 双宾语结构式的语法化渠道与"元"句式语义[M]//徐杰. 汉语研究的类型学视角：第一届肯特岗国际汉语语言学圆桌会议论文集. 北京：北京语言大学出版社，2005.

［209］张国宪. 现代汉语形容词的典型特征[J]. 中国语文，2000（5）：447-458+480.

［210］张国宪. 制约夺事成分句位实现的语义因素[J]. 中国语文，2001（6）：508-518+575.

［211］张建理. 英汉双宾语句认知对比研究[J]. 外国语（上海外国语大学学报），2006（6）：28-33.

［212］张敏. "语义地图模型"：原理、操作及在汉语多功能语法形式研究中的运用[M]//北京大学汉语语言学研究中心《语言学论丛》编委会. 语言学论丛：第42辑. 北京：商务印书馆，2010.

［213］张敏. 汉语方言双及物结构南北差异的成因：类型学研究引发的新问题[M]//纪念李方桂先生中国语言学研究学会，香港科技大学中国语言学研究中心. 中国语言学集刊：第4卷 第2期. 北京：中华书局，2011.

［214］张宁. 汉语双宾语句结构分析[M]//陆俭明. 面临新世纪挑战的现代汉语语法研究'98现代汉语语法学国际学术会议论文集. 济南：山东教育出版社，2000.

［215］张玉金．甲骨文语法学[M]．上海：学林出版社，2001．

［216］张云秋．现代汉语受事宾语句研究[D]．上海：复旦大学，2002．

［217］张振兴．现代汉语方言语序问题的考察[J]．方言，2003（2）：108-126．

［218］赵艳芳．认知语言学概论[M]．上海：上海外语教育出版社，2001．

［219］赵元任．中国话的文法[M]．北京：商务印书馆，1968．

［220］赵元任．赵元任语言学论文集[M]．北京：商务印书馆，2002．

［221］中国社会科学院语言研究所《历史语言学研究》编辑部．历史语言学研究：第3辑[M]．北京：商务印书馆，2010．

［222］周长银．现代汉语给字句的生成句法研究[J]．当代语言学，2000（3）：155-167．

［223］周臣．鉴别双宾语的途径[J]．学术交流，2006（8）：152-155．

［224］周国光．动词"给"的配价功能及其相关句式发展状况的考察[J]．南京师大学报（社会科学版），1993（1）：103-107．

［225］周国光．儿童语言中"VP的"结构表转指状况的考察[J]．世界汉语教学，1997（2）：89-96．

［226］周国光．现代汉语动词的配价研究[J]．汉语学习，1996（1）：40-44．

［227］周红．现代汉语致使范畴研究[M]．上海：复旦大学出版社，2005．

［228］周红．汉语致使范畴建构研究[J]．渤海大学学报（哲学社会科学版），2006，28（1）：5-10．

［229］朱德熙．"在黑板上写字"及相关句式[J]．语言教学与研究，1981（1）：4-18．

［230］朱德熙．"的"字结构和判断句[J]．中国语文，1978（1-4）：23-28+104-110．

［231］朱德熙．现代汉语语法研究[M]．北京：商务印书馆，1980．

［232］朱德熙．语法讲义[M]．北京：商务印书馆，1982．

［233］朱德熙．汉语句法里的歧义现象[J]．中国语文，1980（2）：21-27．

［234］朱德熙．与动词"给"相关的句法问题[J]．方言，1979（2）：81-87．

［235］朱德熙．朱德熙文集：第2卷　汉语语法论文[M]．北京：商务印书馆，

1999.

［236］朱德熙. 自指和转指——汉语名词化标记"的、者、所、之"的语法功能和语义功能[J]. 方言, 1983（1）: 16-31.

［237］BACH E. The algebra of events[J]. Linguistics and philosophy, 1986（9）: 5-16.

［238］BAKER M C. Incorporation: a theory of grammatical function changing[M]. Chicago: University of Chicago Press, 1988.

［239］BECK S, JOHNSON K. Double objects again[J]. Linguistic inquiry, 2004, 35（1）: 97-123.

［240］BOLINGER D. The phrasal verb in English[M]. Cambridge: Harvard University Press, 1971.

［241］BORER H. Deriving passive without theta roles[M]//LAPOINTE S G, BRENTARI D K, FARRELL P M. Morphology and its relation to phonology and syntax. Stanford: CSLI Publications, 1998.

［242］CHOMSKY N. The minimalist program[M]. Cambridge: MIT Press, 1995.

［243］CHOMSKY N. Lectures on government and binding: the Pisa lectures [M]. Dordrecht : Foris Publications, 1986.

［244］CRESSWELL M J. Interval semantics for some event expressions[M]// BÄUERLE R, EGLI U, STECHOW A. Semantics from different points of view. Berlin: Springer – Verlag GmbH, 1979.

［245］CROFT W. Syntactic categories and grammatical relations[M]. Chicago: University of Chicago Press, 1991.

［246］CROFT W. Typology and universals[M]. 2nd ed. Cambridge: Cambridge University Press, 2003.

［247］CROFT W. Radical construction grammar: syntactic theory in typological perspective[M]. New York: Oxford University Press, 2001.

［248］CROFT W, CRUSE D A. Cognitive linguistics[M]. Cambridge: Cambridge University Press, 2004.

［249］DAVIDSON D．The logical form of action sentences［M］//DAVIDSON D．Essays on actions and events．New York：Oxford University Press，2001．

［250］DOWTY D．Thematic proto-roles and argument selection［J］．Language，1991，67（3）：547-619．

［251］DRYER M．Primary objects，secondary objects，and antidative［J］．Language，1986，62（4）：808-845．

［252］FILLMORE C J，KAY P，MICHAELIS L，et al．Construction grammar［M］．Chicago：University of Chicago Press，2003．

［253］FREED A F．The semantics of English aspectual complementation［M］．Dordrecht：D．Reidel Publishing Company，1979．

［254］GOLDBERG A E．Constructions：a construction grammar approach to argument structure［M］．Chicago：University of Chicago Press，1995．

［255］GOLDBERG A E．Constructions at work：the nature of generalization in language［M］．New York：Oxford University Press，2006．

［256］GOLDBERG A E，JACKENDOFF R．The English resultative as a family of constructions［J］．Language，2004，80（3）：532-568．

［257］GOLDBERG A E．Constructions：a new theoretical approach to language［J］．TRENDS in cognitive sciences，2003，7（5）：219-224．

［258］GOLDBERG A E．Surface generalizations：an alternative to alternations［J］．Cognitive linguistics，2002，13（4）：327-356．

［259］GRIMSHAW J．Argument structure［M］．Cambridge：MIT Press，1990．

［260］GU Y．The syntax of resultative and causative compounds in Chinese［D］．New York：Cornell University，1992．

［261］HALE K，KEYSER S J．On argument structure and the lexical expression of syntactic relations［M］//HALE K，KEYSER S J．The view from building 20：essays in linguistics in honor of Sylvain Bromberger．Cambridge：MIT Press，1993．

［262］HASPELMATH M．The geometry of grammatical meaning：semantic maps and cross-linguistic comparison［M］//TOMASELLO M．The new psychology of language：

cognitive and functional approaches to language structure. New York: Psychology Press, 2014.

[263] HOUT A V. Event semantics in the lexicon–syntax interface[M]//TENNY C L, PUSTEJOVSKY J. Events as grammatical objects: the converging perspectives of lexical semantics and syntax. Stanford: CSLI Publications, 2000.

[264] IWATA S. The role of verb meaning in locative alternations[M]// FRIED M, BOAS H C. Grammatical constructions: back to the roots. Amsterdam: John Benjamins Publishing Company, 2005.

[265] JACKENDOFF R. Semantic structures[M]. Cambridge: MIT Press, 1990.

[266] JACKENDOFF R. Parts and boundaries[J]. Cognition, 1991 (41): 9–45.

[267] KAY P. Construction Grammar [M]//VERSCHUEREN J, ÖSTMAN J, BLOMMAERT J. Handbook of pragmatics: manual. Amsterdam: John Benjamins Publishing Company, 1995.

[268] LAKOFF G, JOHNSON M. Metaphors we live by[M]. Chicago: University of Chicago Press, 1980.

[269] LAKOFF G, JOHNSON M. Philosophy in the Flesh : the embodied mind and its challenge to Western thought[M]. New York: Basic Books, 1999.

[270] LAKOFF G. Women, fire, and dangerous things: what categories reveal about the mind[M]. Chicago: University of Chicago Press, 1987.

[271] LANGACKER R. Fundamentals of cognitive grammar: Vol. I theoretical prerequisites[M]. Stanford: Stanford University Press, 1987.

[272] LANGACKER R. Foundations of cognitive grammar: Vol. II descriptive application [M]. Stanford: Stanford University Press, 1991.

[273] LANGACKER R. Nouns and verbs [J]. Language, 1987, 63 (1): 53–94.

[274] LANGACKER R. Integration, grammaticization, and constructional meaning[M]//FRIED M, BOAS H C. Grammatical constructions: back to the roots. Amsterdam: John Benjamins Publishing Company, 2005.

[275] LARSON R K. Double objects revisited: reply to Jackendoff[J]. Linguistic

inquiry, 1990, 21（4）: 589–632.

［276］LARSON R K. On the double object construction[J]. Linguistic inquiry, 1988, 19（3）: 335–391.

［277］LEECH G N. Semantics: the study of meaning[M]. London: Penguin Books, 1974.

［278］LEVIN B, HOVAV M R. The semantic determinants of argument expression: a view from the English resultative construction[M]//GUÉRON J, LECARME J. The syntax of time. Cambridge: MIT Press, 2004.

［279］LEVIN B, HOVAV M R. Unaccusativity: at the syntax–lexical semantics interface[M]. Cambridge: MIT Press, 1995.

［280］LEVIN B, HOVAV M R. Building verb meanings[M]//BUTT M, GEUDER W. The projection of arguments: lexical and compositional factors. Stanford: CSLI Publications, 1998.

［281］LEVIN B. HOVAV M R. The English dative alternation: the case of verb sensitivity[J]. Linguistics, 2008（4）: 129–167.

［282］LEVIN B. English verb classes and alternations: a preliminary investigation[M]. Chicago: University of Chicago Press, 1993.

［283］LEVIN B. Dative verbs: a crosslinguistic perspective[J]. Lingvisticæ investigationes, 2008, 31（2）: 285–312.

［284］LYONS J. Semantics[M]. Cambridge: Cambridge University Press, 1977.

［285］MALCHUKOV A, HASPELMATH M, COMRIE B. Ditransitive constructions: a typological overview[M]//MALCHUKOV A, HASPELMATH M, COMRIE B. Studies in ditransitive constructions: a comparative handbook. Berlin: Walter de Gruyter GmbH & Co. KG, 2010.

［286］MCCAWLEY J. Lexical insertion in a transformational grammar without deep structure[J]. Proceedings of the Chicago Linguistic Society, 1968（4）: 71–80.

［287］MONTAGUE R. On the nature of certain philosophical entities[J]. The monist, 1969, 53（2）: 159–194.

［288］PINKER S. Learnability and cognition: the acquisition of argument structure［M］. Cambridge: MIT Press, 1989.

［289］PINKER S. The language instinct: how the mind creates language［M］. New York: William Morrow and Company, 1994.

［290］PUSTEJOVSKY J. The syntax of event structure［J］. Cognition, 1991, 41 (1–3): 47–81.

［291］QUINE W V O. Word and object［M］. Cambridge: MIT Press, 1960.

［292］QUIRK R, GREENBAUM S, LEECH G, et al. A comprehensive grammar of the English language［M］. London: Longman, 1985.

［293］RADFORD A. Syntax: a minimalist introduction［M］. Cambridge : Cambridge University Press, 1997.

［294］TALMY L. Lexicalization patterns: semantic structure in lexical forms［M］// SHOPEN T. Language typology and syntactic description: Vol. Ⅲ grammatical categories and the lexicon. Cambridge: Cambridge University Press, 1985.

［295］TALMY L. Toward a cognitive semantics: Vol. I & Ⅱ［M］. Massachusetts: MIT Press, 2000.

［296］TALMY L. Force dynamics in language and cognition［J］. Cognitive science, 1988, 12 (1): 49–100.

［297］TALMY L. Path to realization: a typology of event conflation［C］//Proceedings of the seventeenth annual meeting of the Berkeley linguistics society: general session and parasession on the grammar of event structure. Berkeley: Berkeley Linguistic Society, 1991: 480–519.

［298］TAYLOR J R. Linguistic categorization: prototypes in linguistic theory［M］. Oxford: Clarendon Press, 1989.

［299］TAYLOR J R. Linguistic categorization: prototypes in linguistic theory［M］. 2nd ed. Beijing: Foreign Language Teaching and Research Press, Oxford: Oxford University Press, 2001.

［300］TENNY C L. Aspectual roles and the syntax–semantics interface［M］.

Dordrecht: Kluwer Academic Publishers, 1994.

［301］VAN DER LEEK F. Rigid syntax and flexible meaning: the case of the English ditransitive[M]//GOLDBERG A E. Conceptual structures, discourse and language. Stanford: Stanford University Press, 1996.

［302］VENDLER Z. Verbs and times[J]. The philosophical review, 1957, 66 (2): 143–160.

［303］VERKUYL H J. On the compositional nature of the aspects[M]. Dordrecht: D. Reidiel Publishing Company, 1972.

［304］VIKNER C. Change in homogeneity in verbal and nominal reference[M]// BACHE C, BASBØLL H, LINDBERG C. Tense, aspect and action: empirical and theoretical contributions to language typology. Berlin & New York: Mouton de Gruyter, 1994.

［305］VOORST J V. Event structure[M]. Amsterdam: John Benjamins Publishing Company, 1988.

［306］WHORF B L. Language, thought, and reality[M]. Cambridge: MIT Press, 1956.